◉陈欣 编著

感悟《老子》

《老子》，人类道德论的开山之作，一部侯王教科书，一部至今无人超越的政治学、教育学、养身学、军事学和整体管理学。

作者站在常人难以企及的高度，深刻总结并鞭辟入里地阐释了《老子》的8大不朽价值：自然本真本 …… 的生命境界；柔胜刚弱胜强的生存哲学；致虚 …… 维；道为本术为末的教育理 …… 治世药方。

《老子》81章，作者皆 …… 案例尽管似曾相识，但运用 ……

四川出版集团 巴蜀书社

图书在版编目(CIP)数据

感悟《老子》/陈欣著. —成都:巴蜀书社,
2012.8

(唤醒系列丛书)

ISBN 978-7-5531-0132-3

Ⅰ.①感… Ⅱ.①陈… Ⅲ.①道家②《道德经》-研
究 Ⅳ.①B223.15

中国版本图书馆 CIP 数据核字(2012)第 184453 号

感悟《老子》 陈 欣 著

责任编辑	谢艺波
封面设计	符 蓉
出 版	四川出版集团巴蜀书社 成都市槐树街 2 号 邮编 610031 总编室电话:(028)86259397
网 址	www.bsbook.com
发 行	巴蜀书社 发行科电话:(028)86259422 86259423
经 销	新华书店
印 刷	成都蜀通印务有限责任公司
版 次	2012 年 8 月第 1 版
印 次	2012 年 8 月第 1 次印刷
成品尺寸	240mm×175mm
印 张	20.25
字 数	380 千字
书 号	ISBN 978-7-5531-0132-3
定 价	25.00 元

目　录

第三部分

第一部分

今天，我们更需要启蒙

——《唤醒》系列自序一

人类的发展历史，风风雨雨，可歌可泣；

人类的心灵世界，形形色色，纷乱不测。

今天这个时代，依然可用狄更斯《双城记》刚刚开始的几句话来描述："这是最好的时代，这是最坏的时代；这是最聪明的时代，这是最愚蠢的时代；这是信任的时代，这是欺骗的时代……"

这个时代，同样可用老子的警言来描述："五色令人目盲，五音令人耳聋，五味令人口爽，驰骋田猎令人心发狂，难得之货令人行妨。"

这个时代，还可以用孔子的叹息来描述："人人都说自己很聪明，但若被驱使进入陷阱，或者遭遇机关的时候，却尽皆不知躲避图存。"

现代科学技术给了我们空前的便利和享受，所以我们无比自豪；

现代科学技术同时造成空前的污染和损耗，所以我们时刻紧张。

在欲望的驱动下，人类制造出了庞大的不断创新的花花世界，庞大的花花世界又引发了人们更大更多的欲望。如此循环往复，希望征服世界的人们反而被自己的欲望所征服，于是不可避免地对这个物质世界和自身的存在感到恐惧了。

道德危机和信仰危机伴随着经济发展一起成长。失去了敬畏的人心，如同脱缰的野马，在这个世界四处狂奔、猛突。人类的生活丰富而精彩，人类自残、自杀和杀人的数目又在与日俱增。

人类不仅仅以偏激的方式对待自己,更以“偏激”的方式对待我们赖以生存的这个星球。地球世界每天有75个物种灭绝,每1小时就有3个物种被贴上死亡的标签。很多物种还没来得及被科学家描述和命名,就已经从地球上消失了。如此速度的灭绝,正与人类无休无止的利益追逐大相关联。

拼命追求现代化的现代人,让无数的生命“无家可归”。家都没有了,哪有什么幸福呢?

所以我们的人生如列奥·施特劳斯所说:“是不快乐地寻求快乐”,所以黎巴嫩诗人纪伯伦发出如此的感叹:“我们已经走得太远,以至于忘记了我们为什么要出发。”

20世纪著名的历史学家和伟大的智者汤因比博士在他的《展望21世纪》一书中发出警告:“人类的生存没有比今天更危险的时代了,这种对人类生存的威胁是人类自己招致的,它远比地震、火山爆发、暴风、洪水、干旱、病毒更危险”;“人类必将因为过度的自私和贪欲而迷失方向,科技手段将毁掉一切,加上道德衰败和宗教信仰衰落,世界必将出现空前的危机”。

人类已经走到一个不得不反思传统与寻找新的未来的关键时刻。今天的中国人需要再次启蒙,今天的整个人类都需要再次启蒙!

对于这种观点,许多人都认为应该不是一个问题了,分歧的关键在于我们需要一场什么样的启蒙,也就是用什么来启蒙。

有人说:这还用问吗?当然是用先进的理论、普世的价值,强化自由、民主和人权。有人说:应该在实践中继续探索。当然,更有不少的人说:相信科学,科学会解决一切的问题!

事实上,那些所谓先进的理论已经在实践中得出了答案,而科学,也只能为人所用。何况,正是人心的贪婪与科学技术的畸形发展,才造成这个世界的变局更加无常。

汤因比说:“一个完整的一体化文明,在传播时会被分离成科技、政治、艺术、宗教等成分。这时,各种成分的传播力,通常与其价值成反比。也就是说,越是不重要的成分,越受欢迎,越是重要的成分,越被排斥。比如科学技术就比宗教信仰传播得快速而广泛。这种对最小价值成分作最大最快最广泛传播的自动选择,显然是文化交流中一条不幸的定律。”

所以,单方面强调科学技术而不懂思考、研究、把握科学技术的发展方向的民族,其实还处于幼稚的不成熟的阶段。

中国的思想启蒙之路崎岖坎坷，无论是轰轰烈烈的“五四”运动，还是20世纪80年代的启蒙运动，不仅都是“未完成品”，而且因为与欧洲启蒙的理论一模一样，反而被引向了“更大的弯路”。

人与动物的最大区别，或许就体现在最终的幸福感上。人的幸福感不仅仅在于物欲的满足，更在于精神的认可，而源于启蒙运动、以物欲为主旨的“现代化”运动，却硬是把人降低到了动物的层次。

让我们无比自豪的“现代化”，其实是怀着一种欲望的冲动到处去寻找面包。

《第五项修炼》的作者彼得·圣吉说：“在西方世界，我们的社会组织已被分割得四分五裂。我们把生理的健康与心理的和精神的健康分割开来探讨，以至于人们虽然活得久些，但整体身心健康状况却每况愈下，所支付的社会成本愈来愈高。”

当金钱和权力成了人类世界的主宰，我们无论在物质追求方面还是在精神生活方面，都无法获得和体验哲学家所说的“终极性安慰”与生命的“本真性存在”。这种形而下的单层面追求，犹如海市蜃楼一样缺乏根基，结果适得其反。

古罗马哲学家列塞克指出：人的一生，大多时间无非用于重复各类错误以及种种恶行。

此言冷峻，直中人类命门——我们每个人的历史和整个的人类历史正是如此！

敢于直面，我们才可能迁善——从罪恶走向纯朴，从麻木走向清醒。

“物有本末，事有终始”；“其本乱而末治者，否矣”！两千多年前的中国先贤，早就告知了我们本与末的关系。

人类的智者终于认识到：无论经济环境、政治环境还是生态环境等等问题，归根到底，是一个文化伦理的问题。

人类最大的悲哀，莫过于物质文明和精神文明的不同步。社会的发展，毫无疑问包含物质和精神两个方面，而文化从根本上决定着人类社会的发展方向。

今天，研究现代化的中外学者不断提出论证并得出结论：文化在形塑一个社会的政治和经济行为方面，是一个关键无比的元素。

台北市首任文化局长龙应台认为：品位、道德、智能，是文化积累的总和。文化是生活，文化是力量的源泉，文化更是一个国家的心灵和大脑，文化彻底决定一个国家的真实国力和她的未来。

在汤因比看来：19 世纪是英国人的世纪，20 世纪是美国人的世纪，21 世纪是中国人的世纪。

但是，我们中国人绝不可以因此而盲目得意。除非能对人类文化做出重要贡献，否则，我们充其量只是一个最大的制造者或者消费者。

曾几何时，中国竟然成为全世界唯一一个举国批判自己传统文化的国家。然而，在这个世界上，没有一个国家像中国的历史那么悠久，没有一个国家有中国这样一脉相传的文化。试问：五千年的中国人，何曾被外族灭绝？五千年的中华文明，何曾被外族消亡？

在许多西方学者眼中，中国的道德规范被视为世界上最完备的道德规范，中国的哲学被视为世界上最富理性的哲学。欧洲著名思想家伏尔泰这样表达了他的看法："世界的历史始于中国"，当中华文明已然昌盛发达之时，欧洲人"还只是一群在阿登森林中流浪的野人"。

"观乎人文，以化成天下。"这是中国的《周易》对文化的界定。在这里，文化是一个动词而不是一个名词，文化的作用就是化成天下。

所以，再次启蒙中国人和整个人类的，只能是文化，只能是那种能够促进人与人之间和谐、人与社会之间和谐、人与自然之间和谐的文化。

而这样的文化和智慧，早已存在于人类世界，更存在于古老的中国。

中国文化，是全世界唯一保存着人类上古信息并且具有标本意义的文化，唤醒人类，化成天下，舍我其谁！

20 世纪末，78 位诺贝尔获奖者在巴黎发表共同宣言，呼吁以儒家思想和大乘佛教拯救人类。

我们不可忘记中国学者 60 年代对人类世界的敬告，以中国文化为代表的东方文化，可以贡献五种价值供西方学习："当下即是"之精神与"一切放下"之襟抱，是西方能向前作无限之追求、作无穷之开辟之补充；一种"圆而神"的智慧，这种智慧不是取向于把握普遍的概念原理，而是取向于对现实的、直觉的、辩证的而且是真正的精神的把握；一种温润而恻恻或悲悯之情，这种情感胜过西方式的热情和占有之爱；一种对其悠久的文化自觉其久并自觉地求其久的历史责任感；天下一家之情怀。

老子、孔子总结和传承的智慧，岂仅是老子、孔子的智慧？中华民族至少绵延五千年的文明，我们眼光所及，往往只是春秋战国以来的两千五百年。

毛泽东曾有一句话："国有疑难可问谁？"答案当然是：儿女遇到问题，头一个想到的就是去问自己的父亲。那么，我们今天面临如此多的问题，当然应该去问自己的老祖宗了。但是，守着五千年的文化与智慧宝藏，我们问过吗？我们会问吗？

面对浩瀚无比的中华文明，我们了解的常常是只言片语，我们学到的常常是腐朽垃圾。最为本根的儒道佛的智慧，往往被世人抛在脑后。

2002 年温家宝总理访问美国期间，在哈佛大学发表演讲，其中两次提到"回溯源头，传承命脉"，他自豪地告诉美国的学者和学子，中华民族的祖先追求的是这样的境界："为天地立心，为生民立命，为往圣继绝学，为万世开太平！"

"国学热"终于在中国兴起了。兴起的缘由何在？一言以蔽之：唤醒大众，寻找回家的路。具体一点，为了寻找道德之路、教化之路、发展之路、文明之路和幸福之路。

大道至简，万法归宗。东西方文明在几千年前惊人相似地同时崛起，又将在几千年之后的今天向着一个共同的目标会师。

会师在哪里？会师在生态文明的平台上，会师在自然大道上。

自然大道，就是东西方文明深层的交汇点，就是人类共同的终极的信仰！

大势所趋，如千江万河，虽然或急或缓，或清或浊，最终的流向，都是浩瀚的大海！

经典，开生命无限智慧

——《唤醒》系列自序二

“古典教育是一种无价的恩惠”——这不仅是汤因比的名言，也是古今中外智者们的共识。

人是社会性极强的动物，更是文化的动物。一个人无论学没学习文化，他都必然要面对自己所赖以生存的社会的习俗、规范、思想和潮流，不可能置身度外。

“国学热”在中国兴起了，各类讲座、论坛、培训唤醒着人心与人性。我们不能不由衷感谢那些中国优秀传统文化的呼吁者、倡导者和传播者。

然而，真正用心学习和领悟国学经典的人还不是很多。现在的中国人，面对自己民族的文化经典，有人淡然漠然，有人心生向往，有人装点门面，有人自矜自长，有人审问批判，有人借以牟利，有人一味恶搞。

在一个浮躁之风劲吹的时代，出现这样的情况并不让人意外。拨乱反正岂可一蹴而就？连孔子都说：“如有王者，必世而后仁”；“善人为邦百年，亦可以胜残去杀矣。诚哉是言也！”就是说，如果有真正的王者出现，也需要30年的时间才能使仁德广布于天下；善人治理国家实行仁政，经过100年，也就可以达到消除残暴、免除刑罚杀戮的理想境界。

“国学”一词，始见于西周，原指由周王朝开设的专供“国子”就读的学校。自汉唐至明清，相沿此制，凡由朝廷设立的同类性质的学校，如太学、国子寺、国子学、国庠、国子监等，都可统称为“国学”。

今天的学术界对“国学”的概念一直争论不休，不过，多数学者已取得基本一致的看法：中国传统学术文化，就是狭义的国学概念。

《周易》有言：“君子以多识前言往行，以蓄其德。”就是说，一个立志成为有知识、有教养的人，应该多了解多领会前贤先哲的言论和行事，以培养和提高自己的道德学问。

台湾诗人余光中说：国学是一座山，我等不过是蚍蜉而已。

那么，面对博大精深、浩如烟海的中国文化典籍，一般的中国人怎么去了解？怎么去学习？怎么去补上这一课？

无论从什么角度说，《论语》和《老子》都是中国传统文化的本源性著作，是中华文化中恒久的、朴素的、最有价值和意义的两部代表性经典。

传统文化经典教育本该纳入国民教育体系，进入中小学课堂，作为国民教育的基本内容，落实到学校教学大纲和课程内容中去。经典教育缺失的过与错，我们今天已经没有必要抓住不放，如孔子的教导："成事不说，遂事不谏，既往不咎。"只是这种教育现在已成当务之急，刻不容缓。

童蒙时期接受传统文化经典教育，才是真正的素质教育，它好比为一个人扎根和立规矩，有了这个根这个规矩，也才能够"成方圆"。至于已经荒废宝贵岁月的成年人，阅读经典，其实只能叫做补课。成效如何，取决于我们有没有一颗敬虔的心。

历来的学者给我们开列的"国学书目"一般都在几十本以上，这对于专门的研究者来说确有必要，但用于启蒙、唤醒大众的经典，无须过多。骚塞有句提醒非常中肯："多读如多食——不能消化也就完全无用！"

我认为，用于启蒙和唤醒中国大众的经典，首先是《弟子规》、《大学》、《中庸》、《论语》和《老子》。

学习国学，应该循序渐进。

《弟子规》，本为简单的儿童启蒙读物，但在今天，无论是在校的莘莘学子，还是历经世事的成年人，理解这些"简单"的人之为人的道理的人并不太多，所以须得继续补课。从其现实意义的角度来看，一位佛学老法师将其与《四库全书》的价值相提并论。

《大学》，被孙中山誉为"中国独有之宝贝"，因为它是"初学入德之门"。诵读《大学》，我们将进入学习做人的首要门径，懂得教育的根本目的在于"明明德、亲民、止于至善"，懂得"格物、致知、诚意、正心、修身、齐家、治国、平天下"的成人路径。

《中庸》，揭示了天地万物和谐的奥妙。中庸是与天道相遥契的人道，是建构和谐社会的方法论和哲学基础。中庸，通过人类社会无数个体自由自觉的劳动，使人人具备"万物皆备于我"的宇宙情怀。中庸之道，让"天地各就其位而运行不已，万物各得其所而生长繁育"。理解并践行中庸之道，人生将进入合乎常情、合乎常理、不偏不倚、无过也无不及的最佳状态。

《论语》，钻石一般珍贵的智慧，阳光和粮食一般的不可或缺。诵读《论语》，我们将理解为什么"仁者无敌"，并理解为仁的基本原则和方法——"忠恕之道"，使我们向着"内圣外王"的目标修炼，促进人生境界自律性的提升。诵读《论语》，伟大的文化巨人孔子将伴随我们一辈子。

《老子》，人类道德论的开山之作，一部侯王教科书，一部至今无人超越的政治学、教育学或整体管理学，其内涵“超过了黑格尔的全部著作”。老子阐发的道家学说，后世有人用以修身齐家，有人用以养生延寿，有人用以克敌制胜，有人用以经营管理，有人用以治国平天下，如此等等，无所不有。其不朽的价值在于：自然本真本原的道德体系，融入宇宙天地的生命境界，柔胜刚弱胜强的生存哲学，致虚极守静笃的养生法则，万物对应统一的辩证思维，道为本术为末的教育理念，无为而无不为的王者智慧，根除人类危机的治世药方。所以美国学者蒲克明肯定地说：《老子》是未来大千世界家喻户晓的一部书！

易学是中华文化之源，《周易》和老子、孔子不可分割。《易经》、《易传》和《老子》是传统易学的奠基性著作。读懂了《弟子规》、《大学》、《中庸》、《论语》和《老子》，《周易》的义理便更易明了，并且可进一步深入中国国学这座大山。

学习国学，必须阅读原典。

在市场经济的大潮中，有些人把国学当做一种用以牟利的特殊商品，充斥图书市场的国学出版物良莠不齐，粗制滥造者更多的是关注自己的经济利益。某些高校开办的“天价国学班”，与国学所标举的道德人文精神显然背道而驰。而且，许多人仅仅以实用主义的态度对待国学，目的只是从中寻找对工商管理、金融、经济、公关等等有用的技巧，实在是将中国国学简单化庸俗化了。

不读原典，我们无法分辨导师们解读的真伪，无法摆脱对老师、名师和“大师”们终身的仰视和依附。要知道梨子的滋味，我们只能亲口去尝尝。

不读原典，我们只能人云亦云，没有资格没有能力去判别几千年传统文化中的精华与糟粕。

书读百遍，其义自现。学习经典，其实无需花费那么高昂的学费，无需长期奔波坐进名校的课堂，无需“大师们”不厌其烦地讲解。

读经典是最经济的教育之道，倘若我们认真诵读，潜心体会，并且身体力行，一定会获益无穷。

学习国学，宜儒道佛并重。

中国传统文化是儒、道、佛三家鼎足而立、互融互补的文化。

儒、道、佛三家，其实是你中有我，我中有你，同时又是你是你，我是我。五千年中华文化的经典智慧，高度概括就是“容”、“中”、“和”——包容之容、中庸之中、和谐之和。

儒、道、佛三家之间，曾经有纠葛、有矛盾、有斗争，但更有相互的吸收与融合。经过一千多年的发展，到 19 世纪中叶以前，中国文化一直延续着儒、道、佛三家共存并进的格局。历代统治者推行的文化政策，绝大多数时期也都强调三家并用。南宋孝宗皇帝赵昚就说：“以佛治心，以道治身，以儒治世。”

南怀瑾先生比喻：儒家像粮食店，佛家是百货店，道家则是药店。意思是三家皆是我们的必须。少林寺则有这样的对联：“百家争理，万法一统；三教一体，九流同源。”“才分天地人总属一理；教有儒释道终归一途。”

丰子恺认为人生本来就有物质生活、精神生活、灵魂生活的分野。我对此深以为然，并将人的认知能力分为五个层次：世俗的高度、领袖的高度、历史的高度、生命的高度、宇宙的高度。我认为中国儒道佛的智慧早已到达了人类认知能力的最高层次。

因为重在体会、感悟，在我眼里，看到的主要是儒、道、佛三家之同，而非三家之异，并且我认为读通儒、道、佛任何一家，都能深刻领悟生命的智慧。但是，我们一般的人又实在难以学精悟透，而学儒家不精，易于迂腐，学道家不精，易于消极，学佛家不精，易于迷信，所以，学习国学宜三家并重，以免有失偏颇，更好地体会、感悟担当的精神、超然的情怀和无我的境界。

学习国学，当怀敬畏之心。

直到现在，中国的许多人一直都没有完全摆脱殖民地的心态，一切以西方的观念为最后依据，甚至“反西方”的思想也还是来自西方。他们对学习和理解中国国学经典其实没有什么兴趣，更不懂得从字里行间去领悟先哲们的精与神，而是像代表“真理”和“正义”的法官，把历经几千年岁月检验的经典当做囚犯来审问和逼供，还自以为是“创新”和“创造”。这正应了蒲伯所言：“天使不敢践踏的地方，蠢材蜂拥而至。”也应了一句德国的谚语：“笨蛋虽笨，但还有更笨的人为他喝彩。愚蠢和傲慢同是一树之果。”

犯了这种通病的人们，我看正好对应了老子所说的“下士”，对应了庄子所说的“井蛙”、“夏虫”、“曲士”，永远处于孔子所说的“中人以下”。这样的人，无论什么智慧，无论什么光辉，也无法将他们唤醒。

著名哲学家、伦理学家约翰·博德利·罗尔斯曾有一段关于如何读书的自白:“我读前人的著作,如休谟或康德,有一个视为当然的假定,即这些作者比我聪明得多。如果不然,我又何必浪费自己和学生的时间去研读他们的著作呢?如果我偶然在他们的论证中见到了一点错误,我的第一个反应是:他们自己一定早已见到了这个错误,并且处理过了。他们在哪里见到并处理了这个错误呢?这是我必须继续寻找的;但所寻找的必须是他们自己的解答,而不是我的解答。因此我往往发现:有时是由于历史的限制,我的问题在他们的时代根本不可能发生;有时则是由于我忽略了或未曾读到他们别的著作。总而言之,他们的著作中决没有简单的一般错误,也没有关系重大的错误。”这番自白充分表现了西方学人读书的虚心与谦逊。

经典,非一次性消费品,值得我们用一生的时间去体会和感悟。

这些年来,我怀着一颗敬畏之心和忏悔之心,持续地阅读国学经典。我不敢像那些“尊西人若帝天,视西籍如神圣”的人,仅仅浏览一二,就凭着一知半解的西方观念,对我们的国学经典指指点点横加批判。

我是一个传媒人,我坚信中国的国学经典中,蕴含着本真、本原、全面、深刻、系统、科学的人才观和方法论。传播古圣先贤做人、识人、用人的智慧,是媒体不可推卸的责任。

在我看来,“正本清源,树德开慧,道术并重,标本兼治”当是我们这个时代教育、教化的方针和总则。

对于古往今来的智者们,我也无限感恩。没有他们学习、研究的成果,我和无数“学而知之”、“困而知之”的人一样,必然缺少很多的借鉴养分,必然出现更多的困惑,也必然会走更多的弯路;没有他们相通相融的智慧名言和哲理故事丰富自己,我的体会和感悟将会黯然失色。

我的体会和感悟,这些年来已与许多热心的读者多次交流。我没有什么新奇的观点,若有些许闪光之处,那是被经典的智慧照亮;若有错漏和谬误,责任一定在我自身。所以我诚挚地期待着读者、专家的批评与指正。

主编《四库全书》的清代学者纪晓岚曾经说过:“世间的道理与事情,都在古人的书中说尽,现在如再著述,仍超不过古人的范围,又何必再多著述?”南怀瑾先生对此深以为然:试看今日世界各国学者关于思想学术方面的著作,无不拾古人之牙慧,甚至,强调来说,无不是中国古人说过的话。所以纪晓岚一生之中只是编书——整理前人的典籍,将中国文化作系统的分类，以便于后来的学者们学习，他自己的著作只有《阅微草堂笔记》一册而已。

“日出唤醒大地，读书唤醒头脑”。在这个知识文化读物远远多于知识分子和文化人的时代，我编撰的《宝重〈弟子规〉》、《体会〈论语〉》、《感悟〈老子〉》等《唤醒》系列，只是祈望促使人们认真读上几本国学原典，从而将自己唤醒。若能如此，那将是我一生的满足。

第二部分

《老子》的不朽价值

老子，姓李名耳，字伯阳，号老聃。这位公认的“诸子百家之祖”、“中国和世界的第一哲人”撰写的《老子》，内容涉及哲学、文学、美学、医学、军事学、社会学、管理学、伦理学、天文学、养生学等等，被誉为“万经之王”、“百科全书”，并成为人类道德论的开山之作。

中国几千年的历史，每一个鼎盛的朝代，在政事的治理上都有一个共同的秘诀：“内用黄（黄帝）老（老子），外示儒术。”

《老子》究竟是一部什么性质的书，历来歧见多多。司马迁作《史记》时把老子与韩非子写在同一篇传记中，认为《老子》思想与韩非子思想前后接续。乍看之下，讲求“清静无为”的《老子》之学很难与“刻薄少恩”的韩非子的“帝王术”联系起来，但事实上，韩非子的思想与老子的思想确有密切的关联。

《老子》全篇处处是对“官长”的告诫。老子希望人类的领袖们带领人民借着“道”，遵循天地宇宙的规律，以比原始本能更高明、更有效的方法，使人类社会净化、升华到完善和理想的境界。

章太炎在其《国学略说》中有这样一句话：“自来学老子而至者，唯汉文帝一人耳。”此话说得也许苛刻，但两千多年中，认真体会老子思想并且“勤而行之”的帝王的确不多。

无可否认，中国历史上的文景之治、贞观之治、开元之治，莫不归功于老子；里根当选美国总统后第一次对国会和全国演讲，就引用了老子之言，以后一直以老子的思想行事，成为美国历史上最有名望、最伟大的总统之一。

《老子》以培养人间领袖和阐释治国方略为核心内容。用当今语言来说，《老子》是一部侯王教科书，一部至今无人超越的政治学、教育学或整体管理学。无论我们站在什么角度什么层面，无论我们独善其身还是兼济天下，只要潜心领悟体会，都会受益无穷。

有两个问题我们应该了解：其一，在秦汉以前，现在所谓的“道家”与“儒家”，并没有分开，通通是一个“道”字。“道”代表了中国的哲学——包括人生哲学、政治哲学、经济哲学、军事哲学等等，现代人对道家的观念，是汉唐以后才有的，《老子》一书，也是到了唐玄宗时代，才被尊称为《道德经》的；其二，老子被称为道教的教主，那是真正与老子无关，超越时空超越膜拜神鬼的宗教的老子，被香火供奉成为教主，我想一定非他意愿。

写给王者的《老子》，本意不是专门讲述哲学，结果却“超过了黑格尔的全部著作的内涵”。

许多中外专家学者认为中国文化的源头活水就在道家精神。胡孚琛先生认为，“道学文化中既蕴藏着死而复生的活力，又具有包罗万象、海纳百川的品格”；李约瑟则说：“中国如果没有道家思想，就会像是一棵某些深根已经烂掉了的大树。”也就是说，中国文化的寻根应该是向道学回归。

林语堂说：“我觉得任何一个翻阅《道德经》的人最初一定会大笑；然后笑他自己竟然会这样笑；最后会觉得现在很需要这种学说。至少，这会是大多数人初读老子的反应，我自己就是如此。”

鲁迅说：“不读《道德经》一书，不知中国文化，不知人生真谛。”

胡适说：“老子是中国哲学的鼻祖，是中国哲学史上第一位真正的哲学家。”

王蒙说：“老子和孔子的理论富有动感、生长感乃至爆炸感，它们不是一个模型，一个沙盘，一个千雕万琢后完成了的艺术品，而是一个仍在生长的森林，一个仍处于形成过程中的宇宙，一个仍在繁衍增殖的奇异的谱系，一个超高智商与超高语言符号建成的正在裂变和产生新的能量的反应堆。”

老子是中国的，也是世界的。

尼采说：“老子思想的集大成《道德经》，像一个永不枯竭的井泉，满载宝藏，放下汲桶，唾手可得。”

托尔斯泰说："我受孔子思想影响很大，受老子思想影响巨大！"

汤因比在《人类与大地母亲》一书中高度评价："在人类生存的任何地方，道家都是最早的一种哲学。"

日本学者汤川秀树说："早在两千多年前，老子就已预见到了未来人类文明所达到的状况。"

英国著名哲学家罗素到中国访问时，有人向他介绍《老子》中几段文字后，他极为惊叹，认为两千多年前能有这么深邃的思想，简直不可思议。

美国学者卡普拉惊奇地发现了道家哲理与高能物理现象的吻合，他在《物理学之道》中说："中国的哲学思想，提供了能够适应现代物理学新理论的一个哲学框架，中国哲学思想的'道'暗示着'场'的概念，'气'的概念，与量子'场'的概念也有惊人的类似。"

德国的海德格尔被誉为20世纪最伟大的哲学家之一。《环球时报》载文："海德格尔更是被认为最直接地从《道德经》中汲取了思想资源。"

物理学家李政道认为，老子所说的"道可道，非常道；名可名，非常名"，与量子力学中的"测不准定律"具有相通的地方。

著名数学家陈省身说："1943年，我在美国认识爱因斯坦。他书架上的书并不多，但有一本很吸引我，是老子的《道德经》德文译本。"

《老子》被海外学者视为至宝。不少诺贝尔奖获得者和著名的科学家把自己的成就归功于老子这个东方圣人的启示。西方有思想的科学家大多喜欢老庄哲学，崇尚"道法自然"。

在西方人眼里，老子是充满智慧的有着无穷魅力的长者。早在16世纪，《老子》就被译成西方文字，17世纪以后，借助西方的商船往返，顺着西方传教士的足迹，逐步传入欧洲。如今，《老子》在全世界已经广为流传，尤以英文和德文版本为最多（英文本90种，德文本78种），像冰岛这样地广人稀的岛国，都有两种以上的《老子》译本。

《圣经》和《老子》是全世界发行量最大的图书。据联合国教科文组织最新的统计，近年来全世界发行量第一的图书已是《老子》。在德国，《老子》一书差不多每个家庭都有一本。在奥地利、瑞士等国，许多有文化素养的人士，常常把《老子》作为贺礼赠送给新婚的儿女。

可以这样说，若无宇宙情怀和天地视觉，仅靠字斟句酌苦思冥想难以读懂《老子》。老子讲战争，其实又在讲和谐；老子讥讽所谓的智者，其实希望人类有更高的智慧；老子表现出对尘世的恬淡，却又处处讲到爱民治国。在老子的眼中，一草一木就是一世界，一人一事就是一乾坤。字面上的意思，未必就是老子的真正意思。要读懂《老子》，当从整体上去把握，从字里行间去理解。

老子是天下人的老子，老子是天下人的老师。所以美国学者蒲克明肯定地说：《老子》是未来大千世界家喻户晓的一部书！

《老子》对人类社会不朽的价值和贡献，我总结为以下八个方面——

一、自然本真本原的道德体系

几千年来，人类各个民族、各个国家在各个时期都在倡导各种道德规范。这些戒律和规条，就是人们共同生活的行为准则。

人类数不胜数的道德规范，在一定的时间和空间显然有其合理性，但时过境迁，其局限性很快就表现出来了，所以后人对许多历史人物、历史事件的评价总是截然不同。为什么呢？因为人们总是习惯从自己的角度去认识、分析和判断，而人与人不同，人群与人群不同，时代与环境更在变化之中。

那么，有没有一种深刻的、本原的、超越时间超越空间的道德标准呢？有！那就是《老子》一书中阐明的道德概念和道德体系。

老子从三个层面给“道”进行了定位：道的本质，就是“道法自然”；道的作用，就是“一生二二生三三生万物”；道的规律，就是“反者道之动”。

1. 人法地，地法天，天法道，道法自然

老子告诉我们：有个东西混然而成，先于天地而存生。寂寞无声，寥远无形，独立长存，循环运行从不停殆，可以视为天地万物的生母。我不知道它的名字，勉强称它为“道”，再勉强形容它为“大”。它广大无边运行流逝，运行流逝而行远，行远又回返本源。所以说道大、天大、地大、人也大。宇宙之间有四“大”，而人就是其中之一。人取法于地，地取法于天，天取法于道，道则取法于自然。

老子所言之道，荀子理解得十分到位：“天行有常，不为尧存，不为桀亡。”也就是说，自然大道天长地久，不会因为尧的贤明或者桀的暴戾而存亡。

“道”与“德”，是老子学说最为关键的概念，是其理论的总源头和总根据。老子所言之道，是世界的本体，自然的本原，存在的本质，是宇宙天地不可言传的自然规律和法则，是一种莫可名状的神秘能量，滋养支配主宰天地万物，损有余而补不足，先天地万物而生，为天下万物之母；老子所

言之德，是大道在天地万物之中的自然流露，是蓄养和成就万物却不做主宰的自然本性，是顺应自然无为而无不为的品格品质，是人类遵道而行生存发展的行为体现。

总之，自然大道就像最伟大、最玄妙的母性的生殖器，诞生万事万物。如果说太阳是道，阳光就是德；大海是道，海水就是德；大道是母亲，那么大德就是母亲的乳汁。

先有天道，后有人道，所以人类最高的行为准则就是法地、法天、法自然，就是“以德配天”。

《老子》不以任何具体的人为宗主和典故，它的宗主就是宇宙天地。老子置心于宇宙天地之间，从天道论及人道，进而论述万事万物生生灭灭的规律和法则。这一思想方式，人类绝无仅有。站在如此高度构建的道德体系，深刻、自然、本真、本原，谁又能超越呢？

2. 上德不德，是以有德；下德不失德，是以无德

大道荫庇天地万物。善良的人视为宝贝，不善良的人也恃其生存，因此为天下人所珍视。领悟这恒常永存的大道，就能运用于万事万物，就能认识宇宙的根源和本质。

但是这个大道我们看它看不见，听它听不到，摸它摸不着。它的上面不显得光亮，它的下面也并不阴暗。它浩渺无垠连绵不绝却又无可名状，一切运动总会回归到那没有物象的状态。这就是没有形状的形状，没有物象的物象，所以就称它为“惚恍”。迎着它，却看不见它的头；跟着它，又看不见它的尾。

老子还如此为我们描述：大道光明好似暗昧，大道前进好似后退，大道平坦好似岖崎；大德崇高好似低谷，大德广大好似不足，大德刚健好似怠惰，大德纯朴好似混浊；最完满的东西好似有欠缺；最充盈的东西好似虚空；最正直的东西好似弯曲；最灵巧的东西好似笨拙；最大的辩才好似口讷；最洁之白好似黑垢；最大之方似无角隅；最大之器最晚合成；最大真音难闻其声；最大天象不见其形。

在老子看来，上乘品德者不追求形式上的“德”，因此才是真正有“德”；下乘品德者追求形式上的“德”，实际上就没有了“德”。因为上乘品德者无所作为是无心作为，直接反映了自然而然的大道；下乘品德者有所作为是有心作为，掺和了过多人为的因素。真正的仁者有所作为是无意作为；再高的义行有所作为也是有意作为；行上礼者是完全的有所作为。

有道德何须讲仁义？丧失了大道大德，丧失了本性，人才会为非作歹，才会无仁无义。

中国是礼仪之邦，礼仪本是一种促进社会进步与和谐的文化，但越到后来，越成为丢失其神徒有其形的腐朽的封建礼教，个人仅仅是整个社会中的一个符号、一件工具、一种观念的附属品，残生伤性，连鲁迅先生都痛骂它“吃人”，这就异化为不道不德之物了。

所以老子更为尖锐地指出：大道废弃了，才会提倡仁义；崇尚智巧聪明，诈伪便开始盛行；家庭六亲不和睦，才会出现孝慈的榜样；国家陷于昏乱，才会出现力挽狂澜的忠臣。

老子的道德观是自然道德和社会道德的统一。道的生长、畜养万物的生生不息的功能本性落实到人类社会，就是大善，就是“玄德”。自然道德和社会道德在生之大德上是相通的，所以老子的道德概念和孔子的仁爱涵义其实是一致的。

孔子对道的生生之德是有深刻感受和认识的，他感叹：“天何言哉！四时行焉，万物生焉，天何言哉！”天并没有说什么话，但它却推动宇宙自然的运行，使万物生长繁育。

这里的天就是天道，就是老子所言自然之道。道有天道，有人道，天道生养自然万物，而人道维护社会的和谐发展。

那么，老子为何又提出“绝仁弃义”呢？从老子“大道废，有仁义”这句话，我们知道老子在论述大道和仁义的关系上有个先后的顺序。老子心中的理想社会是大道倡行的社会，在这样一个社会里，不用提倡什么仁义，人们都自然地遵从大道，所想所做都符合于道，提倡仁义反而显得多余。

但是，人类社会的畸形发展使得大道不再倡行，社会的现实就是物欲横流，于是孔子将天道与人道结合起来，把道落实到人间，以仁爱作为伦理道德法则的根本，并希望人们按照礼的规范去做，从而实现道德的回归。

3. 吾不知谁之子，象帝之先

老子告诉我们：大道虚空，而作用起来却没有尽穷。渊深无限，却是那万物的源泉和祖宗。虽然隐没无闻，但却无处不在。我不知道它从哪里诞生，不过它出现在天帝之前就是。

老子在这里提出了一个很重要的问题：到底是上帝造出了万物，还是万物包括上帝都来源于自然之道？

如果我们相信老子，站在老子的高度，就会相信即便有所谓上帝或救世主，也是由道中生出的，大道才是一切一切的源泉和主宰。

但是道并没有人格，没有意志，没有分别，没有我们人间所有的概念与范畴，一片真空的境界，却又生产、支配、收容着一切。

老子的思想超越了时空，超越了崇拜神鬼的宗教。老子说：用大道来治理天下，神鬼都不会生事了；不是神鬼没有能量生事，而是神鬼生事也不会伤害人；非但那神鬼不伤害人，圣人也不会伤害人。神鬼和圣人都不来伤害不相伤害，便德化天下世界安宁了。

佛教的道德观在我看来与《老子》的道德观也是十分的一致。爱因斯坦就明确指出：空间、时间和物质，是人类认识的错觉。如果说世界上有哪一个宗教不但不与科学相违，而且每一次的科学新发现都能够验证它的观点的话，那一定是佛教了。未来的宗教将是宇宙的宗教。它应当超越个人化的神，避免教条和神学。它的根基，应建立在某种宗教意识之上，这种宗教意识的来源，是在把所有自然的和精神的事物作为一个有意义的整体来经历时得到的体验。佛教正是这样的一种宗教。

佛，不是上帝，不是超自然的神，更不是人的命运的主宰。在神的面前，人和神的关系，是奴与主的关系；在上帝面前，人和上帝的关系，是仆和主的关系；然而，佛教告诉我们：众生平等，只要离执去妄，人人皆可成佛。

总之，不管我们人类具体的行为规范怎样变化，只要顺应自然、顺应人性以及万物的本性，无损于并且有利于天地人间持续的和谐，那就是真正意义上的道德。

把握了这一自然、本真、本原的道德定义，我们的胸怀才能放眼时空，才不会一叶障目而急功近利，才可以如司马迁所说“究天人之际，通古今之变”，万事进入心中皆能悠然化解。

事典

传不了的得心应手

齐桓公是春秋五霸之一，可谓鼎鼎大名。他成就霸业的一个重要原因，就是任用了管仲做宰相。

同时，齐桓公本也好学，没事的时候，就拿本书细细品味，自我感觉长进不少。可是,齐桓公没想到自己的好学,居然被手下的一个粗人给大大嘲笑了一番。

话说有一天,桓公在堂上看书,读得津津有味,正在堂下干活的一个名叫轮扁的老木匠却看不下去了,他放下手里的活儿,恭敬地向桓公施礼后发问:“请问大王在读什么书?”

桓公说:“好书,圣人之言。”

“那写书的圣人还活着么?”

“已不在人世。”

老木匠猛地甩出一句:“大王读这书,一点用都没有。”

桓公一下子就火了:“寡人我看书,轮得到你这个下人来议论?找死呀你!老老实实说出你的道理。有理则活,无理则死!”

老木匠并不害怕,缓缓地说:“我是个专做车轮的木匠,就拿做轮子的过程说说这个道理吧。比如做车轮的轴孔,这是个技术活儿。轴孔大了,容易松动;小了,太涩,不好装。不松不紧,做出的车轮才能又结实,又好装。”

见桓公听得有了兴趣,老木匠接着说:“这活儿我干了几十年了,可以说做工一流吧。别看我干起活儿来得心应手,也知道这里头有道道,可我没有办法把得心应手这个道理说出来,教给我儿子。大王您看看,我都70岁了,还得自己动手做车轮子。”

老木匠看见桓公听得更认真了,于是最后来了个总结:“古人同样是这样。许多深层的道理和技术,也是说不出来的,更别说写到书里了。那些真正精深玄妙的道理,都随着古人进入坟墓了。所以,大王您看这些古书,能有什么用呢?”

一席话,说得桓公直翻白眼。

这是《庄子》中的一则寓言故事。庄子在这里要表达的,就是有些知识学问很难以文字记录或者口耳相传的方式继承和延续。

的确,许多的隐性知识,人们虽然拥有并经常使用,却又不能通过语言文字符号清晰表达出来并直接传递给别人。比如,我们学开车,遇到拐弯的时候,对车子速度和拐弯角度的把握,不是通过别人三言两语或者通过读一遍手册就能掌握好的,而是要多练多试才能得心应手。又比如,棒球队里的掷球手,未必懂得力学原理以及如何计算棒球的运行轨迹,就算懂得,他也未必是个好队员。隐性知识的积累靠的是各种智力的机能,如理解能力、鉴别能力、判断能力、动手能力、创造能力等等的集合反应。

书不可不读，要传承前辈的智慧，尤其要阅读经典。但是，即便阅读经典，也不可死抠字眼，当懂得整体的思想把握，从字里行间去体会和感悟。

道，妙不可言，需要自己慢慢领悟，能说出来的，便已经与大道有所偏差了。因此，正如南怀瑾先生所说，修道不可执著于道的名相，不然只会流于表面。

郝冀川（插图）

凯巴伯森林的罪魁

20世纪初叶，美国亚利桑那州北部的凯巴伯森林还是松杉葱郁，生机勃勃。一群一群美丽可爱的鹿在林间出没，而凶恶残忍的狼则是鹿的大敌。

美国总统西奥多·罗斯福很想让凯巴伯森林里的鹿得到有效的保护，繁殖得更多一些。于是他宣布凯巴伯森林为全国狩猎保护区，但却决定由政府雇请猎人到那里去消灭狼。

枪声在森林中震荡。在猎人冰冷的枪口下，狼的惨叫声不绝如缕。经过25年的猎捕，有6000多只狼先后毙命，森林中其他以鹿为捕食对象的野兽如豹子等也同时被猎杀了很多。

得到特别保护的鹿成了凯巴伯森林中的“宠儿”。它们再没有天敌，自由自在地啃食树木、生长繁育，过着没有危险、食物充足的幸福生活。

很快，森林中鹿的总数超过了10万只。这么多的鹿在森林中东啃西啃，灌木丛吃光了就啃食小树，小树吃光了又啃食大树的树皮……一切能被鹿吃的食物都难逃厄运。森林中的绿色植被一天天在减少，大地露出的枯黄一天天在扩大。最后，灾难终于降临到鹿群头上。先是饥饿造成鹿的大量死亡，接着又是疾病流行，无数只鹿消失了踪影。两年之后，鹿群的总量由10万只锐减到4万只。到1942年，整个凯巴伯森林中只剩下8000只病鹿在苟延残喘。

罗斯福没有想到，他下令捕杀的恶狼，居然也是森林的保护者！

尽管狼吃鹿，但它却维护着鹿类的种群稳定。这是因为，狼吃掉一些鹿后，就可以将森林中鹿的总数控制在一个合理的程度，森林也就不会被鹿群糟蹋得面目全非。同时，狼吃掉的多数是病鹿，又有效地控制了疾病对鹿群的威胁。罗斯福下决心要保护的鹿，一旦数量超过森林可以承载的限度，就会摧毁森林生态系统的稳定，从而带来巨大的生态灾难。

在任何一个民族，凡是以动物为题材的童话，鹿总是美丽、善良的化身，狼则永远担着一个凶残的、欺负弱小的恶名，如中国“大灰狼”的故事和西方“小红帽”的故事。罗斯福保护鹿群的政策，就是根据这种习惯的看法和童话的原则制定的。

凯巴伯森林中发生的故事，让我们懂得了生物世界的相生相克。仅仅根据人类自身的道德观念去分辨善恶益害，有时犯下的恰恰是最不道德的罪恶。

母亲的固执

儿子回乡办完父亲的丧事，希望母亲随他去城市生活，母亲却执意不肯离开清静的乡下，说是过不惯都市的生活。儿子没有勉强母亲，只是坚持每个月寄300元生活费给她。

母亲居住的村子十分偏僻，邮递员一个月才来一两次。如今村子里外出打工的人多了，留在家里的老人们时时盼望着远方儿女的信息，因此邮递员在村里出现的日子便是留守老人的节日。邮递员每次一进村，就被一群大妈、大婶和老奶奶围住，争先恐后地问有没有自家的信件，然后又三五人聚在一起或传递自己的喜悦或分享他人的快乐。

这天，邮递员交给母亲一张汇款单，母亲脸上洋溢着幸福，说是儿子寄来的。这张3600元的高额汇款单像稀罕宝贝似的在大妈大婶们手里传来传去，每个人都是一脸的羡慕。

但是过了几个月，儿子收到了母亲的来信，信中只有短短的几句，说他不该把1年的生活费一次寄回来，明年寄钱一定要按月寄，1个月寄一次。转眼间1年就过去了，儿子由于工作缠身，回老家看望母亲的想法不能实现，本想按照母亲的嘱咐每月给她寄一次生活费，又担心忘记，便又到邮局一次给母亲汇去了3600元。几天后，儿子收到一张3300元的汇款单，是母亲汇来的。

儿子百思不得其解之际收到了母亲的来信。母亲又一次在信上嘱咐说，要寄就按月给她寄，否则她1分也不要，反正自己的钱够花了。儿子对母亲的固执十分不理解，但还是按母亲的叮嘱做了。

后来，儿子遇到了一个从家乡来城市打工的老乡，顺便问起了母亲的近况。老乡说，你母亲虽然孤单一人生活，但很快乐，尤其是邮递员进村的日子，你母亲像过节一样欢天喜地。收到你的汇款，她要高兴好几天哩。儿子听着，不禁泪流满面，他此刻才明白，母亲坚持要他每个月给她寄一次钱，是为了1年能享受12次快乐。母亲的心不在钱上，而在儿子身上。

孝敬父母是基本的人伦之道，哪里仅仅是简单的供养。“亲所好，力为具；亲所恶，谨为去”，让老人从内心深处感到欣慰和幸福，那才是真正的孝道。

二、融入宇宙天地的生命境界

我是谁？我从哪里来？我将到哪里去？这样的问题，一直在困扰着人类。虽然有人善于自我安慰或者自我麻痹，但终须实实在在地面对生命的根本问题。

人对自己的生命，其实只有使用权，没有所有权，古希腊哲学家伊壁鸠鲁就说：“死亡是一件与我们无关的事情。”

远古的人类并没有把自身与所处的世界加以区分，那时的人类所看见的世界，是一个未被打破的整体，人与自然合而为一。随着人类文明的发展，我们日复一日地凸显个人意识，强调独立的意志、物质需求和个人愿望。这种自我意识的演化愈来愈强，我们也愈来愈与他人以及大自然所创造的万物区分开来。

我们通常只是关注人类的生命，很难想到自然万物的生命；而人类只有将“我”与世界、“我”与自然和谐相容，我们这个物类才会真正伟大起来。

1. 天地不仁，以万物为刍狗；圣人不仁，以百姓为刍狗

在老子眼中，天地无所谓仁义恩爱，把万物当成刍草扎的狗子；圣人无所谓仁义恩爱，把百姓当成刍草扎的狗子。

大自然的山山水水、一花一草，无不具有灵性。造物主不偏不倚，似乎没有情感，但这恰恰是一种博大的仁德与慈爱。正所谓“上天之载，无声无臭”。

孟子认为人性本“善”，荀子则认为人性本“恶”，韩非子也以人性恶为依据冷峻地主张法治。人性善恶之争，延续了几千年，直到今天。其实，人的本性哪能绝对地以“善”与“恶”来界定？天地圣人倘若如此狭隘，这个世界反而不和谐了。

人性本来就是自在的、自然的、自由的、自性的，善根也是固有的。深刻理解老子思想的庄子感叹：“民如野鹿，端正不知以为义，相爱不知以为仁，实而不知以为忠，当而不知以为信”，“天地与我并生，万物与我为一”，一切都是那么淳朴，那么自然而然。

道家的自然理论，在重视个人性格和意志方面，有其相当的合理性和积极意义。道家的理论与儒家的主张，一方面似乎对立，但同时又是缺一不可的互补。

老子告诉我们：万物虽然芸芸茂盛，但各自都要回归它的本根。回归本根就叫做沉静，沉静之中新的生命重又诞生。生命循环往复是自然的常理，知道了常理就是明智。不懂常理和自然规律，强作妄为结果必凶。认识常理和自然规律才能包容一切，包容一切才能坦然大公；坦然大公才能达到完全，达到完全才能合于自然；合于自然便是合于大道，合于大道才能长久，并且终身不入险境。

“阴阳者，变化之父母，生杀之本始。”宇宙世界，万事万物，莫不如此。黄帝《阴符经》中也有一句话：“天生天杀，道之理也。”我这样理解：从根本上说，生是一种责任，死也是一种责任。无论生与死，你总在天地宇宙之中。不管你愿意不愿意，每一种生物都为天地自然的和谐而生，也为天地自然的和谐而死，这就是宇宙的法则。

在中国人的观念中，天人同源、天人同构、天人同律。天与道，是我们对自然与人在变化中的统一的理解，同时也是我们对人与自然在和谐中共生的追求，因而“天”与“道”成为几千年中国文化中说不尽的哲学主题。

2. 天长地久。天地之所以能长且久者，以其不自生，故能长生

老子以天地长久来启发世人：高天与大地为什么能够永恒长久？因为它们的一切运行都不是为了自己。所以，圣人置身于人后却被拥戴在前，置身于度外生命反而保全。这不正是因为他的无私忘我吗？所以反能成就他的大私。

人类自诩为万物之灵，所以只是关注自己，以人为中心，天经地义地攫取着大地的各种资源，肆无忌惮地夺走其他所谓卑贱低下的生物的生存空间甚至生命，认为自身的福祉与周遭以及万物的祸福不相关联，失去了那份对大自然应有的敬畏感，也失掉了我们从属于某种比自我更大的整体的那种感觉。

老子提醒我们：自古以来，凡是与道同一的万事万物，大凡为以下几种情形：天得道则明朗清静；地得道则厚重安宁；神得道则妙灵显现；谷得道则溢满充盈；万物得道则蓬勃生长；侯王得道则天下安正。再往深一步说，天不明朗清静，恐怕要崩裂；地不安宁和谐，恐怕要弃废；神不妙灵显现，恐怕要绝歇；谷不溢满充盈，恐怕要干竭；万物不蓬勃生长，恐怕要绝灭。所以高贵以卑贱为根本，高位以低下为基础。

儒家崇尚“自强不息”，但同时强调“厚德载物”。

道家重在“性命双修”，也就是“因物之性，顺物之情，顺势而动”地修

炼自己。道家的思想，让人感觉非常的清凉。庄子更将人生至高的境界视为完成天地之间的一番逍遥游，追求一种内心的浪漫，一种自由和空灵，一种超然的态度和情怀。

佛家讲“法身慧命”，讲挖掘、呈现“佛性”，就是要把人性最光辉的部分呈现出来，明心见性，佛就是心，心就是佛，心就是人的根性的存在。众生在未成佛之前，其实都是在做梦。人在这个红尘世界，由于诸多污染，使其固有的本性不能呈现，因而才产生了妄想、分别与执著，造成诸多的烦恼，只有把它们解脱了、洗净了，才能够离苦得乐，这就是佛陀的本怀。佛法之所以伟大，就在于其无与伦比的对所有生灵的慈悲。

大道公正无私。天地宇宙不仅仅属于人类，我们每一次对大自然的所谓征服，都遭到了大自然无情的惩罚。

在老子、佛陀、孔子等等先贤圣哲之后，人类又进化或发展了两千多年。那么，我们对人与自然的认识，是进步了还是倒退了呢？我们理解了那“天地之所以能长且久”的奥妙所在吗？

这个世界的现实是，一方面现代高科技在大踏步发展，一方面人类与自然、精神与物质、灵魂与肉体的分离甚至对立又是越来越尖锐。正视和解决由于人类对自我力量的片面认识和对自我意愿的盲目推行造成的种种恶果，已经是刻不容缓。

3. 不失其所者久，死而不亡者寿

人类同其他万物一样，都是自然的组成部分，来源于自然，最后必将回归于自然。所以，生命的奥秘与奥妙，只能到自然中去寻觅。

老子以“无”来表达天地的开始，以“有”来表达万物的生母。他说从空无的境界可以观照大道的奥妙，从孕有的角度可以观照大道的真切。空无和孕有都来源于“道”，本源相同而名称相异。两种境界和形态，变化玄妙，无穷无尽，却是探究万事万物的门径。

人人都想“寿比南山”，而老子告诉我们，不迷失根本的人长久，形体死亡而精神长存的人不朽。

向内自省，远胜于向外求索，因为向内自省更能理解和感悟生命。

智者们相信这句话：人生的意义，就在于怎么去死。不论你活着的时候风光还是不风光，都不如最后离开这个世界时候的感觉来得重要。

在庄子眼里，人的生死变化，就像春夏秋冬四时交替。从天地中来，又回到天地中去。死就是生，生就是死，死与生如昼与夜。

《吕氏春秋》中有句话：“全身为上，亏生次之，死次之，迫生为下。”意思是死亡其实不是最坏的结果，最痛苦的生命是被迫活着，无可奈何地活着。

《中庸》有言：“天命之谓性，率性之谓道。”就是说上天把天理赋予人形成品德就是“性”，循着这种天性自然而行就合于“道”。大道的德性，也是万物与人的德性。何谓“中庸”？中庸即用中，不偏不倚，恰到好处，“中庸”的现代哲学阐释即为“度”、“适度”。

在孔伋(子思)看来，帮助和促进天地万物的化育，便是人生最大的意义。他说：“唯天下之至诚，为能尽其性。能尽其性，则能尽人之性。能尽人之性，则能尽物之性。能尽物之性，则可以赞天地之化育。可以赞天地之化育，则可以与天地参矣。”其意是：只有天下最真诚的人，才能充分发挥自己天赋的本性；能充分发挥自己天赋的本性，就能充分发挥天下人的本性；能充分发挥天下人的本性，就能充分发挥万物的本性；能充分发挥万物的本性，就能帮助和促进天地化育万物；能帮助和促进天地化育万物，就能与天地匹配并立为三了，也可以说“死而不亡”了。这与老子的境界，可以说一脉相承。

老子对生命的“久”与“寿”的理解，无疑具有深刻和深远的意义。

老子说：“以其不自生，故能长生。”讲求“游心”的庄子说：“至人无己，神人无功，圣人无名。”老子和庄子都保持了对外在功名利禄的一种超越；而孔子认为“君子疾没世而名不称焉”。看起来，孔子与老子观点相异，其实孔子说的这个“名”，乃是生后之名，也就是经得起时间检验的生命的价值。所以从根本上讲，儒道的生命观没有什么对立。

“缘起”学说，则是佛家创造性的发现。依空缘起，缘散归空，从更为高妙的角度和境界，深刻揭示出宇宙间万事万物的普遍联系和相对相关性。在佛家看来，人确实有命。你从前所造作的因累积起来的果，一个一个串联起来就是命。但命运并非一定不变，你每天起的念头有善恶，善就给你上一点，恶就给你下一点，天天都有加减乘除。

佛教的要义，归根结底就是两个核心——无常和无我。

人的修炼，当从小我到大我，从大我到无我。

生而为人，若能将儒家的担当精神、道家的超然情怀与佛家的无我境界集于一身，那么生命也就真正地丰富、旷达而富有灵性了。

人的生命，犹如大海中的波浪。再大的波浪，当它形成之时就注定要消失。但是波浪不会悲哀，因为来自于大海，又回归于大海，千千万万的波浪在不断兴起，而回归的波浪又通通融入了新的生命。

岂可为一人超度

有一个农夫的妻子去世了，农夫请无相禅师到家里来为他的亡妻诵经超度。

农夫问道：“禅师，您认为我的妻子能从这次佛事中得到多少收益呢？”

无相禅师如实回答道：“佛法好像慈航，普度众生；好像日光，遍照大地。不只是你的妻子可以得到利益，一切有情众生无不从中得益。”

农夫听了有些不满意：“我就知道是这样的。可是我的妻子很娇弱，其他众生也许会占她便宜，把她的功德夺去。请您这次只单单为她诵经超度，不要回向给其他的众生，可以吗？”

无相禅师慨叹农夫的自私，但仍慈悲地开导道：“回向是好事情啊！你看，天上太阳只有一个，但万物皆蒙照耀，就如一粒种子可以生长万千果实。你应该用你的善心点燃一支蜡烛，然后去引燃千千万万支蜡烛，这样世间的光亮就会增加几千万倍，并且你本身的这支蜡烛并不会因此而减少亮光。如果人人都能抱有这样的观念，那我们每一个人，都会因为千千万万人的回向而蒙受很多的功德，何乐而不为呢？故而我们佛家平等地看待一切众生！”

农夫想了想，知道无法说服禅师，只好让步说道：“好吧，这个教义很好。但是，但是……”农夫吞吞吐吐地说道：“还是要请法师破个例，我有一位邻居，素日里总是欺侮于我，如果能把他排除在一切有情众生之外就好了。”

无相禅师以严厉的口吻说道：“既然是一切众生，哪里来的除外？”

农夫茫然，若有所失。

农夫不知，佛法的博大之处，正在于它致力于普度众生，岂有为一人超度之理？

庄子的葬具

庄子临终时，弟子们准备厚葬自己的老师。庄子知道后笑了笑，幽了一默：“我死了以后，大地就是我的棺椁，日月就是我的连璧，星辰就是我的珠宝玉器，天地万物都是我的陪葬品，我的葬具难道还不够丰厚？你们还能再增加点什么呢？”

学生们哭笑不得地说:“老师呀,若要如此,只怕乌鸦、老鹰会把您吃掉啊!”庄子说:“扔在野地里,你们怕飞禽吃了我,那埋在地下就不怕蚂蚁吃了我吗?把我从飞禽嘴里抢走送给蚂蚁,你们可真是有些偏心啊!”

一位思想无限深邃的哲人和散文大师,就这样以一种浪漫达观和无所畏惧的人生态度,从容地走向了死亡,走向了令世俗中人万般惶恐的无限的虚无。

写反了的“我”

小和尚满怀疑惑地去见师父:“师父,您说好人坏人都可以度,问题是坏人已经失去了人的本质,如何算是人呢?既不是人,就不应该度化他。”师父没有立刻作答,只是拿起笔在纸上写了个“我”,但字是反写的,如同印章上的文字左右颠倒。

“这是什么?”师父问。

“这是个字。”小和尚说,“但是写反了!”

“什么字呢?”

“‘我’字!”

“写反了的‘我’字算不算字?”师父追问。

“不算!”

“既然不算,你为什么说它是个‘我’字?”

“算!”小和尚立刻改口。

“既算是个字,你为什么说它反了呢?”

小和尚怔住了,不知怎样作答。

“正字是字,反字也是字,你说它是‘我’字,又认得出那是反字,主要是因为你心里认得真正的‘我’字。相反,如果你原不识字,就算我写反了,你也无法分辨,只怕当人告诉你那是个‘我’字之后,遇到正写的‘我’字,你倒要说是写反了。”师父说,“同样的道理,好人是人,坏人也是人,好人坏人都有天资和本真。本真既明,便不难度化了。”

师父的意思再明白不过,在这个世界上,佛与众生平等,每个人都可以成佛。一个人只要体悟到般若的智慧,就和佛了无差别了,因此,我们如果要去度人,当然也要度所谓坏人,如果这个世上都是好人,还需要你度什么呢?

况且,世间万物在刹那间生生灭灭,我们认为的这个所谓的“我”,哪里真实存在呢!

三、柔胜刚弱胜强的生存哲学

物竞天择，这是宇宙自然的法则，不牵涉什么善与恶的人为界定。正是生物之间自然的非恶性的竞争，才造就了生物世界的良性循环和根本上的和谐。

在人类社会里，竞争虽然同样也是一种本能，但经过人类智力的补充和强化，早已成为人类内外扩张的艺术和学问了。每一个人，每一个国家和民族，都希望在竞争中获胜，并永远立于不败之地。

几千年来，西方人总体来说是鼓励人们竞争和斗争，并且认为弱肉强食天经地义。欧风东渐，从近代开始，中国人越来越接受西方的竞争观念，所以有人一听老子的“不争”，便认为这是软弱无能的表现；而真正的智者明白，老子的“柔”、“弱”、“不争”，其实是“退一步海阔天空”的智慧，往更深处说，遵循的是“不争而善胜，不言而善应，不召而自来，繟然而善谋”的“天之道”，其结果必然是：“夫唯不争，故天下莫能与之争。”

老子所谓的“无为”，非一般意义上的积极与消极，其实质是“辅万物之自然而不敢为”。

老子的思想非常高妙，让人站在门槛上，可以选择进取入世，也可以选择退却出世，所以就有了这样的说法：“大隐隐于朝，中隐隐于市，小隐隐于野。”

1. 弱之胜强，柔之胜刚

老子认为天下温软柔弱的东西，没有能够超过水的，但是冲击坚硬强大之物，却没有什么东西能与水比。这道理就是：温软能够化解强壮，柔弱能够战胜刚硬。

看一看我们这个世界，雌性战胜雄性、女人战胜男人，不都是弱之胜强、柔之胜刚的经典体现吗？

现代社会，伪成功学泛滥成灾，而老子关注的首先是人的生命的成功。他说：深知强雄威风，却能守雌温良，不求澎湃汹涌，甘为天下溪流。甘为天下溪流，大德不离，于是回归到婴儿的真性真情。深爱清清白白，却能安于昏黑暗昧，甘为天下范式。甘为天下范式，大德完整，于是回归到无极。深知荣耀显赫，却能保持卑辱低下，甘为天下山谷。甘为天下山谷，大德充足，于是回归到浑朴。浑朴化而为物器，圣人运用，就会成为领袖。

在我们古人那里,"勇"与"敢"不可画等号,"敢"仅仅是一种无是无非的胆量,而"勇"则是一种内在的担当精神。

老子总结:善做将帅的人不会逞其勇武;善于作战的人不会被人激怒;善于战胜敌人的人不喜欢硬打硬拼;善于用人的人态度谦下。这就叫做善借他人之力,这就叫做合乎自然,这是自古以来人类生存发展应当遵循的最高法则。

孔子同样深知"勇"与"敢"的含义,所以他告诫人们:"国家有道,言语要正直,行为要正直;国家无道,行为同样要正直,但说话则要谨慎。"

人在这个世上,总有些事必须面对,也总有些事可以回避。如果凡事都胆大包天,就会应了那句俗语:"久走夜路必撞鬼。"

柔、弱之道,还是一种包容之道,一种化解之道,它可以使自身更加安全、更加丰富、更加强大。几千年的历史证明,外来民族或者外来文化要想在中国站稳脚跟,就必须在潜移默化的历史过程中脱胎换骨,融入到中华文化之中。从某种角度说,这其实是一种共赢。

2. 天下难事,必作于易;天下大事,必作于细

老子说:善于行动的人不留辙迹,善于言谈的人无懈可击,善于计算的人不用筹码,善于关闭的人不用关键锁钥别人却不能开,善于捆缚的人不用绳索约束别人却不可解。

老子的意思,可以用人们都知道的一句话来理解:"小胜靠智,大胜靠德。"

自见、自是、自伐、自矜这"四自",是一个人成功的大忌。真正的大才,在老子看来,具备"微"、"妙"、"玄"、"通"、"深"的特质。

老子揭示了这样的真理:表现自己的人不是真聪明;自以为是的人难以昭彰;自我夸耀的人反不得功;自高自大的人难成领袖。从大道的角度来说,以上浮躁炫耀的行为都是残饭赘瘤,让人厌恶,所以体道的人不会去做也不愿与之相处。

现代社会的节奏越来越快,急功近利的人们比比皆是,而老子则告诫我们说:踮起脚跟难以站立,迈开大步反而不能远行。合抱的大树,自小芽长成;九层高的大台,由一筐筐泥土堆砌;千里之远的行程,开始于脚下之路。处理困难先从易处入手,成就大事要从微细开始。因为凡是难事,必然应开始于容易;凡是大事,必然应开始于微细。由于圣人始终不会自以为了不起,反而成就了他的伟大。轻易允诺必会丧失诚信,越是看得容易必会越感困难。所以圣人总是充分估计困难,于是最终就没有了困难。

《易经》有言:“安其心而后动,易其心而后语,定其交而后求。”世人的失败,多因心不定心不静,不能知己知彼而强作妄为。

儒家同样强调“凡事豫则立,不豫则废”。任何事情,事先有预备就会成功,没有预备就会失败。说话先有预备,就不会中断;做事先有预备,就不会受挫;行为先有预备,就不会后悔;道路预先选定,就不会走投无路。

孔子就这样告诫我们说:“人皆曰予知,驱而纳诸罟擭陷阱之中,而莫之知辟也!”

金庸笔下那些使着奇奇怪怪兵刃的人,多数不是一流高手。武功的境界,在金庸笔下,由一个没有出场的大侠独孤求败阐释得十分精到——

第一重境界:用的是一把非常锐利的宝剑,似乎所向披靡,斩铜断铁,见谁跟谁比拼,以打败别人为荣,这代表一种少年气盛的状态;第二重境界:用的是一把轻剑,功夫渐长了,能够干一番大事业;第三重境界:改用一把重剑,无锋无芒,举重若轻;第四重境界,用一把木剑,没有刃,本身不能伤人,也就是达到差不多无剑的程度;最高的境界,武功练到大成,两手空空,不依赖于外物,什么东西都是他的兵刃,飞花摘叶皆可伤人——如此炉火纯青的状态,哪里是打架与搏斗,它正是生命的境界。这种境界,就叫自由!

老子还告诫我们“慎终如始”,他说局势安定时容易维持;事变没有征兆时容易谋划;事情脆弱时容易除破;事物微小时容易消散。作为在事端还未出现之先,治理在祸乱尚未发生之前。妄为必定受挫,执持必然丧失。人们行事,常会在即将成功时遭受失败。倘若谨慎终结犹如谨慎开始,那我们就不会招致失败了。

3. 物壮则老。是谓不道,不道早已

在这个地球上,没有一种动物像人类这样富有创造性和建设性,也没有一种动物像人类这样富有破坏性和毁灭性。人类的雄心和欲望,超过了一切生灵。

然而,我们真正理解所谓大小、多少、美丑、苦乐、好坏、善恶、成败吗?

人类总是关注近在眼前的事物,那些最大、最直、最巧、最美的东西,反而难以辨识,因为我们只习惯站在自身狭隘的角度,并且仅仅使用生理上的双眼去观察和认识。

事实上,事物强盛到极点就会衰弱。所以一味求全求盈不合大道,而不合大道的事物总会走向灭亡。

很多人一直以来都在批判老子的“小国寡民”。然而今天，小国寡民重又被乐天知命的智者赞美。看看国民财富排行榜，小国的优势十分的明显，人口的平均寿命也在排名中名列前茅。

因为文化，因为历史，因为传统，因为自然与人类社会的法则，我们这个世界必然会形成大大小小的国家。大国有大国的威仪风范，小国也有小国的宁静和美。无论大国还是小国，都会不遗余力地维护国家的独立与统一，珍惜和传承优秀的历史文化。人类需要真正意义上的文明大国，但是也不能不给予小国以充分的尊重。

财富从来就是流动之物。所以老子苦口婆心希望世人明白一个道理：“甚爱必大费，多藏必厚亡”；“金玉满堂，莫之能守”。老子让我们思考：声名和性命相比哪个更亲？性命和财富相比哪个更重？得到名利和损耗性命哪一样为害？执持到盈满，不如适时停止；锋芒毕露，锐势不可长保；金玉满堂，终究无法藏守。大富大贵却自满骄傲，必将自己造成祸殃。功成名遂适时告退，才合乎自然的大道，也才会保全自身。

《大学》有言：“有德此有人，有人此有土，有土此有财，有财此有用。德者本也，财者末也”；“财聚则民散，财散则民聚。是故言悖而出者，亦悖而入；货悖而入者，亦悖而出”。这的确是我们都能在生活中体会到的真理：有德行才会有人拥护，有人拥护才会有财富。德是根本，财是枝末。聚财敛货，人心就会失散；散财于众，人心就会聚在一起。如果有人说话不讲道理，人家也会用不讲道理的话来回敬他；财货来路不明不白，总有一天也会不明不白地失去。

仁爱的人仗义疏财以修养自身的德行，不仁的人不惜以生命为代价去敛钱发财——这就是所谓“仁者以财发身，不仁者以身发财”。

事典

郭子仪的生存智慧

南怀瑾先生对中唐时期的郭子仪极为赞赏，因为他深悟道家智慧，做人做官堪称人中之极。

由唐玄宗开始，儿子唐肃宗，孙子唐代宗，乃至曾孙唐德宗，四朝都由郭子仪保驾。唐明皇时，安史之乱爆发，玄宗提拔郭子仪为卫尉卿，兼灵武郡太守，充朔方节度使，命令他带军讨逆，唐朝的国运几乎系于郭子仪一人之身。

不止一次，许多国难危急，都被郭子仪一一化解。天下无事时，皇帝担心其功高镇主，命其归野。虽然朝中的文臣武将多半都是郭子仪的门生部属，可是一旦皇帝心存疑虑，他就马上移交权柄，坦然离去。若国家有难，一接到圣旨，他又毫无怨言，立即出面化解危难，所以屡黜屡起，四代君主都要倚重于他。

郭子仪将冲虚之道运用得挥洒自如。汾阳郡王府从来都是大门洞开，贩夫走卒之辈都能进进出出。郭子仪的儿子为此劝告父亲注意防范，而他语重心长地对儿子说："我家的马吃公家草料的有500匹，我家的奴仆吃官粮的有1000多人，如果我筑起高墙，不与外面来往，只要有人与郭家有仇，略微煽风点火，郭氏一族就可能招来灭族之祸。现在我打开府门，任人进出，即使有人想诬陷我，也找不到借口啊！"儿子于是恍然大悟。

郭子仪晚年在家养老时，王侯将相前来拜访，郭子仪的姬妾从来不用回避。然而唐德宗的宠臣卢杞前来拜访时，郭子仪却赶紧让众姬妾退下，自己正襟危坐，接待这位史书上记载"鬼貌蓝色"也就是相貌丑陋的当朝重臣。卢杞走后，家人询问原因，郭子仪说道："卢杞此人，相貌丑陋，心地险恶，如果姬妾见到他，肯定会笑出声来，卢杞必然怀恨在心。将来他大权在握，追忆前嫌，我郭家就要大祸临头了。"果然，后来卢杞当上宰相，"小忤己，不致死地不止"，但对郭家人一直十分礼遇，完全应验了郭子仪的说法，一场大祸消于无形。

郭子仪年85岁而终，子孙满堂，所提拔的部下幕僚60多人，后来皆为将相。他一生历经武则天、唐中宗、唐睿宗、唐玄宗、唐肃宗、唐代宗、唐德宗七朝，福寿双全，名满天下，成为历史上"富"、"贵"、"寿"、"考"俱全的极少数名臣之一。

历史对郭子仪的评议是："功盖天下而主不疑，位极人臣而众不嫉，穷奢极欲而人不非之。"郭子仪私人生活十分奢侈，但上至政府，下至民间，没有一个人批评他不是。

郭子仪的一生，便是"弱之胜强，柔之胜刚"、"挫锐解纷，和光同尘"的最好解读。

勒住怒气这匹脱缰的野马

乔治·罗纳住在瑞典的艾普苏那。他曾在维也纳当了很多年律师，在第二次世界大战期间才逃到瑞典。当时他一文不名，需要找份工作。因为他会好几个国家的语言，所以希望在一家进出口公司找一份秘书的工作，然而绝大多数的公司都回信告诉他，因为正在打仗，眼下不需要用这一类的人。

不过有一个人在写给乔治·罗纳的信上说："你对我生意的了解完全错误。你既蠢又笨，我根本不需要任何替我写信的秘书。即使我需要，也不会请你，因为你甚至连瑞典文也写不好，信里全是错字。"

当乔治·罗纳看到这封信的时候，简直气得发疯。那个瑞典人写信说他不懂瑞典文，而他自己的信上就是错误百出。

乔治·罗纳当时就写了一封信，目的是向那个人以牙还牙。不过，他很快又停了下来。他对自己说：等一等，我怎么能够确定他说的不是事实呢？我修过瑞典文，可是这并不是我的母语，也许我确实犯了很多自己并不知道的错误。如果是那样的话，那么我想要得到一份工作，就必须继续努力学习。这个人可能帮了我一个大忙，虽然他本意并非如此。尽管他用这么难听的话来表达意见，我还是应该写一封信感谢他才是。

于是，乔治·罗纳撕掉了自己刚刚写好的那封骂人的信。在新的信中他说："您这样不嫌麻烦地写信给我实在是太好了。对于我把贵公司的业务弄错的事我觉得非常抱歉，我之所以写信给您，是因为我向别人打听，而别人把您介绍给我，说您是这一行的领袖人物。我并不知道我的信中有很多语法上的错误，我觉得很惭愧，也很难过。我现在打算更努力地去学习瑞典文，以改正我的错误，谢谢您帮助我走上改进之路。"

没过几天，乔治·罗纳就收到那个人的回信，信中请罗纳去找他。罗纳去了，而且得到了一份工作。

乔治·罗纳由此发现："温和的回答能够消除怒气。"

勒住怒气这匹脱缰的野马，我们就不会失去理智，并可化危为机。

北风和太阳的比赛

旅行者穿着一件大衣急匆匆地赶路。北风看见了，便对太阳说："咱俩来比赛一回，看看谁能让这位旅行者脱下他的大衣。"

"好吧。不过，这场比赛一定是我赢。"太阳说。

"你赢？哈哈哈！"北风骄傲地说："你一定没有见识过我的威力吧。我发起威来，可以吹倒庄稼、吹倒树木、吹倒房子。我能让世界上的一切在我的威力下瑟瑟发抖。别说从他身上吹掉一件大衣，就是把屋顶统统吹翻,我也办得到!”

北风说完,便开始发起威来。它鼓足了劲儿,拼命吹了起来。河水翻起了波浪,树木东摇西晃,鸟儿们躲藏了起来,大地上的万物果然在它的威力下颤抖起来。

然而那个旅人呢,不但没有脱掉大衣,反而把大衣越裹越紧。北风累得筋疲力尽,仍然不能让旅人脱掉大衣。

“现在看我的吧。”

太阳略略增加了一点温度,慢慢地,旅人感到越来越热,于是他解开了衣扣。过了一会儿,他干脆脱下了大衣。

太阳真的赢了!

有些人总是企图用暴力去征服,却忘记了温和的威力远远大于暴力。

四、致虚极守静笃的养生法则

几千年来,人类各个民族都在探究养护生命的秘诀,而中华民族关于养护生命的观点和方法既独到又本原。以老子为首的道家,对中华养生文化的贡献,更是首屈一指。

中国的各种养生方法,都是通过调身、调息、调心等操作程序以修炼人身三元——精、气、神,追求天人合一的境界。这些遵从自然的养生方法和原则,可以说就是老子的人同天地、天人一理的“长生久视”之道。

养生文化是中华传统文化的一个有机组成部分。养生理论及功法的发展和实践,植根于中国人的宇宙观、生命观、人生观和人体观。所谓养,就是保养、培养、护养之意;所谓生,就是生命、生存、生长之意。养生,就是根据生命的发展规律,采取一定的方法,达到提高生命质量的目的。

1. 万物负阴而抱阳,冲气以为和

中国智慧的祖先认为:天有日月星,地有水火风,人则有精气神,“精脱者死”,“气脱者死”,“失神者亦死”;司马迁说:“神大用则竭,形大老则敝。形性神骚动,欲与天地长久,非所闻也。”成书于《老子》之后、战国秦汉之际冠以中华民族先祖“黄帝”之名的传世巨著——《黄帝内经》,既强调人体本身是一整体,又强调人与自然环境密切相关,把阴阳的对应统一看成是宇宙间万事万物产生、发展、变化的普遍规律。

何为病痛?《内经》的观点是:“偏阴偏阳之谓疾。”何谓精气神?“人之血气精神者,所以养生而周于性命者也。”《内经》强调的养生原则是:

摄神为先，贵守中和，系统调养。为何“摄神为先”？因为“神”是人的主宰。从古到今的医学都证明精神会极大地影响到身体健康，所以长寿的人，大都心胸开阔、性格温和。人有喜、怒、忧、思、悲、恐、惊的情绪变化，中国医学称之为“七情”，其中喜、怒、忧、思、恐为“五志”，“五志”与五脏有着密切的关系。

情志相胜疗法，就是根据五行相克的理论，利用一种或多种情绪去调节、控制、克服另外一种或多种不良情绪的心理疗法。《内经》将喜归心而属火，忧（悲）归肺而属金，恶归肝而属木，思归脾而属土，恐归肾而属水。《内经》指出：金克木，怒伤肝，悲胜怒；木克土，思伤脾，怒胜思；土克水，恐伤肾，思胜恐；水克火，喜伤心，恐胜喜；火克金，悲伤肺，喜胜悲。情志相胜疗法始创于《内经》，以后不断得到发展。金代名医张于和生动地描述道：“悲可以治怒，以怆恻苦楚之言感之；喜可以治悲，以谑浪亵狎之言娱之；恐可以治喜，以恐惧死亡之言怖之：怒可以治思，以侮辱欺罔之言触之；思可以治恐，以虑彼忘此之言夺之。”

“一阴一阳之谓道”，天下万物，莫不“负阴而抱阳”。所以生命要长久和健康，必须阴阳协调，保有身体之中那团“和气”。

为什么修道者当“致虚极，守静笃”？因为“宁静”才能“致远”。达到虚无的极点，坚守宁静到实笃，我们就能在虚静的境界观察万物生长繁衍的循环往复，并领悟生命的养护之道。

老子教导我们说：人活着的时候，身体是柔软的，死了以后就变得僵硬了；万物草木活着的时候总是脆性的，死了以后就变得干枯了。这说明坚硬的东西属于死亡一类，柔弱的东西属于生机一类。用兵逞强就会遭到灭亡，正如树木强壮就会遭受砍伐一样。强大的东西总是在下，而柔弱的东西总是处上。所以说：“坚强者死之徒，柔弱者生之徒。”

人们所厌恶的事物，就是“孤”、“寡”和“不毂”，而王侯公卿却用来称呼自己。所以，事物有时减损却反会增加，有时增加却反会减损。在老子看来，凡事都要适度，都不能有损于“和”。那些心态失调、硬要超越这个“和”的标准的人，就叫做“强梁”；而做强梁没有得到好死的。

2. 五色令人目盲，五音令人耳聋，五味令人口爽

如今的人们，其实普遍信奉的是“自由诚可贵，爱情价更高。若为名利故，二者皆可抛”。

然而，希望征服世界的人们反而被自己的欲望所征服，越来越多的人变得“目盲”、“耳聋”、“口爽”、“行妨”、“心发狂”。

一旦打开贪婪的窍门，放纵身体的嗜欲，那就不是养身，而是促死。所以，老子希望人们塞住贪婪之窍，关闭嗜欲门径。

我们眼观四面，耳听八方，从而引发了各类生存以外的强烈欲望，结果如老子所言：五光十色使人眼花目盲，五音混杂使人重听耳聋，五味美食使人口舌受伤，肆意驰猎使人放荡发狂，稀有之物使人行为害妨。所以老子希望世人学习“圣人为腹不为目”，也就是说，饱腹是必要的，但对声色纵情追逐则是贻害无穷。酒饮微醉，花看半开，才是境界。

“五味令人口爽”，道出了养生学的根本。随着物质财富的增加，人们吃得越来越好，而“三高”一类的疾病同时也越来越多，这其实都是纵情“口爽”惹的祸。中国历来的养生之道，强调饮食要以素为主，因为对于一般人而言，素食更易于养神；即便要吃肉食，也必须掌握一个“度”。

作为常人，既然有七情六欲，不可能不追求正常的物质享受，但是不可不取之有道、取之有度。孔子就明确表示：“不义而富且贵，于我如浮云。”

关于养生，孟子也有同样的见解：“养生莫过于寡欲。”寡欲和空是一脉相承的。一个人欲望多了，必然空不起来，欲望少了，自然就空了，身心也就健康了。

清代养生家石天基明确地说：“善养生者，当以德行为主，而以调养为佐。”

卢梭认为：“人是生而自由的，但却无往不在枷锁之中。”这枷锁，就是名与利。维克多·雨果也有一句名言：“人有两只耳朵，一只耳朵听到上帝的声音，一只耳朵听到魔鬼的声音。”罗丹有一件雕塑，描绘的是一个人从动物中正在挣脱出来的情景，这正是对被物欲所煎熬的人类非常生动的写照。

新词语是社会生活及时的映射。在教育部近年公布的《中国语言生活状况报告》中，列出了 171 条汉语新词语选目，其中，缀以“奴”字的，有 7 位“嘉宾”。有人评说：汉语不识愁滋味，新词里面满是“奴”！

当今社会，沦落为奴贯穿了民生的链条，实现了从生到死的覆盖。从今生栖息所仰仗的银行按揭，到来世安顿所托付的墓穴，在它们面前，站着的是奴婢，躺下的还是奴婢。今天的人们，压力越来越大，做牛做马的感觉非常强烈，就是节日，消费者的意志也一样地被捆绑，所以又被称为“节奴”。

渴望自由反而为奴，正是因为“难得之货令人行妨”。

现代科学研究表明:人的心理活动和人体的生理功能之间存在着内在联系。良好的精神状态可以使生理功能处于最佳状态;反之则会降低或破坏某种功能从而引发各种疾病。压力会伤害人的神经系统、骨骼肌系统、呼吸系统、心血管系统、内分泌系统、胃肠道系统和生殖系统,当然,对精神系统的伤害更大。

许多人年轻时拿命换钱,岁数大了又拿钱换命,所以哪怕他们“事业辉煌”,也被称为“白领炮灰”。

3. 载营魄抱一,能无离乎? 专气致柔,能婴儿乎?

出世为生,入地为死,这是我们对生死的界定。老子总结:属于长命之人,十分占有三分;属于短命之人,十分占有三分;本可长命之人,但却提前走向死亡的,也是十分占有三分。长命之人为什么短命呢? 因为他们追求养生过度。

不能享尽天年,因追求养生过度反而导致早亡,这是身为“万物之灵”的人类的悲哀。

以老子、庄子为代表人物的道家,追求生命本质的解脱与精神的安宁,尤其强调精神的超然与人格的独立。其养生理念主要有四:一是顺乎自然,二是清静虚无,三是以气养生,四是精神修炼。

崇尚自然是道家养生的基本原则。道家认为,人最初的状态最接近自然,以自然界的秩序变化为法,在养生中采取顺乎自然的行为,就能返璞归真,维护健康,延年益寿。

“灵魂与形体合而为一,能永不分离吗? 聚集精气达到柔和,能像婴儿一样吗?”老子希望人人保有一颗“赤子之心”。因为有赤子之心者,必有健康的生命。

老子解释说:如果道德涵养深厚,就好比那初生赤子。蛇蝎之虫不咬噬他,凶猛野兽不伤害他,鸷厉猛禽不搏击他,他骨头软弱筋内温柔但拳头紧握,他还不知道男女阴阳交合但小小生殖器却自然勃起,这是因为精气充沛的缘故。他整日哭号但喉咙不哑不嘎,这是因为元气淳和之至。知道“精和”的道理就是知“常”,知“常”就会明智;贪生纵欲就会留下灾殃,心机不轨就是逞强。

《史记》载:“老子百有六十余或二百余岁,以自修道而养寿也。”历史上有老子不知其所终之说,虽不可全信,但老子是一位百岁寿星则是史学界一致的看法。

精神修炼是道家修炼的最高境界,也是道家和道教养生的主要方法之一。精神修炼又称心理养生、精神调养。

老子精气之说的核心就是:“吾独异于人,而贵食母。”这食母就是“食气”。口进饮食为阴气,鼻入空气为阳气,要想不死就得依靠口鼻这个人与自然最直接的门户。这成为气功养生、中医药发展的理论依据,对人类健康贡献巨大。老子的以气养身之道,是中华民族传统文化的瑰宝;老子对经络的发现,其意义和价值,也绝不亚于我国的四大发明。

中国历代医学家、养生家、哲学家无不重视精神调养。孔子说:“仁者寿”;孟子称:“我善养吾浩然之气”;庄子说:把世事丢开则形体不会劳累,看破生死则精神不会消耗;董仲舒说:“仁人之所以得天下之道,外无贪而清静,心和平则不失中正,取天地之美以养其身。”

心不爽,则气不顺,气不顺,则百病滋生。美国耶鲁大学病理学家曾对700多人进行跟踪调查,结果表明:一个人如果充满爱心、与人为善、唱歌吟诵、心宽大度、淡泊名利,必定会身心健康。

“禅”,是梵语“禅那”的略称,意译为“静虑”、“思维修”,是古老印度各种教派普遍采用的一种修习方式,传至中国,融合道家与儒家思想精华,成为中国人达成生命和谐的一种独特的修炼方式。人们通过“心注一境”、“正审思虑”的习禅,可以有效地制约个人内部情绪的干扰和外界欲望的引诱,使人实现从“染污”到“清静”的转变,从而达到身心愉悦。世俗之人心随境转,而修行之人心能转境,比如世俗之人生病的时候,总是悲观抱怨,而修行之人生病的时候,则会同时生出忏悔之心、欢喜之心和观想之心。

懂得放下、善于放下,就是老子所说的“知常”,“知常”就能快乐和健康。

事典

“心病”的治疗妙法

中国先哲们与心理疾病的斗争,创造了多种形式治疗“心病”的妙法,生动、有趣、幽默的医方、歌诀、禅话、楹联等,蕴含无穷哲理,流传甚广。

唐代天际大师石头和尚医术高超,名扬天下,他开出的专治心病的妙方,历时1000多年,仍保存在云南昆明华亭寺里:“好肚肠一条,慈悲心一片，温柔半两，道理三分，信行要紧，中直一块，孝顺十分，老实一个，阴骘全用，方便不拘多少。”服法：“此药用宽心锅内抄，不要焦，不要躁，去火性三分，于平等盆内研碎，三思为末，六波萝密为丸，如菩提子大，每日进三服，不拘时候，用和气汤送下。果能依此服之，无病不瘥。切忌言清行浊，利己损人，暗中箭，肚中毒，笑里刀，两头蛇，平地起风波——以上七件，速须戒之。”对此方的功效，大师这样说：“凡欲齐家治国，学道修身，先须服我十味妙药，方可成就”；“况此不劳主顾，不费药金，不劳煎煮，何不服之”。从古到今，许多人以此为座右铭，治好了自己的心病。

明朝著名医学家徐春甫在他的《古今医统大全》一书载有“和气汤”与“快活无忧散”两方。“和气汤”的内容是：先用一个“忍”字，后用一个“忘”字。此二味和均，用不语唾咽下，服后饮醇酒五七杯，飘飘然半酣犹佳。专治一切怒气、怨气、抑郁不平之气，消痰化淤，清气益脾。此方先之以忍，可免一朝之忿也，继之以志，可无终身之憾也。“快活无忧散”的内容是：除烦恼，断妄想。此二味等分，研为极细末，用清静汤服下，必能清气爽神，快活无忧。此方药味甚鲜，奏功极大，且药性不寒不热，不苦不辛，不必远求产药之区，可自我找求之，自我找得之。虽神农、本草所末载，东垣、丹溪所末论及，自是人间一种妙药。苟能日服一剂，胜服“四君子汤”百剂也。

清代医家石成金的《却病歌》唱道：“人或生来气血弱，不会快活疾病作。病一作，心要乐，心一乐，病都却。心病还将心药医，心不快活空服药。且来唱我快活歌，便是长生不老药。”清代户部尚书阎敬铭的《不气歌》更有意思：“他人气我我不气，我本无心他来气。倘若生气中他计，气下病来无人替。请来大夫将病医，他说气病治非易。气之为害大可惧，唯恐因气将命弃。我今品尝个中味，不气不气真不气。”

北京潭柘寺的弥勒笑佛龛两边有一副意义隽永的名联：“大肚能容，容天下难容之事；开口便笑，笑世间可笑之人。”

学学大肚弥勒佛，笑口常开吧！保持良好的心理状态，比什么养生的办法都更灵验。

以乐养生　以善养心

有位母亲——一个地地道道的乡间老人，90多岁了，仍然是耳不聋，眼不花，背不驼，走起路来仍然敏捷利落，号称乡村的第一寿星。

她为何健康，为何长寿？城里的儿子骄傲地向人们介绍了母亲的养身“秘诀”。

母亲处世与人为善。在处理乡里乡亲或家庭成员关系上，她信奉和为贵、善为美的道理，从不计较恩怨得失。从儿子记事开始，就没见过母亲对谁红过脸，更不用说吵架骂人了。母亲不仅对待外人和蔼可亲，在家里也是文明持家，以理服人。长大后，儿子问母亲：“你为什么不打骂我？”母亲笑笑说：“要有个平常心，成材的树不用廓！”

母亲饮食粗茶淡饭。从前受苦受难的时候，她随遇而安；如今生活富裕了，她还是收获什么吃什么，不会刻意享受。不过到了老年，她的食谱中，每天有样不可缺少的传统饭，叫“锅出溜”，就是那种将面粉掺两个鸡蛋，兑水搅拌成面浆，锅烧热后，将面浆顺在锅底上，当面浆煎成半熟起泡时，加水溜进去煮熟。这种饭味鲜可口，既营养又易消化。

母亲懂得适量劳动。年轻时，她是一个“庄稼精”，犁田耙地、打场晒粮、打药除草，样样冲在前。如今虽然年事已高，她还是要适量地下田干活，种种菜，到地头赶鸡喝羊，看护庄稼，这也是她的锻炼方式。

母亲喜欢健脑娱乐。她不识字，也没有很多用脑的方法，唯一的健脑娱乐，就是和村里老年人打打牌。她们打的那种叫“雀纸牌”，比点大小即可，两人也能玩，三人也能耍。

有一年春节到了，儿子将母亲接到城里居住，刚来时她感觉住在高楼中怪新鲜，不到半月，开始说头晕了，抱怨一天到晚像钻在笼子里，也没有人说说话，打打牌，再这样下去脑子就要呆了，非要回去不可。

儿子理解母亲的心情，就让她回去了。一回乡村，如鱼得水，立马和她的牌友们娱玩得欢天喜地。儿子打电话询问母亲，头还晕吗？她在电话那头爽朗地大笑：一打牌就好了！

母亲的爱心永驻。她最骄傲的是拥有一个四世同堂、儿孙满堂的大家族，她将自己的爱心全都洒向儿孙们。她会见啥人说啥话，哄得家里大小都开心，当然，她自己更是天天开心。

被活埋的智慧

这是作家蒋子龙的一篇小文，读来让人备受启发——

一个偶然的机会我认识了一位老人，103 岁了，仍耳聪目明，思维敏捷，口齿清晰。

他并不是生活在农村，也不是没有文化，而是一生都居住在大都市里，经历丰富，命运坎坷，曾经做过翻译，当过律师，还行过医……都是一行干不下去了，或被打倒了，就再干一行。

我像其他见到他的人一样，不论出于礼貌还是出于好奇，都先问他的养生术。老人说："我的养生秘诀只有一句话：'60不死就该活埋'。"

我不解："您这种活埋法可真埋得好，越埋活得越好。"

"对了，你一语中的，这就叫埋活，越埋越活！"

我想起一部影片《犹山节考》。一个偏僻贫穷的山区，有一个法律般严格的风俗：人活到60岁就要被活埋。一个大雪天，儿子背着已经60岁的母亲上山活埋，儿子不忍，母亲则泰然、欣然，说自己死了可节省下粮食给渐渐长大的子孙。老的不去，后辈怎能长大成人？

老寿星的"活埋养生法"显然不是《犹山节考》里的埋法。我继续请教，老人又讲出了一番理论："英国诗人弥尔顿总结老年人最大的毛病就是贪，到老了什么都没有了，还是有野心。西方人直来直去说实话，东方文明讲究含蓄，不说老年人的缺点，只讲老年人应该注意养生。要养生先养心，用曾国藩的话说叫君逸臣劳，省思虑，除烦恼。所有的中国养生学都叫人要清心寡欲，澹泊无为，定静生慧，传说活了256岁的李庆远在《长生总诀》中归纳出10条：打坐、降心、炼性、超界、敬信、断缘、收心、简事、真观、泰定。有多少人能做得到？养生术一大堆，操作起来却很困难。"

于是，老人提炼一生的生活智慧，发明了这个简单易行的办法：一到60岁就把自己在理论上活埋，有了被活埋的勇气和智慧，视自己是该死的人了，就能治贪和消除野心，再要降心、断缘、泰定就比较容易了。他如果不是在60岁的时候就把自己活埋了，怎能平安度过一场接一场的运动，置之死地而后生？到了90多岁反而写出了两本书，一下子跻身老年新作家的行列。这不全是因为写作的时间长，而是开始写作的时间晚。

把自己埋起来，躲避灾祸和烦恼，干自己喜欢的事。既然是自己喜欢的事就会有助于养生，在自己喜欢中活，活得欢喜。

五、万物对应统一的辩证思维

我为什么在这里说"对应"而不说"对立"呢？因为一谈对立，人们就总是想到斗争。在佛法中，在道家的理念里，没有那么多的分别、执著。宇宙万物，有阴就有阳，有阳就有阴，凡一体必有两面，而且阴阳必须和合，不断从旧的和合达到新的和合。那么，我们为何要执著于对立呢？

中国哲学中相生相克、对应统一的辩证理论根植于《易经》。64卦的无穷循环过程之中，包含了丰富的否定之否定规律。《周易》探讨事物的发展变化，至少囊括了四个方面：时间的变化、空间的变化、具体事物的变化、人适应各种不同变化所采取的不同的应变方法。

《易经》、《易传》和《老子》是传统易学的奠基性著作，易学的发展，老子与孔子都是功不可没。

1. 道生一，一生二，二生三，三生万物

宇宙从哪里来？万物从哪里来？我们从哪里来？这些问题，在老子那里早已有了精到的阐释。

“道”动而生成一个“一”，这个“一”是不可分割的“一体之两面”，“阳”动而“阴”随，所以是“一生二”；“一”、“二”的分合转化，就产生了一个“一＋二”的“三”，这个“三”是“一”和“二”之间千变万化的统一体，老子称其为“和”，就是“万物负阴而抱阳，充气以为和”。“冲”是阴与阳相冲相克，相激相荡。总之，“一”、“二”、“三”，也就是“阴”、“阳”、“合”，或者叫做“正”、“反”、“合”。

万事万物的对应、分裂与统一，就是老子的辩证法；“反之又反”、“否定之否定”、“玄之又玄”的“三连式”，就是老子辩证逻辑的总代表；无、有、万物，有为、无为、无不为，争、不争、无所争，就是老子辩证法的最高表现。

如果用图像来表示，那我们就看看太极图吧：黑鱼在吃白鱼（也称黑月、白月），或者白鱼在吃黑鱼；白鱼的眼睛是个黑点，黑鱼的眼睛是个白点，表示阴中有阳，阳中有阴。两鱼在一个圆周中，谁都不会也不可能吃掉谁，这个世界就是这样永无止息地运行。太极图巧妙地描述了“一”、“二”、“三”也即是“正”、“反”、“合”辩证法的奥妙，太极拳就是老子的反向思维的绝妙运用。

德国哲学家莱布尼兹最初正是根据伏羲黄老的阴阳学说提出了二进制思想。当他第一次看到中国《河图洛书》拉丁文译本以后，惊呼“这是一个宇宙最高的奥秘”，连连称赞中国人的智慧太伟大了，当即给太极阴阳八卦起了一个西洋名字“辩证法”。

黑格尔师承康德，把老子学说看成是真正的哲学，将老子所说的“一生二，二生三，三生万物”发挥得淋漓尽致，使其哲学逻辑合理，充满生气，理论新奇，论述动人。黑格尔研究每一个命题，都完全按照太极图的辩证道理，创立了三段式解读法。哲学家海德格尔更是把老子的“道”视为人们思维得以推进的渊源。

领导者以人民的意愿为意愿，这是民主的总原则。但如果单单只有“以百姓之心为心”这句话，就显得空洞。老子的可贵之处，就是根据他的辩证法，提出了人类社会前所未有的民主思想和民主制度。

有学者认为，现代政治学、法律学、高级管理学所研讨的“中国汉唐宰相制”，就是遵照老子辩证法中“正”、“反”、“合”的思想而来。宰相是“正”，御史大夫是“反”，君主是“合”。这个体制，后来被英国模仿效法，蜕变而成英国的国会制（英国首相制），日本维新后，这个制度又照搬了过去。可以说，不管体制机构的名称是什么，只要合乎“正”、“反”、“合”辩证法的精神，那么这个制度的方向就是合理的。

值得一提的是：两千多年前的释迦牟尼，也同时表现出伟大的辩证智慧。卡尔·马克思评价：“辩证法在佛教徒那里已达到比较精致的程度。”

2. 反者道之动，弱者道之用

广大、伸展、遥远而回归本原，这就是道的规律，所以老子说“正言若反”，所以我们要懂得逆向思维。

“道”是“首”加“足”旁，也可以说，首尾相连谓之道，道的特点就是周而复始。

草木春生而夏长，秋收而冬藏，如此循环而不凋。万事万物都以对应的方面为自己存在的前提。天下万物生自于有，有又生自于无。

老子这样形象地为我们说明了“有”“无”之妙：三十根辐条共同组成一个车毂，因为中间空无，才有车子的功能；糅合陶土做成器具，因为中间空无，才有器具的功能；开凿门户造成房屋，因为中间空无，才有房屋的功能。所以说，“有”提供了便利，而“无”发挥了作用。

中国的诗与画，总强调要有一个意境，这意境实际上就是一个有与无、虚与实相得益彰的状态。所以画中之上品，总是“咫尺有万里之势”。

同佛家一样，老子教导世人放下妄想、分别与执著。他说：天下人都有了自己的所谓美的标准，就不会做那些所谓丑恶的事了；都有了自己的所谓善的标准，就不会做那些所谓不善的事了。其实，有与无相对而生，难与易相对而成，长与短相对而言，高与下相对呈现，音与声相互唱和，前与后相接相连，所以，善与恶、美与丑哪有那么绝对呢？

在现实生活中，一旦出现众人都认为美好的事物，总会竞相追逐，于是这个或许原本的美好，很快就变得丑恶了。

有无、难易、长短、高下、音声、前后等种种现象，都在循环往复的规律中相互作用，互为因果，我们认识了道的妙用，就会效法自然，去除执著、落偏的分别心。

人人都想趋吉避凶，而老子却说：灾祸呵，幸运靠倚在其中；幸运呵，灾祸潜伏于其内。它的准则究竟是什么，实在没有一个定准呀。正常忽而变为怪异，善良忽而变为妖孽。人们为此困惑愚迷，已经很长时间了。

俗话说："严是爱，松是害，不闻不问要变坏。"而老子早就揭示出一个秘诀："将欲歙之，必固张之；将欲弱之，必固强之；将欲废之，必固兴之；将欲夺之，必固与之。"就是说，要想收敛它，必先使其扩张；要想削弱它，必先使其增强；要想废弃它，必先使其兴举；要想夺取它，必先给予利益。

有些认为老子的思想消极的人，看了这番论述，又认为他阴险狡猾。在我看来，这实际上是一个悟性和境界的问题。黄帝《阴符经》中有句提醒："君子得之固躬，小人得之轻命"，意思是：这种秘诀和机会，君子抓住并利用可以平定邪恶，更有益于天下；小人抓住并利用却只能损人害己，甚至丢掉性命。

鲁迅先生解读《红楼梦》时指出："单是命意，就因读者的眼光而有种种：经学家看见《易》，道学家看见淫，才子看见缠绵，革命家看见排满，流言家看见宫闱秘事……"不同的人读《老子》会读出不同的东西，或许没有人能够真正穷尽老子的本意，所谓权谋家从中读出的阴谋之术，不过是老子道学中层次最为低下的"微明"境界而已。

《易经》的智慧也向我们昭示：否极泰来，乐极生悲。《易经》讲求的是时，追求的是无咎，而非大吉大利，因为祸福相依。

失去不一定是祸，得到也不一定是福，我们如果不懂得辩证法，很容易宠辱大惊，知巧必用，结果总是事与愿违。

3. 既以为人己愈有，既以与人己愈多

老子以辩证的思想教给我们达成事业成功、生命成功的智慧：委曲反能成全，屈枉反能伸直，低洼反能充盈，敝旧反能更新，取少反能获得，求多反而迷惑。因此，圣人从来行于大道，以道作为治理天下的法式。不自我表现，反能显明；不自以为是，反能是非昭彰；不自己夸耀，反能见到事功；不自高自大，反能处人之上。

运用辩证逻辑，见一就一定知二，见二就一定知三，所以懂得辩证法的人，总是富有举一反三、见微知著、高瞻远瞩的过人智慧。

不与天争，便是利益于天；不与地争，便是利益于地；不与人争，便是利益于人；不与天地人争，便是利益于自己。帮助他人，就是帮助自己——这就是生活中的辩证法，这就是舍得的智慧。

为什么“古之善为道者，非以明民，将以愚之”？老子告诉我们：自古以来善于遵循大道的人懂得：百姓如果难以理治，那是因为他们的巧智心机因为某种鼓励表现太多。用巧智心机治理国家是国家的灾祸，不用巧智心机治理国家是国家的洪福。身为人君，不可不知晓两种治理法式的利弊。领悟了治国的法式，就会具有玄远之德。“玄德”深沉广远呵，似乎与常人的认识相反，但返归了真璞，天下将由此而大顺。

在《老子》的最后一章，更有辩证的总结：信实的言辞不会华美，华美的言辞不会信实。善良的人不去巧辩，巧辩的人不会善良。真知的人并不见得知识广博，追求广博的人其实难以获得真知。圣人不藏不积，既然帮助了他人，自己必然更加充足，既然给予了他人，自己必然更加丰富。

《圣经》中也有一句话：“施比受快乐。”这与老子的“既以为人己愈有，既以与人己愈多”同为至理。

“天之道，损有余而补不足”。与其让天地自然或者社会众人来损我之有余，还不如自己损其有余而周济众人。

奉献，只有奉献，我们才能得到生命的高峰体验！

老子的“无为”和“不争”，首先是让我们、让人类忘掉那个刻意的“为”和“争”，如此才能无为而无不为，“天下莫能与之争”，犹如“天地之所以能长且久者，以其不自生，故能长生”。这是一种站到高处、望到深处的无与伦比的哲学思想，只可惜，正如老子所叹：“吾言甚易知，甚易行；世人莫能知，莫能行。”

事典

粪便的涅槃

有一个青年，出生于贫寒农家，侍弄过庄稼，做过木匠，干过泥瓦工，收过破烂，卖过煤球，曾经感情受挫，官司缠身。他独自闯荡，居无定所，四处漂泊，总是遭受别人鄙夷的眼光，但他与众不同的是热爱文学，写下了许多清澈纯净的诗歌。

曾经有知情者疑惑，这样清澈的文字居然出自于一个痛苦挣扎在生活边缘的人的笔下，对此，他解释道：“我是在农村长大的，农村人家家都储粪。小时候，每当碰到别人往地里运粪时，我总觉得很奇怪，这么臭、这么脏的东西，怎么就能使庄稼长得更壮实呢？后来，经历了这么多事，我发现自己并没有学坏，也没有堕落，甚至连麻木也没有，就完全明白了粪和庄稼的关系。粪便是脏臭的，如果你把它一直储在粪池里，它就会一直脏臭下去，但是一旦它遇到土地，情况就不一样了，它和深厚的土地结合，就成了一种有益的肥料。对于一个人，苦难也是这样，如果把苦难只视为苦难，那它真的就是苦难，但是如果你让它与你未来世界里最广阔的那片土地去结合，它就会变成一种宝贵的营养，让你在苦难中如凤凰涅槃，体会到特别的甘甜和美好。”

这位青年的解释，也正是人与现实的博弈关系的最好注解。土地能够转化粪便的性质，心灵同样可以转化苦难的流向，升华与堕落，都在于自己对现实的理解。面对苦难的现实，他的笔下流淌的竟是美丽纯净的歌：“我健康的双足是一面清脆的小鼓，在这个雨季敲打着春天的胸脯，没有华丽的鞋子又有什么关系啊，谁说此刻的我不够幸福？”

现实总是不尽如人意的，懂得辩证的思维，我们就能化腐朽为神奇，让生命滋润升华，并且通达于天地。

数钞票比赛

一个颇有人气的电视娱乐节目，内容是数钞票。

主持人拿出一大沓钞票，币值大小不一，杂乱重叠，现场选拔4名观众在规定的3分钟内进行点钞比赛，谁数得最多，数目又最准确，就将获得自己刚刚数得的现金。

现场气氛火爆，游戏开始，4个人开始埋头数钞，而主持人则轮流对参赛者提问谈话以打断其思路，参赛者只有在答对题目的情况下才能继续。

时间一晃而过，4位观众手里各拿了厚薄不一的一沓钞票。主持人拿出一支笔，让他们写出刚才所数钞票的金额。第1位，3658元；第2位，5942元；第3位，2833元；第4位，896元。4位观众所数钞票的数目，相去甚远，台下的人都摇头嘲笑第4位观众的“业绩”。

随后，主持人开始当场验证所数钞票数目的准确性。众目睽睽之下，主持人把4名参赛观众所数的钞票重数了一遍，结果，只有数得最少的第4位完全正确，众人感叹不已。

主持人最后告诉大家一个秘密：自从节目开办以来，在这项角逐中，所有参赛者所得的最高奖金，从来没人能超过1000元。

人心愈贪，其失愈多。这就是老子所指出的“少则得，多则惑”。

道德与道德的表演

吴起是战国时期著名的军事家，他在担任魏军统帅时，与士卒同甘共苦，深受下层士兵的拥戴。

有一次，一个士兵身上长了个脓疮，作为一军统帅的吴起，竟然亲自用嘴为士兵吸吮脓血，全军上下无不感动，而这个士兵的母亲得知以后却号啕大哭。

有人奇怪地问道：“你的儿子不过是小小的兵卒，将军亲自为他吸脓疮，你为什么哭呢？你儿子能得到将军的厚爱，这是你家的福分哪！”这位母亲哭诉道：“这哪里是在爱我的儿子呀，分明是让我儿子为他卖命。想当初吴将军也曾为孩子的父亲吸脓血，结果打仗时，他父亲格外卖力，冲锋在前，终于战死沙场；现在吴将军又这样对待我的儿子，不知道我儿子要死在什么地方啊！”

这位母亲一语中的，一针见血。没有辩证的思维，目光哪能如此犀利，从荣看到枯，从正看到反！

吴起真的是视兵如子吗？为了谋取功名，他背井离乡，母亲死了，也不还乡安葬；本来娶了齐国的女子为妻，为了能当上鲁国的将军，竟然将她杀死，以消除鲁国国君的怀疑，所以史书说他是个残忍之人。他对士兵身上的脓疮一而再地用嘴去吸吮，其目的无非是要让士兵在战场上拼死冲杀，从而成就自己的功业。

那些真正为了民族大义、人类和平而献身的人们，将永远活在人民的心中；然而，战士们不可不明白自己在为什么而战。拨开历史的迷雾我们便一目了然：“春秋无义战”！

从军事才能上看，吴起是伟大的；从道德仁义方面来看，无非是华丽的道德表演。

老子在当时之所以菲薄“圣人”讥刺仁义，实质是希望打掉世间那些假借圣人虚名伪装仁义的道德招牌。

六、道为本术为末的教育理念

无论我们愿意还是不愿意，只要来到这个世上，就逃不脱与生俱来的责任,不是用人,就是为人所用,但一个关键的前提,是自己首先学会做人。中国人常说,先做人,后做事。也就是说,做人在前,而后才能识人、用人、做事、成事。

在中国传统经典文化中,尤其是在老子与孔子的思想中,早就为我们构筑了最为本真本原的人才观和方法论,它几乎涵盖了几千年来历史人才观的一切。

五千余字的《老子》,每一章甚至每一句,都在教给我们做人、识人、用人的智慧,交给我们达成事业成功和生命成功的智慧。

两千多年以前,孔子拜见老子后称其为“龙”:合而成体,散而成章,静动自如,纵横天下;老子则赞孔子为“凤”:左智右贤,美善和悦,以仁为本,圣德无限。在中国历史上,“龙”与“凤”的首次联系,便是人类两位伟大的教育家老子与孔子的交流;“龙”与“凤”的素质,就是“内圣外王”。

1.为学日益,为道日损

我们现在已经认识到世界分为两个部分,一个是物质世界,一个是精神世界,也就是形而下与形而上两种形态。

形而上者谓之道,形而下者谓之器。两种形态缺一不可,而现代人类的各门学科,包括教育学,基本上只在物质世界的范畴内打转,也就是只在技术层面打转。重器或者重术而轻道的结果,一定是人心不平,天下不平。

就社会问题和人的问题而言,形而上决定了形而下,与获取知识相比,解决心灵的问题要困难百倍。因此,“治心学说”才是根本的学说。由于人类的心灵越来越被自己所创造的物质文明所局限,所以治心比之于单纯的治物,具有更加重要的意义。

老子希望我们明白:追求学问,知识天天增加,修行大道,物欲天天减损。物欲减损又减损,我们就再不会妄为。我们不妄为,反而有所作为。智者足不出户,便知天下之事;眼不窥窗牖,就能洞悉自然的变化。相反,我们越是向外奔逐,对大道的认识越是局限。人类最好的学习对象,就是天地自然。

中国文化特别注重对人的内在道德良知的发掘,讲求由内向外驰求,通过“修齐治平”,最终实现“内圣外王”。

意大利作家康图说:“虚假的学问比无知更糟糕。无知好比一块空地,可以耕耘和播种,虚假的学问好像一块长满杂草的荒地,几乎无法把草拔尽。”菲尔丁更是提醒人们:“不好的书也像不好的朋友一样,可能会把你戕害。”

两千多年前，孔子就提出了“君子儒”和“小人儒”的区别，要求弟子做一个学有所成的君子，不要做一个学有所成的小人。

身而为人，不可不了解和面对五大关系：人与人的关系、人与社会的关系、人与自然的关系、人与传统历史的关系、人与信仰的关系。

传统的中国的教育可以说是伦理的教育、道德的教育、因果的教育、智慧的教育、仁爱的教育。

丢掉了民族的文化，忘记了先贤祖宗，我们必定会失去辨别的能力。

几千年来，一直有三个宝维系着中华民族千千万万个家庭家族安定和谐的生活：祠堂、孔庙、城隍庙。

祠堂教的是孝道，让我们能够知道自己的家谱、家道、家学、家规、家风、家业，从而代代承传；孔庙教的是师道，让我们懂得做人与做事，健康成长；城隍庙教的是因果之道，让我们懂得善有善报，恶有恶报，用佛家的话，就是给我们增上的力量，帮助我们的增上缘。不幸的是，现在这三个宝都被毁掉了。

所谓佛教，也就是佛陀的教育。佛祖就是教育家，佛法最根本最大的原则就是教育。让人破迷开悟，离苦得乐，就是佛陀从事教育的目的。

从某种意义上讲，教育也是一种治疗，它治疗的正是人类的贪婪之心、嗔恨之心和愚痴之心。

2. 强梁者不得其死，吾将以为教父

老子关于为人、为君的本色，强调一个“朴”。随着文明的发展，素朴是越来越少，“强梁”倒是越来越多，所以素朴的品质也就越来越显珍贵。

对于为道者，老子这样形容：古时善于行道的人，知微入妙，变化通达，深奥博雅，难为常人所认识。正是因为难以认识，所以只能勉强给他一个描述——他小心翼翼，就像冬天涉过冰川；他处处谨慎，就像畏惧四周的近邻；他恭敬律己，就像在别人家里作客；他行动洒脱，就像冰雪正在消释；他淳厚朴实，就像未经雕琢的玉璞；他豁达开阔，就像深广的山谷；他浑朴厚实，就像污水一样浑浊；他清澹沉静，就像汪洋大海；他飘逸风流，好像不知所往。然而，谁能在浊乱中静止下来，静静地待它慢慢地澄清呢？谁又能在安宁中长久守持、沉静中生出无限活力呢？当然是如此的行道之人。行道者总能保持谦逊而不盈满，正因为他不盈满，所以才能够在既有中不断吸收新的能量。

老子为何说“强梁者不得其死”，并且把这一条作为施教的开始呢？

我理解，强梁者不仅自己对自己逞强，同时也对他人、对社会、对自然逞强。一个人倘若以自己为敌，以他人为敌，以社会为敌，以自然为敌，怎么能得好死！

老子观察到：天下最最柔软的东西，能够驰骋穿行于天下最最刚坚之物；虚空无形的力量，可以穿透没有隙间的东西，他由此知道了无为为什么有益。但是他又禁不住叹息：这一点，普天下很少有人能够做得到啊！

正如"佛度有缘人"一样，老子清醒地知道：悟性高的人听闻大道，立即心领神会，勤勉努力去实行；悟性平常的人听闻大道，半信半疑，迟疑不决；没有悟性的人听闻大道，哈哈大笑。这不奇怪，愚痴的人不笑，大道就不足以为大道。

遵循自然大道的人，才具备成为大才的前提。真正得道的大才，道器合一，形神合一，形气合一，展现的是人类最本真、最素朴、最真实的形态。

3. 知不知上，不知知病。夫唯病病，是以不病

人非生而知之者，都希望从无知走向智慧。遗憾的是，很多人走来奔去还是那么迷糊愚痴。

老子告诫：知道自己不知道才是明白人，不知道却以为知道是有病之人。只有把毛病真当毛病，才会没有毛病。圣人没有毛病，那是因为他知道毛病是病。

孔子与弟子畅谈理想，子路毫不犹豫地急忙回答，表示自己具有治国的才能。善于识人的孔子对弟子的自我贴金呵呵一笑，似有讽刺的意味。我想，除去子路说话不知谦逊的原因之外，孔子还笑自己这个弟子不知道自己不知道。所以他告诫弟子们："知之为知之，不知为不知，是知也！"

因为物俗的蒙蔽，今天这个社会以不知为知的人更多，并且越来越物质化了。许多人以为高档就是高尚，高价就是高贵，富人就是贵人。

老子和孔子都不教授人们具体的谋生技术与技能，因为他们明白教育的本质；而今天的许多教育工作者，并不知道自己对教育其实无知。

现代教育被简单地定位于所谓人力资源开发，知识与技能的取向被推向极端与绝对，教育价值工具化、功利化的倾向越来越明显。以考试为手段，以学校为场所，以学生为对象，从小学到大学，教育体系俨然成为现代化的大规模生产线。

难怪南怀瑾先生说：我们中国几千年教育的目的，不是为了谋生，是教我们做一个人，家教是最重要，然后才跟先生学习。人格教育、学问修养是贯穿一生的。所以除了政治、财富以外，还有独立不倚、卓尔不群的

人格、品格修养，以成为社会、人心的中流砥柱。现在家庭和学校的教育，乃至整个社会的教育观念，专门为了职业，为了赚钱，基本人格养成的教育都没有。人如果做不好，你讲什么民主、科学、自由、法治？现在读个书，就想到学哪一科最好，读完了做什么待遇比较高，有前途，这完全是商业行为，不是教育行为。

老子教导我们：善于建树就不会被毁拔，善于抱持就不会脱落，遵循此道，子子孙孙祭祀不绝。以此道理贯彻于自身，德性将会纯真；以此道理贯彻于一家，德性将会盈余；以此道理贯彻于一乡，德性将会久长；以此道理贯彻于一邦，德性将会丰厚；以此道理贯彻于天下，德性将会遍普。

曾国藩的家族为何代代都有才俊？因为他知道：“有福不可享尽，有势不可使尽。勤字工夫，第一贵早起，第二贵有恒；俭字工夫，第一莫着华丽衣服，第二莫多用仆婢雇工。”他强调节俭：“历览有国有家之兴，皆由克勤克俭所致。其衰也，则反是。”

有德无才是庸才，有才无德则是祸害。所以彼特拉克说：“书籍使一些人博学多识，但也使一些食而不化的人疯疯癫癫。”罗斯福说得更是尖锐：“有学问而无道德，如一恶汉；有道德而无学问，如一鄙夫。”

好仁、好知、好信、好直、好勇、好刚，或许都是我们心中的志向，但有良知的人，才懂得遵道而行，使自己追求的理想贴近真、善、美，远离假、恶、丑。

今天的社会最稀缺的其实就是常识。常识有两种，一种是生活的常识，还有一种是思想的常识。老子、孔子以及许许多多的古圣先贤，其实最注重的是教授给人们“甚易知”、“甚易学”的思想的常识。常识之可贵，不在其高深，而在其价值之恒远。

如果说知识很重要，那么常识就尤其重要！倘若所谓的现代人不再相信那些朴素的常识并且鄙弃常识，那么人类社会就可能远不如动物世界了。

人的一生最难认识的是自己，超越自己更是难上加难。所以老子说：“知人者智，自知者明。胜人者有力，自胜者强。”

因为找不到人生进取的着力点，多少人把自己鸿爪上的蹼忍痛割去，变成了不伦不类的鹰爪！

良宽禅师的唤醒

良宽禅师终生修行修禅,崇高的品行远近闻名,人人敬佩。

在他年老的时候,家乡传来一个消息,说自己的外甥不务正业,吃喝嫖赌,五毒俱全,快要倾家荡产了,而且还经常危害乡里,家乡父老都希望这位禅师舅舅能够大发慈悲,救救外甥,劝他重新做人。良宽禅师听到消息,不辞辛劳,立即往家乡赶。他风雨兼程走了半个月,终于回到了童年的故乡。

良宽禅师的这位外甥久闻舅舅的大名,心想以后可以在狐朋狗友面前吹嘘一番了,因此也非常高兴和舅舅见面,并且特意留舅舅过夜。家人也很高兴,心想禅师正好可以规劝一下自己的外甥了。

不过外甥却还另有一番寻思:久闻舅舅大名,要是他真的对我说教,我可要好好捉弄他一下,日后就更能在别人面前吹嘘了。

没有想到,良宽禅师晚上就在俗家床上坐禅坐了一夜,并没有劝说什么。外甥不知道舅舅葫芦里卖的是什么药,惴惴不安地勉强熬到天亮。

黎明之际,禅师睁开眼睛,要穿上草鞋,下床离去。他弯下腰,又直起腰,不经意地回头对他的外甥说:"我想我真的老了,两手发直,穿鞋都很困难,你可否帮我把草鞋带子系上?"外甥非常高兴地照办了,良宽慈祥地说:"谢谢你了!年轻真好啊,你看,人老了以后,就什么能力都没有了,可不像年轻的时候,想做什么就做什么。你要好好保重自己,趁年轻的时候,把人做好,把事业的基础打好啊,不然等到老了,可就什么都来不及了!"

禅师说完这句话后,掉头就走,其他的什么都没说。

但是,就从那一天起,他的外甥再也没有花天酒地地去浪荡,而是改邪归正,努力劳作,像换了个人似的。

诗云:"予怀明德,不大声以色";"上天之载,无声无臭"。子曰:"声色之于以化民,末也。"就是说,如果自己怀有光明的品德,哪里用得着厉声厉色呢?用厉声厉色去教育人,那是最拙劣的行为。《诗经》说"德行轻如毫毛",轻如毫毛还是有物可比拟。上天所承载的,既没有声音也没有气味,这才是最高的境界!

良宽禅师并没有用什么大道理规劝外甥,其实,那些道理不用说外甥也懂,禅师只是恰到好处地演示出其中的利害关系,从而唤醒了外甥的良知。

郝冀川(插图)

无声的净化

一位老人和他的小孙子住在肯塔基西部的农场。每天早上,老人都坐在厨房的桌边读《圣经》。一天,他的孙子问道:“爷爷,我试着像您一样读《圣经》,但是我不懂得《圣经》里面的意思。我好不容易理解了一点儿,可是一合上书又立刻忘记了。这样读《圣经》能有什么收获呢?”

老人安静地将一些煤投入火炉,然后说道:“你用这个装煤的篮子去河里打一篮子水回来。”

孩子照做了,可是篮子里的水在他回来之前早就漏完了。孩子一脸不解地望着爷爷。老人看着他手里的空篮子,微笑着说:“你应该跑快一点儿。”说完让孩子再试一次。

这一次,孩子加快了速度,但是篮子里的水依然在他回来之前就漏光了。他对爷爷说道:“用篮子打水是不可能的。”说完,他去房间里拿了一个水桶。老人说:“我不是需要一桶水,而是需要一篮子水。你能行的,你只是没有尽全力。”接着,他来到屋外,看着孩子再试一次。孩子虽然知道用篮子盛水是行不通的，但是很听话，跑得更快，而结果当然是同样的。

孩子喘着气说："爷爷，你看，这根本没用。"

"你真的认为这一点儿用处都没有吗？"老人笑着说，"你看看这篮子。"

孩子看了看篮子，发现它与先前相比的确有了变化。篮子十分干净，已经没有煤灰沾在竹条上面了。

"孩子，这和你读《圣经》一样，你可能什么也没记住，但是，只要你用心去读，它就在影响着你，净化着你。"

人生每一次的磨砺与拂拭，都不是无用之功。潜移默化之中，我们的心灵就被净化了，我们的境界也就提升了。

寇准的惭愧

寇准比王旦小4岁，两人同年为进士。

寇准为枢密使时，王旦为宰相，中书省有事需要与枢密院沟通，所拟的文书违犯了诏令格式，寇准立即把此事报告了皇帝。真宗大为恼火，对王旦说："中书行事如此，施之四方，奚所取则！"王旦赶紧谢罪说："此实臣等过也！"中书省的其他官吏也因此受到处罚。

然而不过1个月，枢密院有事需要传达给中书省，其文书也不符合诏令规格，中书省的官员发现后，以为有了报复的机会，就非常得意地将文书呈送给王旦，王旦看后只是让他们将文书退还给枢密院修正，但同时吩咐不得向皇帝报告。

枢密院的官员把这件事告诉了寇准，他顿时非常惭愧。

王旦拜见皇帝时，总要称赞寇准的才华，而寇准却还是经常在皇帝面前议论王旦的短处。一次，真宗对王旦说："卿虽谈其美，彼专道卿恶。"王旦答道："臣在相位久，阙失必多，准对陛下无所隐，益见其忠直，此臣所以重准也！"由此，真宗更认为王旦贤明宽厚。

一次，寇准得知自己将被免去枢密使职务的消息，便托人到王旦家私下请求他帮助自己出任使相，王旦听后非常吃惊地说："将相之任岂可求邪？吾不受私请。"寇准大失所望。

不久后真宗问王旦："准当何官？"王旦说："寇准未30岁，已登枢府，太宗甚器之。准有才望，与之使相，令当方面，其风采足以为朝廷之光。"遂任命寇准为武胜军节度使、同中书门下平章事（职务名）。

寇准接到诏令后前去拜见真宗，哭诉道："苟非陛下主张，臣安得有此命！"而真宗告诉他，这正是王旦推荐的。

寇准吃惊之余既羞愧又感叹，逢人便说："王同年器识，非准可测也。"

王旦为官既讲原则，又重情理，从不盛气凌人，以势压人，更不会以权术谋取地位利益。在居家生活上，他"冲淡寡欲"，"生平不置田产"。为官18年，他一直谢绝下属送礼。当然，他无法一概谢辞皇帝的恩赐，不过他的认识是："生民膏血，安用许多！"于是临终前，王旦将皇帝恩赐给他的5000两白银悉数"还献"。

正是王旦的身体力行，才使寇准等等国家的栋梁真正懂得了什么叫"厚德载物"。王旦虽没建立俗人眼中彪炳史册的丰功伟业，但他以身作则的教化，更能纯净人心。

七、无为而无不为的王者智慧

中国文化强调的是增进自身的修为，通过内部因素的强大而强大，而不是在与他人的竞争中，靠外部的刺激而强大。

一位美国硅谷专家认为，硅谷之所以不同于美国其他地方，很大程度上与中国人带来的国学商业精神有关。国际上并不稀罕中国人总结出什么"现代管理制度"，他们更希望的是竖起两只耳朵，聚精会神听中国人讲述不同于他们的、又有着几千年积淀的那些国学智慧心得。

中国的智者也已开始自省：对于大多数中国企业而言，在一个和西方文化背景不同的国度里生硬、机械地应用着别人的理念和方法，到底能"消化"和"吸收"多少？盲目地借鉴和模仿，是否会造成我们思维上的混乱，并忽略了对企业自身的审视？

哈佛商学院列出的MBA必读书中，有4本来自中国：《老子》、《孙子兵法》、《论语》和《中庸》。这些现象的出现并非偶然，它标志着人类管理学的发展，正在实现向本根智慧的回归。

1. 方而不割，廉而不刿，直而不肆，光而不耀

道、自然、贵柔处弱、无为、无为而无不为，是老子思想的要点。道的本性就是自然而然，无为从属于自然，是实现自然的一种特殊的表现形式，是达到自然的一个最高妙的途径，所以，无为和不争也是一种行为——自然而然的行为，它具有手段和工具的意义；无不为是一种不争而

得的状态，所以具有目的和结果的意义。

人主只有守住清静，不刻意不强求，才能从无为而至无不为。

老子说：承担得了国家的屈辱，才配成为社稷百姓的君主；承担得了国家的灾难祸殃，才配成为天下之王。忠言逆耳，正面言语如同反话。

老子的思想，用我们现代的话来说就是：有多大的权力，就有多大的责任！

“治大国若烹小鲜”。在老子看来，治理天下，没有比爱惜精力再好的方法。爱惜精力，就是不要盲动，不要妄为，就是要早做准备。早做准备防患于未然，就是不断在增强遵道而为的大德。不断积累大德就能无所不克，无所不克就无人知晓他的终极力量。无人知晓他的终极力量，就可以安邦定国。守住了治国之本，就可以保持长久。

老子非常推崇“不欲见贤”的领导者。他认为最好的领导者，人们不会感到他的特殊存在；其次的领导者，人们亲近他赞誉他；再次的领导者，人们敬畏他惧怕他；更次的领导者，人们轻蔑他欺侮他。领导者诚信不足，人们就不会信任他。最好的领导者悠闲自在，不会轻易发号施令，功业成就，事情圆满，他却愿意人们都如此说：“我们本来就是这样的啊！”

老子希望统治者懂得：政治宽宏，百姓厚朴；政治严酷，百姓狡黠。圣人行道，虽方正而不割人，虽锋利而不伤人，虽正直而不放肆，虽光亮而不耀眼。

从认识“弱之胜强，柔之胜刚”的生存之道，到理解清静无为的治国治世方略，那是一种王者智慧的升华！

2. 居善地，心善渊，与善仁，言善信，正善治，事善能，动善时

现代天体科学家探测别的星球，首先提出的大问题就是那个星球有没有水。因为水是生命的源头，有水就有生命，否则就没有生命。地球不但有水，而且三分之二以上是水，所以地球上不但有万物，而且有人类。

最早的生命来自海洋，人的体内70%是水，人类社会犹如广阔的大海，人类历史的无数史诗，莫不与水密切关联。

水也是一面映照人心的镜子。了解水，我们就可以了解宇宙，了解大自然，乃至于了解生命的全部。

因为水最接近于道，所以老子说“上善若水”，并且创立了世界上独一无二的“水式管理哲学”。

水，甘居卑位，亦柔亦刚，随缘顺缘，无分无别，高低皆平，百川奔腾，开山越岭，经沙土而渗流，碰岩石而溅花，遭断崖化为飞瀑，遇高山破道江河，携它物同行同驰，不舍昼夜，万千景象，无形而胜于有形。

在老子的水式管理哲学中，“上善若水”是总纲，“善利万物”和“处众人之所恶”是两大原则。前者是水的最大功能；后者是水的最显著的特性。居善地，心善渊，与善仁，言善信，正善治，事善能，动善时，则是从水的七个功能和特性里演绎出来的“七善”，天时、地利、人和皆备。

居善地，就是找准自己的位置，因为选择比努力更为重要；心善渊，就是应当有“江海为百谷王”的心胸度量和“微”、“妙”、“玄”、“通”、“深”的沉静；与善仁，就是以慈爱来待人接物，“己欲立而立人，己欲达而达人”；言善信，就是慎重于言，取信于人，拒绝“巧言令色”；正善治，就是顺应大道，“以正治国”，抓根抓本；事善能，就是“图难于易，为大于细”，“慎终如始”，成就事功；动善时，就是“正身以待时，守己而律物”，“天下有道则见，无道则隐”。

水式管理哲学是老子立身处世高妙智慧的精深总结。正是基于“上善若水”，老子告诫说：天下禁戒忌讳越多，百姓反而越是困贫；人间利器越多，国家越是陷于昏暗；人主机巧伪智越多，怪异事物连连发生；刑法命令森严，强盗窃贼反而层出不穷。人主不妄为，百姓自然顺化；人主喜好清静，百姓自然正直；人主不去生事，百姓自然富足；人主无所贪欲，百姓自然朴实。

有英国学者指出，市场经济思想的真正鼻祖不应是英国人亚当·斯密，而是提出“无为而治”思想的中国老子，比如“我无为而民自化，我无事而民自富”，等等。

3. 常善救人，故无弃人；常善救物，故无弃物

中国有句话叫做“本明而道深”，就是说，只有先拥有了“本”，才会根深叶茂，道行深厚。而这个“本”，就是老子所言“大象”，就是一种促进社会进步、和谐与安宁的文化和精神的力量，这也是王者之道、领导艺术、经营管理的基本前提。

无论是什么层面的人主，倘若不能知本知根，必定出现大量的“弃人”与“弃物”，当然也就谈不上什么发展、壮大、繁荣与和谐了。

老子不主张“尚贤”，因为大肆标榜“英雄”、“先进”的结果，一定是假冒伪劣大量产生，并且人为地制造出矛盾，还会遗弃不该遗弃的生命。倘若人类社会的权力和财富总是被那些“英雄”、“先进”所占据，种种的不平等现象将会愈演愈烈，从而导致社会的不稳定不和谐，甚至走向崩溃。

老子指出：圣明的人总是善于救助他人，所以没有被遗弃的人；总是善于救助万物，所以没有被遗弃的废物。

孔子对待百姓的思想，首先是“庶之”，就是使之人丁兴旺；其次是“富之”，就是使之富裕；第三是“教之”，强调“不教而杀谓之虐”，“以不教之民战，是谓弃之”！主张“仁政”的孟子则明确提出“民为贵，社稷次之，君为轻”，也就是说，民众是天下的根本，对于残暴的人主，民众可以把他换掉。儒家的这些理论，与老子的思想一脉相承。

老子希望人主们懂得“贵以贱为本，高以下为基”，“国之利器不可以示人”，并进一步痛切告诫：“民之饥，以其上食税之多，是以饥。民之难治，以其上之有为，是以难治。民之轻死，以其上求生之厚，是以轻死！”将社会不公、社会不稳定的责任划分得异常清晰。难怪卢川芳郎感叹说：“《道德经》有一种魅力，它给在世俗世界压迫下疲惫的人们以一种神奇的力量。”

倘若居于社会领导地位的人，真正能够如老子所言“贵以身为天下”、“爱以身为天下”，就能够担当起教化民众、引导民众的责任，“镇之以无名之朴”，于是“天下将自定”。

纵观中国历史，一味崇尚法家思想以严刑峻法治理国家的人，结果都被人“治理”得很惨，商鞅、韩非子、李斯等等，都是“不得其死”！

即便必须杀伐与惩办，老子说当有人专管，人主若要代人去行杀伐惩办，这就如同替木匠砍斫。不是木匠而替木匠砍斫，少有人不自伤其手。

西方一位管理大师对中国的一位专家这样说道：“西方的管理只不过是你们东方智慧的零头碎片，不同的是我们把它程序化、系统化，便于普通人操作以及成果检验，帮助人们解决如何做的问题；而真正为什么做？为什么这样做会有效？这是东方智慧的范畴，你为何舍近而求远，舍内而求外呢？”

《南方周末》针对中国内地顶级富豪的调查结果显示：这个特殊群体虽然拥有巨大财富，但并没有真正掌握自己的命运，他们还在围绕着财富和所谓的事业转，而不是围绕社会的和谐与安宁转，还没有达到企业家的境界和水平。所以有人这样形容：“现在还处在蝌蚪变青蛙的过程中。”

何为企业家？彼得·圣吉博士说：企业家是当今最有力量改变世界、创造公平正义社会的一群。当面对饥饿、贫穷、环境迫害、道德沦丧等人类生存的危机时，企业家当有舍我其谁的担当！

彼得·圣吉一直致力于将东西方古老智慧的结晶与现代管理科学融

合。他的《第五项修炼》一书中系统思考的精华，对于本、末、先、后、轻、重、缓、急的解读和阐释，正是得益于老子的思想。

事典

秋风中的草籽

三伏天，禅院的草地枯黄了一大片。

“快撒点草籽吧！好难看哪！”小和尚说，“等天凉了……”

师父挥挥手说：“随时！”

中秋，师父买了一包草籽，叫小和尚去播种。秋风起，草籽边撒边飘。

“不好了！好多种子都被吹跑了！”小和尚喊。

“没关系，吹走的多半是空的，撒下去也发不了芽。”师父说，“随性！”

撒完种子，跟着就飞来几只小鸟啄食。“要命了！种子都被鸟吃了！”小和尚急得跳脚。

“没关系，几只小鸟吃不了多少。”师父说，“随遇！”

半夜一阵骤雨，小和尚早晨冲进禅房：“师父，这下真完了！好多草籽被雨水冲走了！”

“冲到哪儿，就在哪儿发芽，”师父说，“随缘！”

一个星期过去了，原本光秃秃的地面，居然长出许多青翠的草苗，一些原来没有播种的角落，也泛出了绿意，小和尚高兴得直拍手。师父点点头说：“随喜！”

随时、随性、随遇、随缘、随喜，就是真正的顺其自然。当我们安详而宁静的时候，在若有若无之间，自会将事物的本根、生命的本根把握得更牢。

换一种简单的方法试试

18 世纪末，英国人来到澳洲，随即宣布澳洲为本国的领地。这样辽阔的大陆，怎么开发呢？当时英国没有人愿意去那个荒凉的地方。于是英国政府想了一个办法：把罪犯统统发配到那里去。

私人船主承包了大规模运送犯人的工作。为了便于计算，政府以上船的人数为依据向船主支付费用。当时运送犯人的船只多由破旧的货船改装，设施极其简陋，没有储备药品，更没有随船医生。

船主为了牟取暴利，上船前尽可能多装犯人，一旦按人头拿到了钱，就对这些人的死活不闻不问了。他们把生活标准降到最低，有些船主甚至故意断水断食，致使3年间从英国运到澳洲的犯人在船上的死亡率高达12%，有一艘船424个犯人竟然死了158个，死亡率达到了37%。不仅英国政府遭受了巨大的经济损失和人力资源损失，英国民众对此也极为不满。

于是英国政府开始想办法改善这种状况。他们在每艘船上派1名官员监督，再派1名医生负责医疗，并对犯人的生活标准做了硬性规定。然而，死亡率不仅没有降下来，连监督官和医生也有人不明不白地死在途中。政府后来查清了原因：一些船主为了贪利而行贿官员，官员如果拒不顺从，就被扔进大海。

一些绅士提出把船主召集起来进行教育，有的法官建议对一些人进行严厉制裁。政府试着这样做了，但情况依然没有好转，死亡率还是居高不下。

一位英国议员想到了制度问题。政府付给船主的报酬以上船人数来计算，这正是制度上的缺陷和漏洞。假如倒过来，政府以到澳洲上岸的人数为准计算报酬呢？

政府采纳了他的建议，不论在英国装了多少人，到澳洲上岸时再清点人数，依此向船主支付运费。

难题迎刃而解。船主们积极聘请医生跟船，在船上准备药品，改善生活，尽可能让每一个犯人都能健康抵达澳洲，因为在船上死掉一个人就意味着减少一份收入。

一段时间以后，英国政府又做了一个调查。自从实行以上岸人数来计报酬的办法后，船上的死亡率降到了1%以下，有些运载几百人的船只，经过几个月的航行竟然没有一人死亡。

“无为”绝非毫无作为，真正有效的作为，往往更为简单。

让团队成为一盘活棋

著名管理学家曾仕强将企业比做一盘中国象棋。

他说棋盘上总共可分为3种人：一种是卒，处于基层，过河的卒子只能进不能退，永远生活在设定的轨道上，但有时却能发挥大作用；一种是车、马、炮，居于中层，有自己特定的发展空间，也有需要自己拼命保驾护航的人；帅，处在最高层，看似无为无用，但却是一切棋子的核心。

君道无为,臣道有为。最能干的人不一定处在最高的位置,合适的人应当放在合适的岗位。只有“人得其位,位得其人”,整个团队才是一盘活棋,才能在相互配合、相互协作中各司其职、各有所为。

中国象棋体现出来的,正是中华文化的王者智慧和管理智慧。

八、根除人类危机的治世药方

宋代的邵雍将人类社会从好到坏依次划分为四种形态:皇的时代,即以道化民的时代;帝的时代,即以德化民的时代;王的时代,即以功劝民的时代;霸(伯)的时代,即以力率民的时代。如果按此层次,当今世界就是一个以功劝民或者以力率民的时代。

天地万物之所以欣欣向荣,遵循了循环、还原、再生三个原则,而我们人类总是破坏这些原则。老子说“天地相合,以降甘露”,而在今天这个时代,从天而降的甘露似乎越来越少,灾害却是越来越多。

人们一定不会忘记人类在近现代高举的两杆大旗——科学与民主。科学打倒了宗教,把人们的思想从宗教的“束缚”下解放出来。科学打倒宗教的原因就是认为精神和肉体是两个不同范畴的观点是唯心的,甚至是荒谬的,这一认识一直制约着现代人的思想。在这样的氛围下,精神世界的研究被终止了,人们把全部的注意力转向看得见、摸得着的物质世界。事实上,精神和物质真是两个不同的科学范畴。现代人类习惯于用实证的方法看待世界,因而在物质文明中发展起来的学科都带有实证的特色,比如物理学、化学、考古学、生物学等。由于实证主义根本不适用于精神世界的研究,于是就导致了科学界长期以来对精神世界束手无策的窘迫局面。

面对人类世界的重重危机,科学家们遍寻古今中外百家著述,希望寻求根本的解决方案。但是,能够提供对策参考的资料实在太少,即使有些价值也非常片面。曾担任美国总统里根顾问的著名学者张绪通先生认为:《老子》和《阴符经》,不但在几千年前就认识到人类可能面对的危机,而且提出了全面的对策。这两部书,不仅是古圣先贤的大智大慧,更是现代人类救亡图存的大智大慧。没有这两部书,就没有对人类危机全面的科学的认识。

1. 天下神器,不可为也,不可执也。为者败之,执者失之

当今世界,“现代化”已成为一种新的图腾,使全世界为之顶礼膜拜。

这个来自于启蒙运动的产物，据说是为了实现人类理想中的福祉。

结果，现代人的“我”字越写越大，欲望越来越强，比如西方未来派诗人代表马里内蒂就在《未来主义宣言》中狂妄喊出：“我们站在世界的峰巅，再一次向星辰提出挑战！”

宇宙中本来充满生机的这个美丽的蓝色星球，正是被喜欢挑战的人类折腾得千疮百孔。

人类似乎已经习惯了与天斗、与地斗、与人斗。人类的历史，在很大的程度上其实就是斗争史、战争史。

老子痛切地指出：康庄大道非常平坦，人们却偏好看似快捷的邪径。今天这个世界，贪得无厌、炫耀财富的“盗夸”者更加众多，人们已经更难“去甚、去奢、去泰”。

然而，无论什么权势和财富，企图传之于后代永续不断，事实证明都是痴心妄想。

恩格斯在100多年前就提醒人类不要过于得意于我们对自然界的胜利，因为“我们同我们的肉、血和头脑一起都是属于自然界，存在于自然界中”。

神圣的大自然岂能被人主观、随意地加以支配？支配者一定会败亡，执持者必定会丧失！

但是，利欲熏心的人类，哪肯理会这些提醒和告诫，还是要争，还是要斗，尽管理性上或许知道会有不良的后果。

老子是坚定坚决的反战者。他认为兵革是个不祥的东西，不是君子所使用的东西。出于不得已才去用，恬静淡然才是正道。战胜了别人不要自以为美，自以为美的人，是以杀人为乐，而以杀人为乐的人，不会在天下得志而成功。兵革是个不祥的东西，大家都厌恶它，所以体悟大道者总是不与相处。以道来辅助人主的人，不靠兵力称强天下。轻易用兵会得到报还，大军驻扎过的地方荆棘总是遍地而生，大战之后必定会有凶荒灾年。善用兵者只是要达到目的，不敢以兵而逞强。胜利了不要自矜，胜利了不要夸耀，胜利了不要骄傲，胜利只是出于不得已，胜利了不要以为你真的就天下无敌。

当今社会丛林法则厚黑之学盛行，这在很大程度上与我们肢解了《孙子兵法》有关。我们往往只重“兵者诡道”，却忘了“不战而屈人之兵”，应该知道，《孙子兵法》源于《老子》，它的最高境界，不是“战”，而是“和”！

战争，尤其是大国之间的战争，似乎成为历史上打破和重建世界格局的必由之路，然而我们在《大国崛起》中已经看到了这样的镜头：时任联邦德国总理的勃兰特，面对二战中被纳粹德国屠杀的犹太人的纪念碑，出人意料地跪下了。世界舆论评价说：跪下去的是勃兰特的双腿，站起来的是整个德意志的精神。在这一跪一站之间，人们走到了真理的门槛之前。也就是说，人类发现了和平之道，开始作出新的选择。

在1100年间，德国和法国一共打了200多场战争，战争的结果是两败俱伤，没有赢家。如今，两个国家终于相逢一笑泯恩仇。

自古以来，武力从来没有真正征服过人，更没有征服过大自然。人类只有凭借遵从宇宙大道的精神和文化，才能春风化雨般实现人与人、人与社会、人与自然的美妙和谐。

2. 我有三宝，持而保之：一曰慈，二曰俭，三曰不敢为天下先

如果把世界比喻成一个完整的圆，那么物质世界只是这个圆的一半，另外一半就是精神世界。毋庸讳言，我们的现代文明基本上建立在物质世界的基础之上，也就是单腿站立的文明！

人类文明当然要发展，但不能畸形发展。

中国历史已经一再证明：社会的疾病每当到了难以医治的时候，也就是混乱不堪的时候，《老子》便出来拨乱反正。

老子为人类奉献了具有永恒价值的三件法宝——慈、俭、不敢为天下先。老子说：因为慈爱，所以能够英勇；因为节俭，所以能够宽裕；不敢居于天下人之前，所以能够成为被拥戴的领袖。

不过，老子也在叹息：现在的人，舍弃慈爱而追求勇敢，舍弃节俭而追求奢华，舍弃退让而追求居先，死路一条啊！这个慈爱，用之以战就能取胜，用之以守就能坚固。上天若要救助谁，总是用慈爱来护卫他。

慈，俭、不敢为天下先，其实贯穿在《老子》的每一个章节。

老子说：大道生成了万物，大德养育了万物，让其生长，让其发育，让其成势，让其结实，但却生养而不占有，造就而不自恃，扶植而不主宰；圣人没有自己的目的，以百姓的目的为目的；善良的人我以善良待他，不善良的人我也以善良待他，诚信的人我以诚信待他，不诚信的人我也以诚信待他，全都如同对待自己的孩子——这不是“慈”是什么呢？

老子说：治理天下，当爱惜精力，早做准备；禁戒忌讳、机巧之智、严刑峻法不可繁多，否则有害无益；过分贪爱必有更大耗费，过多聚藏必致更惨结局，知足才不会受辱，知止才不会危殆——这不是“俭”是什么呢？

老子说：爱护百姓当自然无为，感觉器官开开合合当守静如雌，内心明白通达却不要表现聪明；我不敢主动进犯而要采取守势，不敢贸然前进一寸而宁可后退一尺；言传不如身教，威镇以无名之真朴，以消释妄为的欲望——这不是“不敢为天下先”是什么呢？

心灵的危机是当今人类面临的最大的持续而深痛的灾难。我们总是向外部世界索求，而真正的宝藏却存在于我们的内心。不打开沉重的心锁，我们将失去智慧之源、道德之基、力量之本、快乐之根。

3. 执大象，天下往；往而不害，安平太

今天的人类，已经丧失了曾经拥有的与自然和谐均衡的共存关系，渐渐蜕变成一种自以为是、唯利是图、竭泽而渔的疯狂生物。

关于国家与社会的关系，西班牙学者奥尔特加·加塞特曾在《大众的反叛》一书中发出警告：现代国家作为一种人造之物，可能超出人类可以控制的范围，而变成一台可以操控一切的庞大机器！

在加塞特看来，威胁文明的更大危险是国家干预、国家对一切自发的社会力量的越俎代庖，因为这等于取消了历史的自发性，而从长远看，维持、滋养并推动着人类命运的正是这种自发性。当这种自发性被国家的干预打断，就不会有新的种子开花结果。社会不得不为国家而存在，个人将不得不为政府机器而存在。国家为了满足自己的需要，又对人类生活推行进一步的官僚化，上紧官僚机器的螺丝钉无异于把社会改造成一个军营，即所谓“刀剑共和国”。

但是，遵道则昌，逆道则亡。不论是什么样的“刀剑共和国”，倘若违背大道，结果不仅害人，那些罪恶的始作俑者也一定会自取灭亡。

彼得·圣吉告诫中国人：“就我的了解，中国传统文化的演进与西方文化略有不同。你们的传统文化中，仍然保留了那些以生命一体的观点来了解万事万物运行的法则，以及对于奥妙的宇宙万有本源所体悟出极高明、精微而深广的古老智慧结晶。在西方文化中，我们倾向于看见的则是由一件件事物所组成的世界；我们深信简单的因果关系，不停地寻找能够解释的一切答案。千万别重蹈西方人所犯下的错误。工业化的力量也是强大的分割力量；农业革命时播下的分割种子，在烟囱、工厂和传统工业管理的气候中，步调更加快了。看着你们的发展，我们自然会想问，你们会不会步工业社会的后尘？物质愈富足，就愈唯我独尊，傲视于自然秩序之上？你们会不会牺牲社会来发展经济？你们会不会变成另外一个不择手段的剽窃自然、以非永续性及危害后代的方式发展的社会？或者，你们会找出一条新路？”

老子说：自然的规律，不就像拉弓射箭吗？弦位高了就往下压低，弦位低了就往上抬举；拉得太满就减损一些，拉得不足就补充一点。自然的规律是减损多余而补充不足，人世的行为却不是这样，总是剥夺那些不足用来供奉有余的人。有谁能够把自己的有余拿来供给天下人呢？只有为道者才能够做到啊！

“天之道，利而不害；圣人之道，为而不争。”那些因为贪图一时之利祸害人类和万物的人，必将受到惩罚。

老子所言“圣人”，并非高不可攀，“圣”（聖）的本义便是管住自己的口与耳，成为自己的口、耳之王，也就是成为圣人。正如佛与众生的区别，无非一个“迷”一个“悟”而已！

掌握并执守大道，天下将是人心归顺；归顺而不相侵害，一片和平安泰。

两千多年前老子殷切的告诫，今天又在我们的耳畔回荡：“执大象，天下往。往而不害，安平太！”

事典

假如一切变成黄金

这是一个很早就有的西方寓言故事。

有一个非常富有的国王，他的名字叫米达斯。他拥有的黄金数量之多，已经超过了他所知道的任何一个人，但他感觉还不足够。他把黄金藏在皇宫下面的几个大地窖中，每天都要在那里呆上很长的时间。

米达斯国王有一个小女儿名叫马丽格德。国王对这个女儿非常宠爱，他告诉她：“你将成为世界上最富有的公主！”

但是马丽格德对此不屑一顾。与父亲的财富相比，她更喜欢鲜花、草坪与金色的阳光。她大部分时间都是一个人独处，因为父亲为了自己的黄金忙得焦头烂额，很少给她讲故事，也很少陪她去散步。

有一天，米达斯国王又来到他的藏金屋。他反锁上大门，将箱子一一打开，把金子堆到桌子上，开始用手抚摸，看上去他好像是世界上最幸福的人。他让黄金从手指夹缝间滑落，倾听它们的碰撞声，仿佛那是一首美妙的曲子。突然，一个人影落到了那堆金子上面。他抬起头，发现一个身着白衣的陌生人正对着他笑，米达斯国王吓出了一身冷汗。他明明记得把门锁上了呀！看来他的财宝还是不安全。

但是陌生人继续对着他微笑:“你有许多黄金,米达斯国王。”

“对,”国王见他充满善意,便回答说,“但与全世界所有的黄金相比那又显得太少了!”

“什么!难道你还不满足吗?”陌生人问道。

国王哼了一下说:“我当然不满足了。我希望我摸到的任何东西都变成黄金。那时,我才会满足。”

“你真的希望那样吗,米达斯陛下?”

“我当然希望如此了,其他任何事情都难以让我那样高兴。”

“好吧,我实现你的愿望。明天一早,当第一缕阳光穿过窗子射进你的房间的时候,你将获得点金术。”

陌生人说完便消失了。米达斯国王揉了揉眼睛,不敢相信刚才发生的一切。“我刚才一定是在做梦。”他说道,“如果这是真的,我该多么高兴啊!”

第二天,米达斯国王醒来时,房间里晨光熹微。他伸手摸了一下床罩,什么也没有发生。“我知道那不是真的。”他叹了口气。就在这时,清晨的阳光穿过窗户射进房间,他刚才摸过的床罩一下子变成了纯金。“这是真的,是真的!”他兴奋地大声喊道。

他跳下床,在房间中跑来跑去,见什么摸什么,屋里的家具都变成了黄金。他透过窗户,向马丽格德的花园望去。“我将给她一个莫大的惊喜。”他自言自语来到花园中,用手摸遍了马丽格德的所有花朵,把它们都变成了金子。“她一定会很高兴。”他想。

仆人端着热喷喷的饭菜走了进来。“这饭看起来非常好吃,”他说道,“我先吃那个熟透了的红桃子。”

他把桃子拿到手中,但是还没尝到桃子是什么滋味,它就变成了金子。米达斯国王只好把桃子放回到盘子中,再拿下一个卷饼,但卷饼也立刻变成了金子。他端起一杯水,还没喝下,同样变成了金子。“这可怎么办啊?”他生气地喊道,“我又饥又渴,我既不能吃金子,也不能喝金子!”

这时,房门开了,小马丽格德手里拿着一支玫瑰花走了进来,眼里噙满了泪水。“发生什么事了,女儿,你好像很不高兴啊?”国王问道。

“噢,父亲!你看我的玫瑰花都怎么了?它们变得又硬又丑!”

“嘿,它们是金玫瑰,孩子,你不认为它们比以前更好看、更珍贵吗?”

“不,”她抽泣着说,“它们没有香气,也没有生机。我喜欢活生生的玫瑰,不喜欢它们变成这个样子。”

"不要在意了,"国王说,"现在吃早饭吧。饿了吗?"

马丽格德注意到父亲没有进食,一脸的悲伤。"发生了什么事,亲爱的父亲?"她问道,然后向他跑过来。她伸开双臂,抱住他,他吻了她。

但他突然愣住了。因为女儿漂亮的脸蛋变成了金灿灿的金子,双眼无光,双唇凝固,双臂僵硬。她不再是一个可爱的、快乐的小女孩了,她已经变成了一尊小金像,没有一点生气。

国王痛苦万分地哭了起来:"还我的小马丽格德,还我的水,我的食物!我愿意放弃所有的金子!"

当金钱取代了这个世间的一切,那么,所有的生命与生机,都将不复存在。

何须批判上苍

一位哲学家在海边亲眼目睹了远处一艘船遇难,船上的人几乎全部葬身大海。他于是抱怨上帝不公,只因为船上有一个罪恶的人,竟让那么多无辜的人都失去了生命!

正当他深深沉思、感慨万分时,突然发现自己被一大群蚂蚁围住了,原来哲学家恰好站在一个蚂蚁窝的旁边。这时,有一只蚂蚁爬到他的脚上,狠狠地咬了他一口,又疼又恼的他立刻用脚踩死了一堆蚂蚁。

这时,上帝出现了,他看着哲学家说:"你如此对待众多可怜的蚂蚁,不是与我一样吗?你有什么资格批判上帝!"

庞贝城:肮脏的毁灭

"尽情享受生活吧,明天是捉摸不定的!"

庞贝城出土的一只银制饮杯上刻着上述语言。这只银杯被挖掘于存放葡萄酒的房间内,同时被挖掘出的还有横陈在酒杯旁的一具女性的遗骸。

这就是庞贝城的格言,它折射出的是庞贝城市民骄奢淫逸的主流价值观念。

坐落在意大利那不勒斯东南23千米处的古城庞贝,曾是世界上最美丽繁华的城市之一。流向那不勒斯湾的萨尔诺河绕庞贝而过,连接起古罗马帝国与世界各地的贸易往来,令商贾之影与交易之音终日浮动交响于庞贝城中。这里土壤肥沃,气候宜人,物产丰饶。

从现代人发掘的遗址上看,庞贝城可称为"现代化"的城市。城内店铺鳞次栉比，商品琳琅满目，生意非常兴隆。大街小巷星罗棋布，道路四通八达，马车可行驶在用大石板铺成的路上，邮车几天内便可抵达罗马帝国的各大城市，东到小亚细亚，西到西班牙。全城的商摊店铺不计其数：水果摊、菜市、鱼市、肉店、奶酪店、鱼子酱店、面包房、金银作坊应有尽有，其中酒馆就多达100余家，可这不过是个只有两万人的城市。

城内有3座大型公共澡堂，分温水池、热水池、冷水池，一次可接纳1000人同时泡澡。澡堂有更衣间、按摩室、厕所，地板下面有暖气，蒸汽通过陶制管道散发热量。这一水准，对于欧洲非罗马帝国的地区来说，那是千年之后才有的事情。

泉水从100千米之外的山上引过来，水管有石凿的、陶烧的以及铅制的，水塔建在公共浴池边上。庞贝人早就用上了冲水马桶，污物从很粗的下水道排走。

但是，在庞贝繁荣的同时，贫富差距却是愈来愈大，而且草菅人命的现象愈演愈烈。

上层统治阶级在吃喝方面已到了挥霍无度、穷凶极恶的地步。他们把加工过的牡蛎当冷盘，将沾了蜂蜜或罂粟籽的龙虾、海胆、田鼠在油里炸过后当配菜；精制的腰花、母猪的阴道、野公猪的咽喉、火烈鸟或鹳鸟的舌头、夜莺的肝则是日常菜肴；饭后点心是一种腌制过的、带甜酸味的海鳝。令人惊骇的是，捕到海鳝后，贵族们要用新宰杀的奴隶的肉喂养几天，他们认为这种吃过人肉的海鳝的味道最为鲜美。

堕落不会只表现在一个方面。小小的庞贝，竟有25家不同档次的青楼妓院，出土的墙上至今充斥着各种不堪入目的春画。据悉，随意找“野狼”（妓女）或本家女奴发泄，是当时罗马帝国臣民的习俗，并且同性恋空前泛滥。从历史上看，同性恋的泛滥，往往是文明毁灭前的一个重要信号。

血腥刺激的娱乐成了整个城市的重要生活项目。庞贝城内的竞技场是现存罗马竞技场中最为古老的一个，可以容纳12000名观众，也就是可容纳全城半数以上的居民，足见一般市民也对摧残生命的血腥表演异常狂热。

大部分的格斗士由战俘、罪犯或奴隶来担任。斗兽场内的浴血奋战，不但有猛兽之间的厮杀，更有奴隶与饿兽的搏杀以及奴隶和奴隶、俘虏与俘虏之间的较量，均以毁灭对方的生命为结局。

那种揪人心肺、充满血腥味的格斗，那种野兽嚎叫、奴隶哭喊、饿兽撕扯吞噬角斗士的惨烈场面，引发的不是庞贝人的同情而是他们不可抑制的兴奋的尖叫。至今在场内尚可依稀辨认出如下的句子：“塞那杜斯是英雄，也是索命鬼”；“费里克斯将要与熊搏斗”！

每天，当太阳升起，人们的欲望便如烈火开始焚烧。

当人类虽有人的形象却比野兽还残忍、疯狂的时候，正如庞贝人自己所说：“明天”确实是捉摸不定的。

终于，公元 79 年 8 月 24 日这一天，沉默千万年的维苏威火山被点燃了。

古代世界最为严重的天灾向庞贝城袭来。滚滚浓烟和无数火星从山顶腾空升起，剧烈的爆炸声接连不断。顷刻之间，天昏地暗，大地摇撼，不计其数的熔岩和火山灰很快堵住了城市的每一扇门窗。

在短短 18 个小时内，维苏威火山共喷发出超过 100 亿吨的浮石、岩石和火山灰；在 24 小时内，庞贝这座建于公元前 6 世纪的繁荣古城，在维苏威火山的怒吼中整个地被埋没起来，岩石和火山灰最厚处竟达 19 米！

5000 名庞贝人的遗骸层层堆垒，被凝固于这颗“时间胶囊”中。

现在，古城里最吸引人的，是那些受难者的石膏像。

在火山爆发的刹那间，许多没有逃出的人，藏身在比较空旷的庭院里，虽然没有被倒塌的建筑物压死，但却被喷出的火山灰包封起来，窒息而死。最后，人体在里面枯干了，消失了，只剩下一些空壳。今天的考古学家就利用这些空壳作模子，把石膏浆灌进去，制成许多和真人一样形状的石膏像，再现出当时的景象——

有人两手抱头，蜷曲成团；有人以手掩面，靠墙跪蹲；有人躺在地上，扭曲变形；一位母亲将婴儿紧紧抱在胸前，用自己的头、身体和四肢遮挡着火焰和岩浆；一对男女紧紧拥抱着合二为一；一只大狗扑在一个孩子身上，试图为他遮挡从天而降的火山灰，孩子则伏在大狗的身下，一只手紧搂着狗的脖子，人和狗相拥而亡；一个小女孩紧紧抱住母亲的膝盖，掩面大哭；一个乞丐茫然站在街口；一些人正在墙脚挖洞，寻找逃生之路；一群被铁链锁住的角斗士痛苦地挣扎着，想要挣脱出来；一些人在惊慌失措地奔跑中，手里还紧攥着满袋的金币、银币或贵重首饰……

遗骸表明遇难者甚至连改变自己的姿势都来不及，死亡之神就降临了。

繁忙的商业街、疯狂的斗兽场、奢靡的人们瞬间变成虚无。庞贝人做梦也没想到，“明天”来得如此之快，犹如上苍突然撒下一张无边无际的黑色巨网，要将人间的罪恶一网打尽。

这座城市留给世人的最后一句话，被人在匆忙中用石头潦草地写在墙上："这个该死的罪恶城市！"

在地球世界被我们改造得千疮百孔的今天，火山灰下沉睡了千年的古城庞贝，竟然重又展现在人类面前。

东西方的新闻报道充满惊喜地告诉现代人：诗人在赞美，考古学家在惊叹，庞贝曾经让无数人向往……

翻开久远历史那惊心动魄的一页，难道我们只是懂得欣赏和赞美吗？

庞贝城因拥有火山赠予的肥沃土壤而物产丰饶，又在堕落之中被火山彻底销毁——这是宿命吗？

第三部分

第一章 天地之始万物之母

原文：

道可道，非常道；名可名，非常名。无，名天地之始；有，名万物之母。故常无，欲以观其妙；常有，欲以观其徼。此两者，同出而异名，同谓之玄。玄之又玄，众妙之门。

白话：

道，如果用普通言语就能说明，那就不是永恒的大道；名，如果用普通文字就能界定，那就不是恒久的概念。无，用来表达天地未开之状态；有，用来表达产生万物之母体。在空无的境界，可以观照大道的奥妙；从实有的角度，可以观照大道的真切。无和有，都来源于大道，本源相同而名称相异。两种境界和形态，变幻玄妙，无穷无尽，却是探究万事万物的门径。

感悟：

“道”似乎有一个确切的定义，但岂是我们人类所能给出的定义。

“名”在人类社会，既可消失又可创造，旧名不断灭亡，新名不断产生。

道，是老子整个思想体系的核心概念。道，是世界的本体，自然的本原，存在的本质。大道之路，“是整个世界从其中出发和从其中产生的已经经历、正在经历、并将继续经历的全部历史之路。”

道，既是一种无的状态，又是一种有的能力；道在万物之外，又在万物之中。人类认识自然大道，当从有和无这两个方面来把握。

无，就是无极；有，就是太极；无极是天地之始，太极是万物之母；无极生太极，太极生万物，万物复归于无极。

领悟了大道，我们才能领悟宇宙天地万事万物生生灭灭、循环往复的无穷奥妙。

做人有道，学问有道，为官有道，从商有道，舍得有道，进退有道，爱恨有道，动静有道，生死有道……但这一切具体之道，都不能不顺应自然大道。

孔子所言之“道”，同样包含了天道人道，但是重在人道，并肯定了人道须合于天道。

佛家也告诫我们不要执著于用语言文字来理解，不要把认知当真相、当智慧。究竟的真理，不是言语所能表达，思想所能明辨，总之是开口便错，动念即乖。

佛家所谈“真如”，可以说就是宇宙万有的本体，也就是道。

《心经》所言“色不异空，空不异色，色即是空，空即是色”，阐释的也是“常无”、“常有”之玄妙。

康有为有言：“佛学之博大精微，至于言语道断，心行处灭，虽有圣哲，无所措手，其所包容，尤为深远。”可见佛家之“道”与道家之“道”也是“同出而异名”。

事典

屎尿之中有大道

庄子是老子思想的继承和发扬者。他的朋友东郭子向他请教什么是“道”，并问他“道”在哪里？庄子回答：无所不在。东郭子要求具体一点，庄子往地下一指：蚂蚁身上。东郭子以为听错了，而庄子却指向田野说：在梯稗草里。东郭子疑惑地张大了嘴巴，庄子竟又指向屋角：在砖瓦堆里。东郭子生气了：你是戏弄我呀！庄子更是过分，指向厕所：在屎尿里！东郭子气得脸色铁青，半天说不出话来，那么伟大、高尚、纯洁的道，竟被如此玷污！

最后，庄子告诉他：大道虽然无形，但真是无所不在，也不会脱离具体的事物。你看那屠夫检查猪肥猪瘦之道，就是往猪的下身摸探，越向下，就越能摸出猪的肥瘦。

现代社会，人生病的时候，不是常常要去查大便小便吗？医生从中就能知道患者身体的运行状况以及造成疾病的原因，这就是诊断之道。所

以说，大道无所不在，大道真的也在屎尿之中。

是公鸡就要报晓

在一个新开的养鸡场，有好大一群母鸡。因为配种需要，主人买了三只漂亮的公鸡。

一只公鸡早晨率先报晓。天一亮，被主人提出来宰了；又一只公鸡早晨报晓，天一亮，又被主人提出来宰了；第三只早晨报晓的公鸡，依然遭到同样的命运。

邻居不解，问他为什么？他回答："早晨我有晚睡的习惯，这几只公鸡都叫这么早，实在是气人！"邻居说："报晓是公鸡的天职，越是优良的公鸡，报晓越是准时响亮。"养鸡场主人不耐烦地打断说："我只需要和母鸡交配的公鸡，而不是报晓的公鸡。"邻居说："那你找得到这样的公鸡吗?"他回答说有办法。于是邻居见他又买回来几只公鸡，但是在晚上睡觉前统统扎住了它们的嘴巴。

公鸡倒是报不了晓了，但白天却是无精打采，交配的事情当然完成不好，主人很生气，又一个个宰了。谁知这样一来，母鸡们竟然因为接连失去漂亮的公鸡突然大罢工，通通停止下蛋。

养鸡场的主人暴跳如雷，却又不愿改变自己的习性习惯，于是，养鸡场很快倒闭了。

不遵循规律，背道而驰却梦想成功，绝无可能。

绿地小径缘何美妙

一位建筑师设计了一处办公楼群，周围都是绿地。竣工后，园林部门的人问他："人行道该铺在哪里?"他回答："把大楼之间的空地全部种上草。"

夏天过后，楼间的草地上踩出了许多小径，走的人多就宽，走的人少就窄。

秋天，这位建筑家让人沿着这些踩出来的痕迹铺设了宽窄不一的人行道。人们纷纷称奇：这真是从未见过的优美、和谐、自然的设计啊！

脚下之路的铺设如此，人生之路、人类之路，未尝不是如此！

第二章　身行不言教导天下

原文：

天下皆知美之为美，斯恶已；皆知善之为善，斯不善已。故有无相生，难易相成，长短相形，高下相倾，音声相和，前后相随。是以圣人处无为之事，行不言之教。万物作焉而不辞，生而不有，为而不恃，功成而弗居。夫惟弗居，是以不去。

白话：

天下人都有了自己的所谓美的标准，就不会做那些所谓丑恶的事了；都有了自己的所谓善的标准，就不会做那些所谓不善的事了。其实，有与无相对而生，难与易相对而成，长与短相对而言，高与下相对呈现，音与声相互唱和，前与后相互接连，哪有那么绝对。所以，悟道的圣人以无为的态度为人处世，以身行不言去教导天下，万物自己兴起而不造作干预，生养万物而不占有，化育万物而不自恃，功业成就而不自居。正因为不占有不自恃不自居，所以它的功绩更不会泯去。

感悟：

人类总是在绝对和孤立的认识方法中，陷自己于迷惑。

善恶、荣辱、是非、得失、生死是人生五对重大矛盾。我们总是习惯地追求善、荣、是、得、生，习惯地逃避恶、辱、非、失、死。

五对矛盾的产生，是因为我们人类有了一知半解的知识概念。有了一知半解的知识概念，就有了对立，有了矛盾，有了迷惑，有了痛苦。

尺有所短，寸有所长。万事万物都是相比较而存在，相依靠而生存。

所以佛家一再提示我们放下妄想、分别与执著。

没有了分别的概念，也就没有了失去的概念；没有了对立的概念，也就没有了人为的局限。

超越人类自私的欲望和贪婪，以无为的境界来对待世界上的一切事情，这就叫做顺应自然。

圣人，是一个民族理想的投射。圣人与凡夫并不是一种阶级性的划分，区别在于圣人顺应自然无为而无不为，凡夫则是妄心难耐为所欲为。

孔门弟子曾子“以能问于不能，以多问于寡，有若无，实若虚，犯而不校”的态度，正是放下分别与执著之后的包容。

修车女工VS影帝

闻名全巴黎的电影明星洛依德到检修站修车，一个年轻的女工接待了他。

修车女工俊美的容颜和灵巧的双手吸引了洛依德，而姑娘对他却没有表现出一点兴奋和惊讶。

“您喜欢看电影吗?”他不禁问道。

“当然喜欢，我是个电影迷。”姑娘依然平静。

车修好了，姑娘说：“您可以开走了，先生。”

洛依德依依不舍：“小姐，您可以陪我兜兜风吗?”

“不，先生，我还有我的工作。”

“这同样是您的工作。您修的车，难道不亲自检查一下吗?”

“好吧，是您开还是我开?”

“当然我开，是我邀请您的嘛。”

车跑得很好。姑娘说：“看来没什么问题，我下车好吗?”

“怎么，您不想再陪陪我吗? 我再问您一遍：喜欢看电影吗?”

“我回答过了，喜欢，而且是个影迷。”

“您不认识我?”

“怎么不认识，您一来我就认出您是当代影帝阿列克思·洛依德。”

“既然如此，您为何对我这样冷淡?”

“不，您错了，我没有冷淡，我只是没有别的女孩子那样狂热。您有您的成绩，我有我的工作。您今天来修车，是我的顾客，我就像接待所有顾客一样认真地接待您；将来如果您不是明星了，再来修车，我也会像今天一样接待您。人与人之间，难道不应该是这样吗?”

阿列克思·洛依德沉默了。在这个普通的修车女工面前，他深深感到了自己的无知、俗气和浅薄。

“小姐，谢谢您! 您让我受到了一次很好的教育。再要修车的话，我还来找您!”

“我真的就那么高贵，别人真的就那么低下吗?”阿列克思·洛依德已经得到了答案。

罗素眼里的中国轿夫

20世纪最具影响力的思想家罗素，在战乱频频的1924年来到中国四川。他刚刚写完巨著《幸福论》，希望以自己的思想引导中国人摆脱苦难。

时值非常闷热的夏天，罗素和陪同他的几个人坐轿上峨眉山。山路陡峭险峻，几位轿夫累得大汗淋漓，作为思想家和文学家的罗素，此情此景中，一下子没有了观赏的兴致，他不断在想：几位轿夫一定非常痛恨我们这几个坐轿的人吧？

到了山腰一个小平台，大家停下来休息。罗素下了竹轿，认真观察轿夫的表情，只见他们坐成一排，拿出烟斗，又说又笑，谈得十分开心，并好奇地向罗素问一些外国的事情，丝毫没有埋怨天气和坐轿人的意思，也丝毫看不出他们在感叹自己生活的悲苦。这使罗素十分感慨，于是他在《中国人的性格》一文中谈到了这个故事，阐明并强调了一个著名的人生观点：用自以为是的眼光看待别人的幸福是错误的！

没有分别心的人，会把任何境地都当做自己的福地，成功时怡然受用，逆境中满怀希望。

百忍禅师替人受过

在18世纪的日本，百忍禅师道行高深，极负盛名。在他修行处的附近，住着一对开食品店的夫妻及其漂亮的女儿。

女儿在豆蔻年华之时，尚未出嫁肚子却莫名其妙大了起来，食品店的夫妻难以接受，逼问女儿同谁做出了这样见不得人的事情。女儿吞吞吐吐，最后说出了“百忍”两个字。

夫妻俩怒不可遏找到百忍禅师理论，可百忍禅师不置可否，只是淡淡地说：“就是这样吗？”孩子生下来后，老两口马上就丢给了他，以使其难堪。名誉扫地的百忍禅师不以为然，静静地在人们的白眼和冷嘲热讽中为孩子乞讨奶水和其他用品。

一年后，那位未婚的妈妈终于良心发现，老老实实向父母交代了真情：孩子的生父另有其人。老两口羞愧不已，立即到百忍禅师处道歉，并领回孩子。百忍禅师仿佛什么事情都未发生，仍是轻轻的一句话：“就是这样吗？”

言传不如身教，替人受过而不自恃，这就是百忍禅师。

第三章 减损物欲摆脱锁链

原文：

不尚贤，使民不争；不贵难得之货，使民不为盗；不见可欲，使心不乱。是以圣人之治，虚其心，实其腹，弱其志，强其骨。常使民无知无欲，使夫智者不敢为也。为无为，则无不治。

白话：

不标榜贤能，百姓就会不夺不争；不宝贵难得的财货，百姓就不会为偷为盗；不示现可能引起贪欲的事物，百姓心理就不会惑乱。因此，圣人治理天下的办法，就是虚净百姓心理，充实百姓肚腹；减弱百姓欲志，增强百姓体骨。使百姓常处于素朴纯真的状态，那些喜好聪明巧智的人，便不敢胡作非为了。以不妄为的态度去作为，天下自然大治。

感悟：

老子这百来个字，道尽了人世间的祸乱之源以及止祸之路。

舍本逐末的统治者们为笼络臣民于自己的彀中，总是以名与利为诱饵和工具，不断引发人们的贪欲。

春秋年代，各国诸侯为了争地称霸，不惜代价网罗人才，而这些才智之士，统称为“贤者”。随着“贤者”的涌现，天下更是大乱。

圣人管理天下的方法，不是让天下人都为名利而争夺，而是让人们心理虚静，把非分的欲望和意志削弱下去，从根本上使社会安宁祥和。

对于“人为财死，鸟为食亡”这句话，许多人的理解是：人就是为了求财而死，鸟就是为了觅食而亡；而智者的解读却是：人不能贪财，贪财则死；鸟不能贪食，贪食则亡！

《庄子·人间世》中说：“且以巧斗力者，始乎阳，常卒乎阴，泰至则多奇巧。”意思是以智巧相互较量的人，开始时还可以平和开朗，后来就常常暗使计谋，达到极点时则崇尚阴谋、大耍诡计。

无为，是“个体被一种超越于任何个体之上的普遍无限和绝对永恒的世界整体（或系统）的力量所支配、所决定的存在与活动本质的认识”；无为，是“人类个体服从世界整体的力量、服从作为世界整体的全部历史必然性的道的力量”。

孔子说：“饭疏食饮水，曲肱而枕之，乐亦在其中矣。”

佛家告诫:“熄灭贪嗔痴,勤修戒定慧”,与老子的修身理念异名而同工。

凡是生命就有正常的欲望,但若超越限度为欲望所迷,我们就只能挣扎其中了。

与其为一知半解的所谓知识迷惑,还不如做个简单的人快乐。

事典

眼不见物心不动

一日,王阳明与朋友在南镇游玩。王阳明发问:“你看这天地之间,什么是它的心呢?”

朋友回答:“你不是常说人是天地的心吗?”

“那么,你看人心又是什么?”

朋友说:“人心就是灵明。”然后反问道:“人心之外还有什么呢?”

王阳明说:“物就是我,我就是物。除了我的心外,哪有什么东西呢?”

朋友马上指着树上的一枝花问他:“你说心外无物,那么,这朵花开在深山幽谷中,与你的心有什么关系呢?”

郝冀川(插图)

王阳明回答:“你没有看见这朵花的时候,它与你的心一同归于寂静;只有你注意它的时候,它的颜色和香气才对你产生影响。”

说话间,朋友突然踢到一块石头,“哎哟”一声,疼得大叫起来。

王阳明说:“你看,这块石头只是因为你踢到了它,你的心感觉到了疼痛,你才感觉到了它的存在。也就是说,只有在你踢它的时候,它才和你的心一起存在,不是吗?”

顽猴之死

吴王一行人,浩浩荡荡登上猕猴山。互相追逐嬉戏的的猕猴看见一大队人马前来,四处逃散。有一只猴子却不跑,依然旁若无人地在树上摘着果子,

并不时向吴王一行抓耳挠腮、挤眉弄眼，得意地表演着它的机智灵巧。

吴王搭弓上箭向它射去，那猴子反应十分敏捷，手臂一扬，轻巧地接住，然后摇着箭，骄傲地向吴王炫耀。

吴王大怒，命令全部随从搭弓上箭射杀。一时间，箭如雨下，聪明伶俐的猴子再也无法躲闪，一命呜呼。

不满足于在猴群自己的世界果腹嬉戏，摆弄巧智的结果，就是这样死于非命。

无为而成太平世

汉高祖刘邦打下江山后不过几年就撒手人间。政权落到他的妻子吕雉的手中。吕雉思想因势乘变，把帝位转给娘家的人，于是罗织各种罪名杀掉刘邦的儿子们。

血腥的杀戮中，刘邦的小儿子刘恒幸免于难，被分封在毗邻匈奴的内蒙荒漠边塞做代王。那么是谁保住了他的性命呢？是其母薄氏。因为薄氏笃信道家思想，无欲无争，防意如城，使得吕后没有把她放在眼里。吕后一死，当年跟刘邦一起打天下的文臣武将们，很快削清了吕家的权力，远在西北边塞、性情朴实、修道尚德的代王刘恒，自然被迎请到首都长安继承汉祚，他就是汉文帝。

汉文帝执政的23年中，坚持君主无为，让宰相遵道而为，建立起在政治学里享有盛名的“汉唐宰相制”。这种制度权能分离，君主有权，宰相有能，并且另外设立了个“御史机构”，专门监察“相权”，御史们可以“闻风奏事”。相权与御史权对立对应，统一在君权之下，形成了一种非常严密的制衡机制。到了儿子汉景帝刘启时期，尽管他常常希望作为一番，但其母看得很紧，坚决不容他“变法”，于是“宰相制”又维持了10多年。

短短38年时间，中国从离乱到大治，百姓家家都有车子，牛羊成群，粮食堆满仓库，民风淳朴，盗贼不起，甚至达到了“路不拾遗，夜不闭户”的境地。这就是中国历史上的“文景之治”。

到了汉武帝时期，刘彻耐不住寂寞急于有为，都被老祖母挡下了。等到老祖母一死，他马上大搞独裁，非常“有为”，看似轰轰烈烈，惊天泣鬼，但30多年后，中国“饿殍遍地，父子相食”，“各地民变，蜂拥而起”，晚年虽下“罪己诏”，西汉王朝也不可避免地逐渐走向衰亡。更为恶劣的是，此头一开，“无为”夭折，中国以后的君主们，除了唐初已经算不上完整的“君主无为”政治外，大都认为独裁专制天经地义了。

第四章　和光同尘挫锐解纷

原文：

道冲，而用之或不盈。渊兮似万物之宗。挫其锐，解其纷，和其光，同其尘。湛兮似或存。吾不知谁之子，象帝之先。

白话：

大道虚空，而作用起来却没有尽穷。渊深无限啊，就好像是那万物的源泉和祖宗。挫钝锋芒，消解纠纷，收敛光耀，混同尘世。我不知道它从哪里诞生，但出现在天帝之前就是。

感悟：

老子的思想，超越了历史，超越了时空。

《约翰福音》中说："太初有道，道与神（上帝）同在，这道就是神。这道太初就是神，万物是着他造的。生命在他里头。"不过，《约翰福音》中所言之道或造物主是有人格的，而老子所言之道没有人格，道即自然。

老子谈天说地的一切目的，在于净化我们人类的道德伦理体系。

大道永远滋养着、支配着、收容着宇宙间的一切。如果真有上帝或造物主，那也产生于大道并遵从于大道。

人类很渺小，因为在道的万象无形里，我们只是一粒微尘；人类又可以很伟大，只要我们循天道，敛嚣张，和光同尘，那就同大道、同宇宙融为一体了。

宗教与科学通常是相互排斥的，尤其是信守神的启示不肯研究宇宙自然法则而固步不前的宗教，与科学更难通融；而佛教提出的因果律和缘起法，经得起科学的推理和验证。

都说孔子知其不可为而为之，其实他苦苦追寻的，正是那"用之或不盈"、"渊兮似万物之宗"的大道。

事典

银鸟与金鸟

有一个樵夫，每天上山砍柴，日复一日，过着平凡的日子。

一天，樵夫跟往常一样上山砍柴，在路上捡到一只受伤的银鸟。银鸟全身包裹着闪闪发光的银色羽毛，樵夫一辈子从来没有见过这么漂亮的鸟，于是就把银鸟带回家，用心地替它疗伤。

银鸟在疗伤的日子里，每天唱歌给樵夫听，樵夫过着快乐的日子。

有一天，邻人告诉樵夫说他看到过金鸟，比银鸟漂亮千倍，而且歌也唱得比银鸟更好听。樵夫想，原来还有金鸟啊！从此每天只想着金鸟，不再仔细聆听银鸟清脆的歌声，日子越来越不快乐。

樵夫坐在门外，望着金黄的夕阳，想着金鸟到底有多美。

此时，银鸟的伤已康复，准备离去。它飞到樵夫的身旁，最后一次唱歌给樵夫听，樵夫听完后感慨地说："你的歌声虽然好听，但是比不上金鸟；你的羽毛虽然很漂亮，但是也比不上金鸟。唉！"

银鸟唱完了，在樵夫身旁绕了3圈后告别，向着金黄的夕阳飞去。

樵夫望着天空，突然发现银鸟在夕阳中变成了金鸟，美丽无比。他恍然大悟，急切地呼唤，但金鸟已经飞走了，越飞越远。

金鸟就是银鸟，银鸟也就是金鸟，它就在樵夫身边。大道就是自然，而我们就在道中。

萧何何以消祸

汉高祖时，吕后采用萧何之计，诛杀了韩信。人曰："成也萧何，败也萧何！"

高祖此时正带兵征剿叛军，闻知韩信谋反被诛后马上派使者还朝，封萧何为萧相国，加赐5000户，再令500士卒、1名都卫做护卫。

百官都向萧何祝贺，唯陈平表示担心，暗地里对萧何说："大祸从现在开始了。皇上在外作战，您掌管国政，没有冒着箭雨滚石的危险，皇上却增加您的俸薪和护卫，这并非表示宠信。如今淮阴侯韩信谋反被诛，皇上心有余悸，他也有怀疑您的心理。我劝您辞去封赏，拿所有家产去辅助作战，这才能打消皇上的疑虑。"萧何依计而行，变卖家产资助军队。高祖果然喜悦，疑虑顿减。

这年秋天，英布谋反，高祖御驾亲征，其间派遣使者数次问候萧何。回报说："因为皇上在军中，相国正鼓励百姓拿出钱财辅助军队征战，正如上次所做。"这时有个门客对萧何说："您不久就会被灭族了！您身居高位，功劳第一，并且自您进入关中，一直得到百姓拥护，如今已有10多年了。皇上数次派人问及您的原因，是害怕您受到关中百姓的拥戴。现在您为何不多买田地，少抚恤百姓，以此来自损名声呢？皇上必定会因此解除疑心的。"萧何认为有理，又依此计行事。

高祖得胜回朝，有百姓拦路控诉相国。高祖不但没有生气，反而高兴异常。

苏联妇女与德军战俘

1944 年的一个冬天，被苏军俘虏的大约两万名德国战俘排成纵队，从莫斯科大街上依次穿过。大批苏军士兵和治安警察在战俘和围观者之间划出了一道警戒线，因为围观者大部分是妇女，残酷的战争中，她们的亲人一个个牺牲在战场，人人满怀着刻骨的仇恨。

当大批的德军俘虏出现在她们眼前时，妇女们的双手捏成了无数只拳头，呼啸的人群前呼后拥，苏军士兵和治安警察竭力阻拦，以免德军俘虏被撕成碎片。

这时，一位上了年纪、穿着破旧的妇女走出围观的人群，来到一个警察面前，平静地要求走进警戒线好好看看这些俘虏。警察见她一脸慈祥，便答应了她。这位妇女走到一个年轻的俘虏面前，颤巍巍地从怀中掏出了一个印花布包，一层一层打开后，里面是一块黝黑的面包。年迈的妇女将这块面包硬塞到这个疲惫不堪、拄着双拐艰难挪动的俘虏衣袋里，有些不好意思地说："只有这么一点了，你凑合着吃点吧。"年轻的俘虏怔怔地看着她，泪水夺眶而出，突然扔掉双拐，"扑通"一声跪倒在地下，重重磕了几个响头。其他的战俘受到感染，接二连三跪倒在地，拼命向围观的妇女们磕头。整个人群中，刚才愤怒的情绪一下子改变了，妇女们纷纷涌向德军俘虏，把面包、香烟等塞给他们。

武力永远不可能征服人心，唯有爱与宽容，才能化解仇恨。

第五章　多言数穷不如守中

原文：

天地不仁，以万物为刍狗；圣人不仁，以百姓为刍狗。天地之间，其犹橐籥乎？虚而不屈，动而愈出。多言数穷，不如守中。

白话：

天地无所谓仁义恩爱，把万物当成刍草扎的狗子；圣人无所谓仁义恩爱，把百姓当成刍草扎的狗子。高天厚地之间，不正像一个奇大无比的风箱么？说它虚空却永不枯竭，自然而然生生不息，如若人为妄动，将会愈演愈烈，难以收拾。政令苛刻条文繁多只能加速动荡灭亡，还不如保持清静虚冲！

感悟：

天地创造了万物生命，但对它们并没有任何刻意的珍惜或者糟蹋，一切的一切，都由其依照自己的规律去生生灭灭。

正因为天地对于万物没有施加什么恩惠或者仁爱，所以万物才得以繁荣发展，也才真正感受到了天地的恩惠和仁爱。

人间的领袖也应该像天地一样，不可凭着自己的主观意愿，刻意去给天下人施加什么恩惠。心中空空荡荡，胸中不执著一物，便能够应物无穷，无所不治。

“天生天杀，道之理也”。从无到有，从有到无，生生死死，死死生生，终而复始，循环不已。这就是宇宙铁定的规律和法则。

我们生活的这个世界，顺应，便能得到宁静安详；妄为，便可能天翻地覆。

子贡曾问孔子：“老师您如果不说话，那么我们这些弟子还传述什么呢？”孔子说：“天说了什么呢？四季照常运行，万物照样生长。天说了什么呢！”此所谓“天何言哉？四时行焉，百物生焉，天何言哉！”

正是由于我们的“雄心壮志”，在很多时候，“好心”恰恰办成了坏事。多少有为之士的所谓“身不由己”，其实如佛家所言“自作自受”。

世俗之人烧香拜佛求保佑，而佛却不是贪官，佛不可能代替你，也不可能来赐予你。佛说：自缚自解，自赎自救，自心自安，自性自度。

心地中正，和悦万物。守中，正是大仁大爱。

三件事须自己做

宋朝著名的禅师大慧门下有一个弟子道谦。他参禅多年，仍不能开悟。一天晚上，道谦诚恳地向师兄宗元诉说自己不能悟道的苦恼，并求宗元帮忙。

宗元说：“我很高兴能帮助你，不过有3件事我无能为力，你必须自己做！”

道谦忙问哪3件事情。

宗元说：“当你肚子饿时，我不能帮你吃饭，你必须自己吃；当你想大小便时，你必须自己解决，我一点也帮不上忙；最后，除了你之外，谁也不能驮着你的身子在路上走。”

道谦听罢，豁然开悟。

穷人得到一头牛

一个富人见一个穷人很可怜，发善心帮他致富，送给他一头牛，嘱咐他好好开荒，等春天来了撒上种子，秋天就可以远离贫穷了。

穷人满怀希望开始开荒，可是没过几天，牛要吃草，人要吃饭，感觉日子比过去还难。穷人就想，不如把牛卖了，买几只羊，先杀一只吃，剩下的还可以生小羊，长大了拿去卖，可以赚更多的钱。

穷人的计划付诸了行动，只是当他吃完一只羊之后，小羊迟迟没有生下来，日子又艰难了，他忍不住又吃了一只。穷人想，这样下去还得了，不如把羊卖了，买成鸡，鸡生蛋的速度要快一些，鸡蛋马上可以赚钱，日子很快就可以好转。

穷人的计划又付诸了行动，但是生活并没有改变，因为母鸡并没有马上生蛋，他又忍不住杀鸡。终于只剩一只鸡时，穷人感觉理想彻底破灭了，他于是把鸡卖了，打了一壶酒，三杯下肚，呼呼大睡，什么也不再想。

很快春天来了，发善心的富人兴致勃勃地来送种子，赫然发现穷人正就着咸菜喝着劣质烧酒，牛早就没有了，房子里依然一贫如洗！

富人见此情景，十分伤心，并且十分无奈。

天道无亲，不自助者，天亦不助！

耳聪目明的悲剧

一个地势险恶的峡谷,谷底奔腾着湍急的水流,几根光秃秃的铁索横在悬崖峭壁间,这就是过河的桥。

一行4人来到桥头:一个盲人,一个聋人,两个耳聪目明的健全人。

4个人一个接一个地抓住铁索,凌空行进。结果,盲人、聋人过了桥,一个耳聪目明的人也过了桥,另一个则跌下去丧了命。

盲人说:“我的眼睛看不见,不知山高桥险,心平气和地攀索。”聋人说:“我的耳朵听不见,不闻脚下咆哮怒吼,恐惧相对减少很多。”过了桥的那个健全人,他的理论是:“我过我的桥,险峰与我有什么关系?急流与我有什么关系?只管注意落脚稳固就够了。”

那么,另一个身体健全的人为什么命丧峡谷呢?盲人、聋人说:因为他过于耳聪目明,看得太多,听得太多,想得太多!

第六章　绵延不绝用之不尽

原文：

谷神不死，是谓玄牝。玄牝之门，是谓天地根。绵绵若存，用之不勤。

白话：

大道虚空神变而永恒不灭，称作转生造化深远无限的母牝。转生造化的母牝大门，就是天与地的根源。浩瀚无际绵延不绝似乎永远存在，万物从中源源不断获得享之不尽的养料动能。

感悟：

山谷空空荡荡，却长养万物，所以老子用以比喻大道。

人类最原始的本性表现为对母体的依恋，这种本性在人类精神的需求和物质的需求上，又曲折地表现为对自然的依赖。

天地造化万物，就像那母性体内的变化过程一样，堪称神妙。

老子用“无”来命名天地的根本和开始，可见这玄牝的门道就在那“无”的状态之中。

无中能够生有，而有又终归于无。因为保持了虚空的境界，才有那无穷无尽的变化。

所以，人间的智者也总是保持心灵的虚空；而生活节奏愈来愈快的现代人，充满欲念，心浮气躁，怎能感悟创造万物的天地之根？怎能获得“用之不勤”的生命动能？

孔门为何强调孝悌？弟子有子回答得明确：“君子务本，本立而道生。”

人为什么要有信仰？因为崇高的信仰让我们把自己的生命限制整个地化解，把我们的自我执著整个地放下，跟我们所信的对象合而为一，永不离弃伟大的“谷神”和玄牝之门。

事典

骆驼妈妈的舍身

非洲撒哈拉沙漠无人区里，骆驼妈妈带着孩子们一边走一边低下头来，不时闻着干燥的沙子，它们已经渴坏了。

在太阳的炙烤下，骆驼们的眼睛血红血红，快要支撑不住了，骆驼妈妈挡住阳光，努力让孩子们走在阴影中。

终于，它们找到了一眼泉水，小骆驼兴奋地打着响鼻。然而，坑高水低，站在高处的小骆驼怎么努力也喝不到水，骆驼妈妈焦急万分。

这时，惊人的一幕发生了——骆驼妈妈围着孩子们转了几圈，突然纵身跃入了深泉……

水涨高了，小骆驼喝上了甘甜的泉水，而骆驼妈妈却再也爬不上来了。

母爱——永不枯竭的生命动能，哪里仅仅存在于人类。

父母的牵挂

爸爸妈妈来信了，不过信的写法和内容却是见所未见——

“亲爱的爸爸妈妈：我最近很忙□，一般□，空闲□；我的功课优秀□，中等□，差□；最近一次考试成绩90分以上□，60分以上□，不及格□；身体很棒□，有一点不舒服□，很不好□；我准备在暑假□，寒假□，明年□回家……”

“孩子，我们知道你没有时间写信回家，现在，请你花一点点时间，在前面的空格里选择你目前的状况，划个√，寄给我们。信封我们已经写好并贴上了邮票。孩子，我们老了，不知道还有多长时间，不要让我们久等。非常想念你的爸爸妈妈。”

如果我们大难临头，最不会抛弃我们并且能够不假思索舍身救助我们的，就是父母——我们的生命之源！

母亲的理由

一个不常出差的年轻人要出差，并且是很远的地方，途中还要辗转好多个地方。

临行前，母亲在一旁为他整理行囊，不一会儿，便装了鼓鼓囊囊的一大包东西。他一边翻捡着背包一边露出不以为然的笑意，因为里边除了必要的物品之外，可带可不带的东西实在是太多了。他对母亲说不需要拿这么多东西的，于是就把母亲装进去的东西又一件一件地拿了出来。他怕伤了母亲的心，每拿出一件的时候，都要简单地解释一下。

到后来，他翻出一瓶水，用很大的塑料瓶盛着的一瓶水。他说带这个实在没必要，火车站、码头，到处有卖水的地方，而且很便宜的。带一瓶水，多重啊！虽然他依旧是笑着解释不带的理由，但看得出来，他心里多少有些责备母亲在帮倒忙了。

在此之前，母亲一直静静地站在一边，任由儿子把她装进去的东西一件一件地拿出来。但当儿子拿出这瓶水的时候，母亲似乎并没有听儿子的解释，抓起那个瓶子，重新塞进背包里，嘴里念叨着："这个你一定得带上，这个你一定得带上！"

母亲还未放妥当，儿子又一下子把水瓶扔出来。水瓶落在床上，发出"咚"的一声闷响。"带这个干什么，这么重，谁愿意背！"看来他有些不耐烦了。

空气似乎凝滞了，最后，还是母亲打破了这片刻的沉闷。她有些蹒跚地走过去，把那瓶水重新装进了包里，说："还是带上吧，重是重些，可这次你去的地方远，妈怕你水土不服，特意为你装了一大瓶家乡的水。"

母亲接着说："在你很小的时候，第一次带你回东北的老家，你却闹起了肚子，那时候妈妈不懂，害得你闹肚子好长一阵子，人也瘦了许多。后来，听说这叫水土不服。老辈人讲，到了一个生地方后先喝几口家乡水，情况就会好些，妈把这话牢牢地记在了心里。以后再带你回爷爷家，总忘不了带上一大瓶家乡的水。别说，这一招还真管用。现在你大了，水土不服的毛病可能早就没有了。可妈妈好像改不了'老毛病'，一听说你要出远门，就又为你准备了这瓶水，心想带上它终归没有坏处的。"

这次儿子没再拒绝，泪眼婆娑地看着母亲为他所做的一切。

第七章　天长地久无私身存

原文：

天长地久。天地之所以能长且久者，以其不自生，故能长生。是以圣人后其身而身先，外其身而身存。非以其无私邪？故能成其私。

白话：

高天厚地永恒长久。高天与厚地之所以能够永恒长久，因为它们的一切运行都不是为了自己。所以圣人置身于人后却被拥戴在前，置身于度外生命反而保全。这不正是因为他的无私忘我吗？所以反能成就了自己。

感悟：

老子每每讲天道，然后讲人道，以倡立行道之所行、为道之所为的人类本原的宇宙观和道德观。

天地宇宙长生而不衰，因为它们根本没有对立的生与死的概念。

阳光给万物以温度，雨露给万物以滋养，空气给万物以生机。在它们看来，这哪里有什么恩义的概念，自然而然就是如此，无需占有，也无需报答。痛苦与烦恼，那只是人类自己的事情，与天地自然无关。

凡夫俗子为了满足物欲往往不择手段，什么欲擒故纵、过河拆桥、口蜜腹剑、装疯卖傻、瞒天过海、假话真说、真话假说，如此等等，无所不用其极，最终的结果其实并不那么美妙。

自利者总是失利，征服者总被征服。

一切置之度外，反而天长地久。这正是无为而无不为。

孔子说："知者不惑，仁者不忧，勇者不惧。"为何能够不惑、不忧、不惧？那是因为无私，而无私成就大私。

佛家明示："我"是什么？"我"是由身、心、环境三种因缘聚合而成。既然因缘也是空，缘起的自性也是空，那么"我"当然也是空。"我"是暂时的假相，并非永恒、真实、持久的存在，所以"无我"才是真谛。"我"既然为"无"，那还有什么可自私的呢？

一味追逐欲望的满足，反而锁链加身；顺其自然地做人做事，才会享有生命的快乐。

救人就是救自己

抗美援朝时期，一场异常激烈的战斗中，一架敌机飞速向阵地俯冲下来。班长正准备卧倒时，突然发现离他四五米远处有一个小战士还在那儿直愣愣地站着。顾不上多想，他一下子扑了过去，将小战士紧紧地压在身下。

一声巨响过后，班长站起身来拍拍落在身上的泥土，正准备教育教育这位小战士，回头一看，惊呆了：刚才自己所处的那个位置被炸成了一个大坑！

人生常常就是这样：帮助他人，往往成全了自己。

医药费：一杯牛奶

寒冷的冬天，一个衣衫褴褛的小男孩为了攒够学费正挨家挨户地推销商品。饥肠辘辘的他摸遍全身，却只有1毛钱。于是他决心向下一户人家讨口饭吃。

然而，当一位美丽而年轻的女子打开房门的时候，这个小男孩却有点不知所措了。他没有讨饭，只请求给他一口水喝。这位女子看到他饥寒交迫的样子，就倒了一大杯牛奶给他。男孩慢慢地喝完牛奶，问道："我应该付多少钱？"

年轻的女子微笑着回答："1分钱也不用付。我妈妈教导我，施以爱心，不求回报。"男孩分外惊奇地说："那么，就请接受我由衷的感谢吧！"说完，这个叫霍华德·凯利的小男孩就匆匆地离开了这户人家。此时此刻的他不仅浑身充满力量，而且更加相信上帝和整个人类。本来，因为生活如此艰辛，他都打算放弃了。

10多年后，那位女子得了一种罕见的重病，当地医生对此束手无策。最后她被转到大城市，由专家会诊治疗。大名鼎鼎的霍华德·凯利医生也参加了医疗方案的制订。当他听说病人来自的那个城镇的名字时，一个奇异的念头霎时间闪过他的脑际。没有多加考虑，他马上起身直奔她的病房。

身穿手术服的凯利医生一眼就认出了恩人。回到会诊室后，他决心竭尽所能来治好她的病。

经过艰苦的努力，手术和接下来的治疗都很成功。凯利医生要求把医药费通知单首先送到他那里签字。

当医药费通知单送到那位女子的病房时，她不敢看。因为她确信，高额的治疗费用将会花掉她整个一生的积蓄。不过，最后她还是鼓足勇气翻开了医药费通知单，旁边的一行小字引起了她的注意，她不禁轻声读了出来：

“医药费已付：一杯牛奶。”签名是霍华德·凯利医生。

喜悦而感动的泪水顿时夺眶而出。

两匹马的命运

两匹马各拉一辆大车。前面的一匹走得很好，而后面的那匹则常常落下很远甚至停下来，于是人们就把后面一辆车上的货物挪到前面一辆车上去。等到车上的东西都搬完了，后面那匹马便轻快地跟上来，并且对前面那匹马说：“你辛苦吧，流汗吧，你越是努力干，人家越是要折磨你。”

因为几次情况都是如此，主人就说：“既然只用一匹马拉车就行，我养两匹马干吗？不如只养一匹，把另一匹宰掉，总还能拿到一张皮吧。”于是，后面的那匹马就被宰掉了。

一个人如果总是患得患失、投机取巧、偷奸耍滑，不仅达不成生命的目标，并且很可能招致灭顶之灾。

第八章　上善若水厚德载物

原文：

上善若水。水善利万物而不争，处众人之所恶，故几于道。居善地，心善渊，与善仁，言善信，正善治，事善能，动善时。夫唯不争，故无尤。

白话：

至高至极的善就像是水。水善于润泽万物而不与万物相争，甘处众人所厌恶的地方，因此最接近于大道。居处善于择地，心胸善于静渊，交友善于仁爱，言谈善于守信，为政善于理治，办事善于尽能，行动善于趁时。正是因为不与人争，所以才没有过失。

感悟：

水代表至高至极的善，“善利万物”与“处众人之所恶”是水的最大功能和显著特性。由于这些功能与特性，水根本就没有争利夺权的概念。

站好立场岗位像水那样的择地而流，心思智识像水那样的广大渊博，与人交往像水那样的仁慈柔和，言语诚实像水那样的坚定无伪，政策政令像水那样的清明清晰，办理事务像水那样的澎湃有效，行动机敏像水那样的潮汛如期——这就是无往不胜的成功之道。

水的一切特点就在于自然而然。倘若人人都能像水一样平衡相处，利万物而不争，这个世界便不再多诡和迷惑。

孔子同样赞叹水：“夫水者，君子比德焉，遍与之而无私似德。”他赞叹说：“真正实现无为而治的人，大概只有舜吧？他做了些什么呢？他只是庄严地端坐在王位上罢了。”

舜之所以伟大，便是如水一样“几于道”。

佛家“我不入地狱，谁入地狱”的境界，体现的不也正是“处众人之所恶”的无私无畏吗？

人生也可喻为一杯水。这杯水本来清澈透明、无色无味，每个人都有权利加盐、加糖或是其他什么。不过，无论你加入了什么，最终都必须将这杯水喝完，不管它的味道如何。

水如大道，圣人如水。如水才能无怨，如水才能不忧。领悟了水的品格，我们就领悟了为人之道。

适时低下高贵的头

富兰克林是美国的政治家、科学家、独立宣言的起草人之一。他为新生的合众国建立了许多功绩，有“美国人之父”的美誉。

有一次，富兰克林到一位前辈家拜访，当他从小门进入时，因为门低了些，他的头被狠狠地撞了一下。出来迎接的前辈意味深长地告诫富兰克林：“很痛吧？可是，这将是你今天拜访我的最大收获！要想平安无事地活在世上，就必须时时记得低头。这也是我要教你的事情，不要忘记了！”

从此，富兰克林牢牢记着这句话，并把谦虚列入了一生的生活方针之中。

秒针的抱怨

客厅中一架巨大的挂钟滴答滴答地响着。在一个夜里，突然传来一阵啜泣声，客厅的家具们到处寻找声音的来源，原来是秒针在饮泣。

秒针哭着说：“我好命苦啊！每当我跑一圈时，长针才走一步，我跑60圈时短针才走5步，一天我要跑1440圈，一星期有7天，一个月有30天，一年有365天，我如此瘦弱，却要分分秒秒地跑下去，我是不是很快就要累死了呢？”

旁边的台灯安慰它说：“你担忧你抱怨就能开心吗？你看我当亮则亮，当熄则熄，顺其自然；长针、短针和你秒针各有分工，说不定它们憋得心慌，还想多跑呢！但是不可能啊，大家必须各守其道。其实，你只需一步一步地往前走，就会走得轻松而愉快。”

生活中总是有人像秒针一样患得患失喜欢抱怨，而抱怨如同病毒，只能败坏自己的心态，让生命徒增烦恼。

不带一点儿怒气作战

欧玛尔是英国历史上首屈一指的剑手。一个与他势均力敌的对手同他斗了30年仍不分胜负。在一次决斗中，对手从马上摔下来，机会千载难逢，欧玛尔持剑跳到他身上，1秒钟就可以杀死他。

但他的敌人这时做了一件事——向他脸上吐了一口唾沫。欧玛尔停住了，对他说：“咱们明天再打。”对手一下子愣住了。

欧玛尔说：“30年来我一直在修炼自己，让自己不带一点儿怒气作战，所以我才能常胜不败。刚才你吐我的瞬间我动了怒气，如果这个时候杀死你，我就再也找不到胜利的感觉了，所以，我们只能明天重新开始。”

不过，这场决斗永远也不会开始了，因为那个对手从此变成了他的学生，他也想学会不带一点儿怒气作战。

心态的修炼也许难于任何其他方面的修炼，如若我们修炼得如上善之水，那就会战无不胜。

第九章　锋芒毕露自遗其咎

原文：

持而盈之，不如其已；揣而锐之，不可长保；金玉满堂，莫之能守；富贵而骄，自遗其咎。功成身退，天之道。

白话：

执持到盈满，不如适时停止；锋芒毕露，锐势不可长保；金银玉器堆满屋堂，终究无法藏守。大富大贵却自满骄傲，必将自己造成祸殃。功成名遂适时告退，才合乎自然大道。

感悟：

从古至今，财富权势从来都是流动之物，没人能够传之久远。

“匹夫无罪，怀璧其罪”。只要你的道德与你的财富和权势不相称，便是罪过，便会招人羡慕和忌恨，便会有人计伐诛拿。

子贡说：“虽贫穷而不谄媚，虽富有而不自大，怎么样？”孔子回答：“当然不错。但是不如虽贫穷却依然自得其乐，虽富有而更重礼义。”孔子同样深知“富贵而骄，自遗其咎”。

佛家所言“无常”，告知我们的就是天道的真谛。

月满则亏，水满则溢。越是自大自满，毕露炫耀，财富权势越是难保。

拼命用“加法”的结果，就是把自己逼得生活失调、精神错乱。所以，智者懂得适时运用“减法”。

翻看人类的历史，那些成为我们精神天空璀璨明星的人们，似乎都不屑于在物质生活方面追求盈满。

功成身退，其实从根本上利人利己。

事典

一群乌鸦的混战

树上落下一只嘴里衔着一大块什么东西的乌鸦，许多乌鸦立刻追踪飞来。那只嘴里叼着东西的乌鸦已经很累了，吃力地喘息着，它不可能一下子就把这一大块东西吞下去，也不能在地上从容不迫地把这块东西啄碎，因为乌鸦们会猛扑过来，夺走它的所有。于是它只好停在那儿，保卫嘴巴里的那块东西。

也许是因为嘴里叼着东西呼吸困难，也许是因为之前它被大家追赶早已精疲力竭，只见它摇晃了一下，突然失落了叼着的那块东西。

所有的乌鸦立即扑了上去。在这场混战中，一只非常机灵的乌鸦抢到了那块东西，展翅飞去，所有的乌鸦又跟着追赶，先前那一只丢掉成果的乌鸦也在跟着飞，但已远远落在大家后面了。

结果，第二只乌鸦也像第一只一样，同样精疲力竭，落到一棵树上以后，同样失落了那块东西。于是又是一场混战，所有的乌鸦又去追赶那个幸运儿。

公牛队的神话

多年前的一场 NBA 决赛中，另一位新秀皮蓬独得 33 分，超过乔丹 3 分，从而成为公牛队比赛得分首次超过乔丹的球员。比赛结束后，乔丹与皮蓬紧紧拥抱，两人泪光闪闪。

这里有个乔丹和皮蓬之间鲜为人知的故事。当年乔丹在公牛队时，皮蓬是公牛队最有希望超越乔丹的新秀，他时常流露出一种对乔丹不屑一顾的神情，还经常说乔丹某方面不如自己之类的话。但是乔丹没有把皮蓬当做潜在的威胁而予以排挤，反而对皮蓬处处关心并热情鼓励。

有一次乔丹问皮蓬："我俩的三分球谁投得好？"皮蓬有点心不在焉地回答："你明知故问什么，当然是你。"因为那时乔丹的三分球成功率是 28.6%，而皮蓬是 26.4%。但乔丹微笑着纠正："不，是你。你投三分球的动作规范、自然，真正有天赋，以后一定会投得更好；而我投三分球还有很多弱点，我扣篮多用右手，习惯地用左手帮一下，而你，左右都行。"这一细节连皮蓬自己都不知道，他深深地为乔丹的真诚和无私所感动。

从那以后，皮蓬和乔丹成了最好的朋友，皮蓬也成了公牛队 17 场比赛得分首次超过乔丹的球员。乔丹这种无私的品质，为团队注入了强大的凝聚力，从而使公牛队创造了一个又一个的神话。乔丹不仅以球艺，更以他那坦然无私的胸襟赢得了所有人的拥护和尊重，包括他的对手。

假如乔丹恃才傲物，那么不仅他与皮蓬的关系必将恶化，公牛队也难以继续保持公牛的威风。

拼命向前跑的农夫

有个农夫，每天早出晚归耕种一小片贫瘠的土地，但收成很少。

一位天使可怜农夫的境遇，就对他说："我这样帮助你吧——你努力往前跑，你跑过的所有土地，不管多大全部归你。但是，太阳下山之前，你必须回来！”

于是，农夫兴奋地向前跑，一直不停地跑！跑累了，虽想停下来休息，一想到家里的妻子、儿女，又拼命地再往前跑！太阳快下山了，他也累得快不行了，天使提醒他赶快往回跑，但是农夫想，多跑一会儿，就能多一大片土地，还是再坚持一下吧！于是打起精神，继续向前跑。

太阳马上就要下山了，农夫再也不能向前跑了，刚想回头，却因体力不支，“咚”的一声倒在地上——累死了！

第十章　内心通达守静如雌

原文：

载营魄抱一，能无离乎？专气致柔，能婴儿乎？涤除玄览，能无疵乎？爱民治国，能无为乎？天门开阖，能为雌乎？明白四达，能无知乎？生之畜之，成之熟之，养之覆之。生而不有，为而不恃，长而不宰，是谓玄德。

白话：

灵魂与形体合而为一，能永不分离吗？聚集精气达到柔和，能像婴儿一样吗？洗除杂念观照心镜，能没有瑕疵吗？爱护人民治理国家，能自然无为吗？感觉器官开开合合，能守静如雌吗？内心明白通达，能不表现聪明吗？让其生长，让其发育，让其成势，让其结实；培育长养，保护覆盖。然而，生养了万物却不占有，造就了万物却不自恃，扶植了万物却不主宰。这就是深远的大德。

感悟：

人类的烦恼和疾病的根源，在于精神与肉体的分离。所以我们常常说心有余而力不足。

就现世而言，灵魂与肉体分离，那就是死；灵魂与肉体合一，那就是生。对于人类来说，真正达到灵魂与肉体合一而身心平衡的状态，就在婴儿赤子的阶段。所以孟子也说："大人者，常葆其赤子之心者也！"

元气又是和气，充满保有，我们便如婴儿一样，既柔且坚。

神是帅而元气是兵，兵帅相合凝聚，便可以攻无不克，战无不胜。

雄性的欲望总是最强烈、最具有挑战性，而雌性通常只是被动地接受，结果不仅没有失去什么，反而有所获得。

心灵就像一面宝镜，变化无穷，能够反映出宇宙万象，所以叫做玄览；镜子的功能就在于平滑光洁而能鉴物，若镜面不平或者有了污染，那就不会反映出客观的形象，更不可能灵妙万方。

曾子的"吾日三省吾身"，正是"涤除玄览"的潜心躬行。

佛陀让我们从污染的心变成清静的心，从烦恼的心变为智慧的心，从偏执的心变为觉悟的心，从而见到自己本有的如如不动的佛性，这就叫"明心见性"。

欲望的满足，总是伴随着一种痛苦的能量的释放，所以叫做痛快。但是，痛与快频繁过度，势必元气尽耗。

达到身体与心灵的合一，进入那“常无”和“常有”的状态，我们才能获得生命的圆满与自在。

事典

马车越空噪音越大

一天上午，父亲邀儿子一同到林间漫步，儿子很是高兴。

父亲在一个弯道处停了下来。短暂的沉默之后，他问儿子：“除了小鸟的歌唱之外，你还听到了什么声音？”

儿子仔细地听，几秒钟之后回答父亲：“我听到了马车的声音。”

父亲说：“对，是一辆空马车。”

儿子问：“我们又没看见，您怎么知道是一辆空马车？”

父亲答道：“从声音就能轻易地分辨出是不是空马车。马车越空，噪音越大。”

儿子在父亲的教诲中慢慢长大。每当他看到那些口若悬河、自以为是、喜欢贬低别人的人，他都感觉父亲在自己的耳边说：“马车越空，噪音越大。”

最平静的画面

国王提供了一份诱人的奖金，希望有人能画出最平静的意境，应征的画家如云。国王看完所有的画，只有两幅他最喜欢。

一幅画是一个平静的湖，湖面如镜，倒映出周围的群山，上面点缀着如絮的白云。大凡看到此画的人都同意这是描绘平静意境的极佳画图。

另一幅画也有山，但都是崎岖和光秃秃的山，上面是愤怒的天空，雷电交加，大雨滂沱，山边翻腾着一道涌起泡沫的瀑布，看来一点都不平静。但仔细一看，便见瀑布后面有一细小的树丛，其中有一鸟巢。在那里，在怒奔的水流中间，母鸟领着雏鸟坐在它的巢里——完全的平静。

国王毫不迟疑地将最高荣誉授予了这幅画的创作者。

平静不是死寂，能够在嘈杂纷繁的世界保持宁静的心灵，那才更加难能可贵。

不为薪水而工作

盛夏的一天，一群人正在铁道路基上劳动。这时，一列缓缓开来的火车打断了他们的工作。

火车停了下来，一节特制车厢的窗户被人打开了。一个低沉的、友好的声音传出来："大卫，是你吗？"

大卫·安德森——这群人的主管回答说："是我，吉姆，见到你真高兴。"于是，大卫·安德森和吉姆·墨菲——铁路公司的总裁，进行了愉快的交谈，1个多小时之后，两人热情地握手道别。

大卫·安德森的下属立刻包围了他，他们对于他是墨菲总裁的朋友这一点感到非常震惊，大卫解释说，20多年前，他和吉姆·墨菲是在同一天开始为这条铁路而工作的。

其中一个下属半认真半开玩笑地问大卫："为什么你现在仍在骄阳下汗流浃背地干活，而吉姆·墨菲却成了总裁？"

大卫非常惆怅地说："20多年前，我为1小时1.75美元的薪水而工作，而吉姆·墨菲却立志为这条铁路而工作。"

第十一章　虚实相成有无相生

原文：

三十辐共一毂，当其无，有车之用；埏埴以为器，当其无，有器之用；凿户牖以为室，当其无，有室之用。故有之以为利，无之以为用。

白话：

三十根辐条共同形成一个车毂，因为中间空无，所以才有车子的功能，糅合陶土做成器具，因为中间空无，所以才有器具的功能；开凿门户造成房屋，因为中间空无，所以才有房屋的功能。所以说，“有”提供了便利，而“无”发挥了作用。

感悟：

我们通常只知明处的有，却不见暗处的有，所以才会将那个“无”等同于无用。

很多时候，那有形的地方只是为了实现目的而设置的便利而已，而真正起作用的地方正是它的空无之处。

虚与实如同无与有，成就了多少绝妙的意境。

舍与得如同无与有，演绎出多少人间的悲喜。

无中可以生有，但若无中胡乱生有，生出的只能是无限的烦恼与痛苦。

人类的战争是因为要夺取明处的有，也就是无中产生的有；而这些有，终将同归于无。

孔子的“君子谋道不谋食”，体现的也是“有”与“无”的辩证思想。

佛家有言：“真空不碍妙有，妙有不碍真空。”空，也就是无限的开放；无，也就是无限的包容。无常，才不会僵化、凝固，有无常，才有希望，才有未来，才有发展，才有新生。

有和无相辅相成，对应统一，无离不开有，有离不开无，有无相反，有无相生。

事物不可处处塞满，心灵也须时时空灵。

领悟了有与无的奥妙，我们就能在拥有的时候，保持虚无的态度和境界；在失去的时候，充满乐观的希望和信念。

拉伯雷的无中生有

法国作家弗朗索兹·拉伯雷一次有急事要到巴黎去,可是身上没有钱,怎么办呢?

他弄来一些有颜色的粉末,包成3个纸包,分别在上面写着:“给国王吃的药”、“给王后吃的药”、“给太子吃的药”,然后他有意让警察看见这些东西。

警察发觉后,如临大敌,马上把拉伯雷抓起来,当做重大嫌疑人送到了巴黎。然而经过调查,无法找到治罪的根据,只好把他放了。拉伯雷就这样,没有花1分钱就来到了巴黎,还白捞了好多顿饭吃。

对于富有智慧的弗朗索兹·拉伯雷来说,似乎随时都能变无为有。

有车与无车

在到欧洲出公差之前,一名男子开着劳斯莱斯来到市中心银行,要求借贷现金5000英镑。

贷款部人员要他留下抵押品。“嗯,这是我的劳斯莱斯的钥匙。”男子说道。贷款部人员马上拿着钥匙把车开到地下室的停车中心去保管,手续完成后就把5000英镑给了他。两个礼拜以后,男子走进银行的大门,要求偿还贷款并把车领回。

“您借贷的款项为5000元,利息15.4元。”贷款部的人员解说道。这名男子开了张支票后准备离去。

“先生等等,”贷款部人员很客气地问他,“在您离开后,我发现您原来是个百万富翁。您怎么可能需要向银行借5000元?”

男子微笑到:“在曼哈顿,有什么地方可以停两个礼拜的车子却只收取15.4元呢?”

贷款部人员恍然大悟。

这位百万富翁的所为,诠释的正是“有之以为利,无之以为用”的道理。

如何拥有100万

一位年轻人在大学读书期间,向校长提出了改进大学教育制度弊端的若干建议,但他的意见没有被校长接受。于是,他决定自己办一所大学，并且由自己担任校长来消除这些弊端。

办学校至少需要100万美元。上哪儿去找这么多钱呢？等毕业后去挣，那太遥远了。于是，他每天都在寝室内冥思苦想如何才能筹到100万美元。同学们都认为他有神经病，梦想天下掉下馅饼，但年轻人不以为然，他坚信自己可以筹到这笔钱。

终于有一天，他想到了一个办法，于是打电话到报社说，他准备明天举行一个演讲会，题目叫做“如果我有100万美元”。

第二天的演讲吸引了许多商界人士。面对台下诸多成功人士，他在台上全心全意、发自内心地说出了自己的构想。演讲完毕，一个叫菲利普·亚默的商人站了起来，说：“小伙子，你讲得非常好。我决定投资100万，就照你说的办。”就这样，年轻人用这笔钱创办了亚默理工学院，也就是现在著名的伊利诺理工学院的前身。这个年轻人，就是后来备受人们爱戴的哲学家、教育家冈索勒斯。

第十二章　追逐声色行为害妨

原文：

五色令人目盲，五音令人耳聋，五味令人口爽，驰骋田猎令人心发狂，难得之货令人行妨。是以圣人为腹不为目，故去彼取此。

白话：

五光十色使人眼花目盲，五音混杂使人重听耳聋，五味美食使人口舌受伤，肆意驰猎使人放荡发狂，稀有之物使人行为害妨。因此，圣人注重的是饱腹而非追逐声色娱目，弃豪奢而守素朴。

感悟：

佛家看一个人的构成，从心理、生理、物理三方面来分析：六根——眼、耳、鼻、舌、身、意，属于生理学；六尘——色、声、香、味、触、法，属于物理学；六识——视、听、嗅、味、触、脑，属于心理学。

六识是六根的操纵者，六根是六识用以接触六尘的工具。从养生角度而言，过于声色犬马，势必神伤身伤，病邪侵入，危及健康，所以佛家告诫我们尽可能做到六根清净。

快乐来源于自在自由的心灵，享乐则依赖于外部之物的不断刺激。

孔子斥责当时的“郑声”，因为他深知淫逸的郑国音乐，必将惑乱人的心智。

世俗中人面对着精彩的世界，要做到完全的“六根清净”实在是很难。然而老子的智慧我们不可不悟：“为腹不为目”；儒家的告诫也不可不知：“喜怒哀乐之未发，谓之中；发而皆中节，谓之和。中也者，天下之大本也；和也者，天下之达道也。致中和，天地位焉，万物育焉！”

许多的美丽本身就是陷阱，许多的享乐本身就是堕落。跌进去之后，我们才如梦方醒。

简单莫过于生活，复杂也莫过于生活！

人的灵魂深处，其实本有属于自己的最美的风景与音乐。

事典

富翁的寻犬启事

一个富翁带着爱犬出国旅游。在一个小镇上，他的爱犬突然失踪了，于是急忙找到当地一家报社,要求刊登一个《寻犬启事》,并说如果谁为他找到爱犬,将获得1万美元的酬劳。

富翁等到晚上,还不见报纸出版,就跑到报社去问,却只见到一个守门的老头。富翁问:“难道今天不出报了吗?”

“是的,先生。”老头回答。

“为什么?”

“所有的编辑都上街找狗去了!”

这只是一个幽默笑话,但在现实生活中,因为名利的诱惑,我们的确常常忘记更加重要的责任和使命。

一个女人和五个男人之死

美国有一个非常富有的寡妇,因为她继承了5个老年富翁丈夫的遗产。

不过,很多人都有一个疑问:5个男人娶她当老婆后都死了,是不是被谋杀的呢?然而,司法部门验尸的结果表明:5个男人都属于自然死亡。

但是终于有人发现,这5个男人都是这个寡妇谋杀的。她的办法就是:每顿都让老公大吃大喝,五味杂陈,造成5个老头都因心脏病发作或者中风而死。

可叹的是,那些老头们活着的时候,还总是到处夸说自己的老婆温柔、体贴、贤惠。

这个女人真是掌握了发财的“诀窍”,既得到了财富,还让老公们死而无怨!

守财的崇祯和李自成

明朝末年,前方告急再三:缺钱!皇帝崇祯打算借民间一年的房租,结果全国怨声鼎沸,骂崇祯皇帝是“重征皇帝”。

真是没有钱吗?李自成破了紫禁城,打开皇宫钱库,不禁惊呆了:库中全是金银,而且许多的金银都发霉了!如此巨大的积蓄,怎么会发不出军饷呢?当然,李自成吃了个饱。

李自成一生都在战场上驰骋,可是他最大的对手却是他自己。他和崇祯皇帝一样,不仅妒才忌能,更是贪得无厌。进北京后,李自成完全是一副庄稼汉的做派。国家都是自己的了,可他还要聚敛,全盘接受了崇祯的国库不算，天天都对达官贵戚们严刑拷掠，搜刮金银。大顺军从进京到离京，一共42天时间，几乎天天都在将大量的金银运往西安。吴三桂起兵后，李自成亲征山海关，大顺军精锐出击，可这些远征出击的战士，居然带着大包小包。带的什么东西呢？全都是劫掠来的珍宝，还有女人！

崇祯和李自成的小农性格决定了他们个人的命运，他们个人的命运又决定了与他们相关的更多人的命运。

崇祯和李自成没有改变自己，所以也无法改变世界，并且最终被世界和历史抛弃。

第十三章　爱天下者拥有天下

原文：

宠辱若惊，贵大患若身。何谓宠辱若惊？宠为上，辱为下。得之若惊，失之若惊，是谓宠辱若惊。何谓贵大患若身？吾所以有大患者，为吾有身；及吾无身，吾有何患！故贵以身为天下，若可寄天下；爱以身为天下，若可托天下。

白话：

许多人无论是得宠还是失宠都惊恐焦虑，重视大祸患就像重视自己的身家性命一样。什么叫宠辱若惊呢？宠人者在上，受宠者在下，得宠就受宠若惊，失宠就受辱若惊，这就叫做宠辱若惊。什么叫做重视大祸患就像重视自己的身家性命一样呢？我们之所以感到有大祸患，是因为我们有这个身体。等到我们没有这个身体的时候，那我们还会有什么祸患呢？所以，只有真正懂得珍视并且像珍视自身生命那样去服务天下的人，我们才可以把天下寄托给他，只有真正懂得爱惜并且像爱惜自身生命那样去服务天下的人，我们才可以把天下交付给他。

感悟：

受人恩宠，其实是被人当做了笼中鸟或者其他什么玩物，人的尊严往往不再。

八哥因为自己会说人言，所以才被关在笼中；孔雀因为羽毛华丽，所以才被囚禁；老树盘虬不材，所以才能安全存在。

一旦我们没有了分别的概念，也就没有了什么宠与辱的差别，于是就不会因为物欲而任人摆布和左右了。

为了让肉体满足，我们不得不整天生活在四伏的危机之中，与天斗，与地斗，更与人斗，生命不息，斗争不止。

我们珍惜自己生命和身体的方法，往往是努力去为它挣得一切，结果却是将自己推向了一条不归之路。这哪里是珍惜，只能叫糟践！

孔子称赞颜回："一箪食，一瓢饮，在陋巷，人不堪其忧，回也不改其乐。贤哉，回也！"他从内心深处为宠辱不惊的弟子而骄傲。

宠辱大惊者不是庸才就是奴才，哪里懂得珍视爱惜生命，哪里能够托付天下。

了知“无常”与“无我”，我们才会真正的宠辱不惊，无忧无患，从而以慈悲和智慧自觉觉他，自度度人。

心怀大爱，不刻意珍惜自身，最后反而珍惜了自身的人，就是大道的化身。这样的人成为领袖，天下也就太平了。

事典

泥中莲花

在日本，耕田的农民被视为贱民，连出家当和尚的资格都没有。无三禅师虽然出身于“贱民”，但是他一心皈依佛门，于是冒士族之姓，了却了自己的心愿。后来，无三禅师被众人拥戴为住持。

举行就任仪式的那天，有个人突然从大殿中跳出来，指着法坛上的无三禅师，大声嘲弄道：“出身贱民的和尚也能当住持，究竟是怎么回事啊？”

就任仪式庄严隆重，谁也没有想到会发生这样的事情，众僧都被眼前发生的一幕弄得不知所措。大家屏息噤声，全场静得连一根针掉在地上都能听见，众人都为无三禅师捏了一把汗。

面对突如其来的发难，无三禅师微笑着从容回答：“泥中莲花。”

绝对的佛禅妙语！在场的人全都喝彩叫好，那个刁难的人也无言以对，不得不佩服无三和尚的深湛佛法。

就任仪式继续进行，这突然的刁难不仅没有对仪式产生什么负面影响，因为禅师的妙语，反而赢得了更多的支持与拥护。

是女王还是妻子

1848 年，大英帝国的维多利亚女王和她的表哥阿尔伯特公爵结了婚。与女王同岁的阿尔伯特比较喜欢读书，不喜欢社交，对政治也不大关心。

有一次，女王回家，敲了几下门。

“谁？”里面问道。

“英国女王。”女王回答。

门没有开。敲了好几次以后，女王突然感觉到了什么，又敲了几下，改用温柔的语气说：“我是你的妻子，阿尔伯特。”

这时，门开了。

在这个世界上，总有一些人不为名利与权势所动，他们需要的就是尊重和爱。

假如世界即将毁灭

美国的《漫画周刊》经过一番策划，推出了一项“征画活动”，要求应征作品以“世界的最后时刻”为表现主题：在世界即将毁灭的时刻，你或你的亲人们会干些什么呢？

在限定的日期内，来自世界各地的作品堆积如山。为了获取高额奖金，所有的应征者都将想象力发挥到了极致。比如其中一幅作品表现的是：情侣紧紧抱在一起，一边喝酒一边接吻，然后将钞票堆在大街上燃烧，在最后时刻坐上宇宙飞船逃离地球。

但获得最高奖励的作品，是一位家庭主妇用铅笔在一张包装纸上速写的漫画：女主人在厨房洗完碗筷后，正伸手关紧水管开关，丈夫则平静地坐在餐桌旁的地板上，充满爱意地看着两个小男孩兴趣盎然地玩着堆积木的游戏。

评委们对这幅看似平常的作品的评语是：我们震惊于这一家的平静。他们理解了世界存在的意义和人的最高追求。

第十四章　冥冥之中自有主宰

原文：

视之不见，名曰夷；听之不闻，名曰希；搏之不得，名曰微。此三者不可致诘，故混而为一。其上不皦，其下不昧。绳绳不可名，复归于无物。是谓无状之状，无物之象，是谓惚恍。迎之不见其首，随之不见其后。执古之道，以御今之有，以知古始，是谓道纪。

白话：

看它看不见，称之为“夷”；听它听不到，称之为“希”；摸它摸不着，称之为“微”。这三者无从探索究诘，因为它们本来就是浑然一体。它的上面不显得光亮，它的下面也并不阴暗。它浩渺无限连绵不绝却又无可名状，一切运动总会回归到那没有物象的状态。这就是没有形状的形状，没有物象的物象，所以就称它为“惚恍”。想迎着它，却看不见它的头；想跟着它，又看不见它的尾。掌握这恒常永存的大道，就能驾驭当下的万事万物，就能认识到天地宇宙的根源，这就是体悟大道的主旨和意义。

感悟：

眼睛看不见，耳朵听不到，双手摸不着，这就是道的形象和规律。三“不”合一，所以我们不妨称道为“一”。

你觉得它有，它却似无；你觉得它无，它却真有，你根本无法用人间的概念或者分别来对待它，所以只好把它叫做“惚恍”或者“恍惚”。

它无始无终，可以说不受时间限制；它创造了时间，又超越了时间；它创造了空间，又超越了空间。宇宙是它的杰作，或者说就是它本身；它既在宇宙之中，又在宇宙之外。

把握了宇宙的本源初始，也就知道了道的本来。用大道这个创造宇宙却又不表现自己的方法来驾驭当下的具体事物，就是与道同一。

我们认识大道，并不是要认识它的形状、声音、物象，而是要认识它的纲纪和规律。认识它并且合乎了它，我们便可鉴往知来，不会迷惑障碍。

卫国的大夫公孙朝问子贡说：“仲尼的学问是从哪里学来的？”子贡说：“周文王周武王的治世之道，并没有失传，仍然留在人间。贤能的人可以了解它的根本，不贤的人只了解它的末节，什么地方都有文武之道。所以，我们的老师什么地方不可以学习，又何必要有固定的人来教授呢?”正是善于“执古之道”,才造就了伟大的孔子。

佛教的“缘起”学说,是人类历史上关于宇宙自然和生命的伟大发现。依空缘起,缘散归空,深刻揭示了宇宙间万事万物的普遍联系和相对相关性,更可“以御今之有”。

事典

万物的本质与残渣

黄帝为天子19年,政令通行天下。他听说广成子居住在崆峒山上,便虔诚地前去拜访。见到广成子,黄帝请教说:“听说先生已经达到至道的境界,敢问何为至道之精华?我想取其滋养五谷哺育百姓,掌管阴阳成就生灵,请问该怎么办呢?”

广成子回答:“你要问的是万物的本质,而你要掌管的却是万物的残渣。自从你治理天下,运气不等待凝集就下雨,草木没有变黄就凋零,日月之光越来越昏暗,巧智之人越来越张狂,又怎么能够谈论至道?”

于是黄帝退下来,不再掌管天下之事,以白茅为席,独处静坐了3个月,再次到崆峒山求教。广成子向南而卧,黄帝顺下风跪着过来,谦恭磕头:“敢问先生,怎样修身才能长寿呢?”

黄帝的虔诚感动了广成子,他连忙起身:“问得好!我这就告诉你什么是至道。至道的精华,幽冥莫测,远不可及,不看不听,保持精神宁静,身体自然健康。清静无为,不让形体劳累,不让精神疲惫,这才能长生。目无所见,耳无所听,心无所虑,以神守形,就可长久。勿用巧智,否则一定会败亡。谨慎你的内心,放松你的感官,我会帮你达到至阳的本原,也会帮你达到至阴的本原。天地自有其掌管,阴阳也自有其收藏,万物自会繁荣壮大。”

领悟“帝之先”的大道,黄帝于是也长生久视。

每一天都有功课要交

有个小和尚,每天早上负责清扫寺庙院子里的落叶。

清晨起床扫落叶实在是一件苦差,尤其是在秋冬之际,每一次起风时,树叶随风飞舞落下,到处都是。

小和尚每天早上都需要花费很多时间才能清扫完树叶,这让他头痛不已,所以一直在想办法让自己轻松些。

终于,这小和尚想出了一个“好办法”。那一天他起了个大早,使劲地摇树，他想这样一来，就可以把今天跟明天的落叶一次扫干净了。一整天，小和尚都很开心。

第二天，小和尚到院子一看，不禁愣住了：院子里如往日一样，落叶满地。

有绿叶就永远有落叶，有新生就永远有死亡，不以任何人的意志为转移，这就是自然的规律。

饭要一口一口地吃，路须一步一步地走。这个世界，哪里存在一劳永逸的事情。

郝冀川（插图）

老夫妇爱死天鹅

天鹅湖中有一个小岛，岛上住着一位老渔翁和他的妻子。平时，渔翁摇船捕鱼，妻子养鸡喂鸭，除了买些油盐，他们很少与外界往来。

有一年秋天，一群天鹅来到岛上，它们从遥远的北方飞来，准备去南方过冬，中途在这里歇息。老夫妇见到这群天外来客，高兴坏了，因为他们在这儿住了那么多年，还没有谁来拜访过。

渔家夫妇为了表达他们的喜悦，拿出喂鸡的饲料和打来的小鱼招待天鹅，于是这群天鹅就跟这对夫妇熟悉起来。在岛上，它们不仅敢于大摇大摆地走来走去，而且在老渔翁捕鱼时，它们还随船而行，嬉戏左右。

冬天来了，这群天鹅竟然没有继续南飞，它们白天在湖上觅食，晚上在小岛上栖息。湖面封冻以后，它们无法获得食物，老夫妇就敞开茅屋让它们进屋取暖，并且给它们喂食。这种关怀一直延续到春天来临，湖面解冻。

日复一日，年复一年，每年冬天这对老夫妇都这样奉献着他们的爱心。但有一年老夫妇终于因为年岁太大离开了小岛，天鹅也从此消失了。不过它们不是飞向南方，而是在第二年湖面封冻时饿死了。

爱让生命成长，爱让生命延续。但是，爱亦有道，违背规律，爱就会变成一种伤害。

第十五章　嗜欲愈深天机愈浅

原文：

古之善为道者，微妙玄通，深不可识。夫唯不可识，故强为之容：豫兮若冬涉川；犹兮若畏四邻；俨兮其若客；涣兮若冰之将释；敦兮其若朴；旷兮其若谷；混兮其若浊。孰能浊以止，静之徐清？孰能安以久，动之徐生？保此道者不欲盈。夫唯不盈，故能蔽而新成。

白话：

古时善于行道的人，知微入妙，变化通达，深奥博雅，难以认识。正是因为不可认识，所以只能勉强给他一个描述：他小心翼翼，就像在冬天涉过冰川；他处处谨慎，就像畏惧四周的近邻；他恭敬律己，就像在别人家里作客；他行动洒脱，就像冰雪正在消释；他淳厚朴实，就像未经雕琢的玉璞；他豁达开阔，就像深广的山谷；他浑然厚沉，就像浑水一样混浊。谁能在浊乱中静止下来，静静地等待它慢慢澄清呢？谁又能在安宁中长久守持，沉静中生发出无限活力？深悟大道的人，总能保持谦逊而不盈满。正因为他不盈满，所以才能够在既有中不断汲取新的能量。

感悟：

嗜欲深者天机浅。因为浅薄，所以让人一眼看穿。

悟道之人，像大道一样惚惚恍恍，却又神妙灵应，变化通达，安时处顺，静动自如。

悟道之人，不仅仅是静止的，也是流动的，飘逸绝伦，潇洒出尘，随风荡扬，却不会执著于任何一处。

悟道之人，不会违背大道而自骄自满，所以总能不断获得新的生命能量。

悟道之人，即便身陷污浊之中，也懂得顺应自然，沉静以待，于是那浊水慢慢变得清澈；悟道之人，即便身处寂寞之中，也不会浮躁妄为，而是等着那生机慢慢发动，以至于生生不息。

佛曰："静若止水之心境，脱俗超凡矣。"一言以蔽之，即止水澄波。

敦厚朴实、谦虚恭顺、静定祥和而内心世界丰富的人格，才是完全的人格。

"温而励，威而不猛，恭而安"，这就是孔子的"微妙玄通"。

“以本为精，以物为粗，以有积为不足，澹然独与神明居。”这就是老子的“微妙玄通”。

事典

把命运转换成使命

在古希腊神话中，西齐弗因为在天庭犯了法，被天神惩罚，降到人世间来受苦。天神的惩罚是要西齐弗每天推一块石头上山。

每天，西齐弗都要费很大的力气把那块石头推到山顶，然后才能回家休息。可在他休息时，石头又会自动地滚下来，所以西齐弗就要不停地把那块石头往山上推。很显然，他面临的是永远的失败。天神惩罚西齐弗的办法，其实也就是要折磨他的心灵，使他在“永无止境的失败”的命运中受苦受难。

可是，西齐弗不肯认输。每次推石头上山时他就想：推石头上山是我的责任，只要我把石头推上山顶，我的责任就尽到了，至于石头是否会滚下来，那不是我的事。这样一来，当西齐弗努力地推石头上山时，心中一直保持着平静，他不断安慰着自己：“明天还有石头可推，明天还不会失业，明天还有希望！”

天神因为无法再惩罚西齐弗，就放他回了天庭。

置得失于度外，我们就能把命运转换成使命。

狄仁杰的为人之道

狄仁杰是武则天当政时的一位名宰相。他在任豫州刺史时，办事公平，执法严明，受到当地人民的称赞。于是，武则天把他调回京城，委以重任。

有一天，武则天对狄仁杰说：“听说你在豫州的时候名声很好，政绩突出，但也有人揭你的短，你想知道是谁吗？”

狄仁杰答道：“如果确是我的过错，我愿意改正；如果陛下已经弄清楚不是我的过错，这是我的幸运。至于是谁在背后说我的不是，我不想知道，这样大家可以相处得更好一些。”

武则天听了，觉得狄仁杰气量大，胸襟宽，很有政治家的气度，于是更加赏识他，敬重他，尊称他为“国老”。

后来，狄仁杰因病去世，武则天流着泪说；“上天过早地夺去了我的国老，使我朝堂里再没有像他那样的人才了！”

气量大，胸襟宽，我们才能够让纷纭复杂的人事纠葛“浊以止，静之徐清”。

园丁的故事

一个美国女子到巴黎游览。有一天她看到有个老头在一所别墅花园里浇水，那勤恳认真的姿态，使这位美国女子对他很有好感。她想，法国人真是头等的园丁，在美国百里也难挑一，现在既然邂逅，为什么不带一个回国去呢?

于是她就走到那位老头跟前，问他愿意不愿意赴美国去做她的园丁。她可以给他很高的工资，还可以负担他的旅费，同时又把美国瞎吹了一通，仿佛那儿遍地是黄金，外国人去了都可以发财。“夫人，”老头儿回答说：“真是不巧得很，我还有另外一个职务在身，一时离不开巴黎。”“你统统辞掉吧，我会给你补偿的。你除了园丁，还兼营什么副业？是养鸡吗?”“不是，”老头说，“我希望他们下次不要再选我，我就好来接受您的差事。”“选你做什么呀?”“选我做总统。”“你是?”“我是法国总统。”

高高在上、耀武扬威的人，永远成不了大器。正因为有“头等园丁”的德性，这个老头儿才成为了一个伟大国家的总统。

第十六章　人不知常妄作必凶

原文：

致虚极，守静笃。万物并作，吾以观其复。夫物芸芸，各归其根。归根曰静，是谓复命。复命曰常，知常曰明。不知常，妄作凶。知常容，容乃公，公乃王，王乃天，天乃道，道乃久，没身不殆。

白话：

达到虚无的极点，坚守宁静到实笃。万物一齐生长繁衍，我从中观察到它们的循环往复。万物虽然纷纭茂盛，但各自都要回归它的本根。回归本根就能真正地沉静，沉静之中新的生命重又诞生。生命循环往复是自然的常理，知道了常理就是明智。不懂常理和自然规律，强作妄为结果必凶。认识常理和自然规律才能包容一切，包容一切才能坦然大公；坦然大公才能达到天人合一，天人合一就合乎自然；合乎自然便是合乎大道，合乎大道才能长久，若能如此，终身不入险境。

感悟：

万物循环往复，生是修习，死为复命。

“致虚极”是指保持心体的极度虚明状态，“守静笃”是指保持心体的极度宁静状态，其目的都是为了“观道”。

达到虚无寂寥的极点，坚守清静无为的境界，那么我们也就与道同一了。

宇宙天地万事万物，都从那空里来，又回那空里去，从有到无，又从无到有，不停地轮转，不停地生灭。

归根就是所谓的“复命”，“复命”的状态，我们也可以称之为沉静无为；沉静无为之中，新的生命重又复出，这就是生命的规律。

人只有排除外界的干扰才能修性炼气，修性炼气才能追寻并持守生命的本根，从而明白我是谁，我从哪里来，又将到哪里去。

孔子在陈国说：“回去吧！回去吧！我的这些学生志向远大，文采斐然，皆可成才，但行为粗率狂放，还不能持守中道节制自己啊！”孔子这也是在提醒弟子们虚静“知常”，不可“妄作”。

曾子所言“知止而后能定，定而后能静，静而后能安，安而后能虑，虑而后能得”，亦同此理。

古人说“人定胜天”，这个“定”，不是一定的“定”，而是禅定的“定”，定功的“定”。“戒”而后能有“定”，“定”而后能生“慧”。

事典

伤害是把双刃剑

一只蜂房里的蜂后从海米德斯山飞上夏林比斯山，把刚从蜂房里取出来的蜜献给天神。天神对蜂后的勤劳态度感到高兴，就答应给它所要求的任何东西。

蜂后于是请求天神说：“请您给我一根刺，如果有人要取我的蜜，我便可以刺他。”天神因为爱众生，听后很不高兴，但由于已经答应满足蜂后的任何要求，不便拒绝，于是回答说：“你可以得到刺，但那刺会留在对方的伤口里，你将因为失去刺而死亡。”

伤害即是妄作！当你伤害别人时，正有一把心刺刺向你自己。

诱惑与悬崖

某大公司准备雇用一名严于律己的小车司机，经过层层筛选和考试之后，只剩下3名技术最优良的竞争者。主考官问他们：“悬崖边有块金子，你们开着车去拿，那么，你停车的地方将会距离悬崖多近呢？”

“两公尺。”第一位说。

“半公尺。”第二位很有把握地说。

“我会尽量远离悬崖，愈远愈好。”第三位说。

结果这家公司录取了第三位。

防止罪恶发生的最好方法，不是亡羊补牢或紧急刹车，而是防患于未然。

不要和诱惑较劲，远离悬崖，愈远愈好。

美女与博士

帕姆·福特20多岁，是个迷人的姑娘。她在给冰川学国际权威专家安德鲁博士当了一年多秘书后，向他倾诉了一个凄惨的故事：4年前的一天，哥哥与她在阿尔卑斯山沿着东麓攀登麦格德雷纳冰川的铁女人峰时，被可怕的雪崩卷走。她恳求博士帮助她找到哥哥的遗体。

经过精确计算和挖掘，许多天以后，在一个塌陷的冰丘上，这具冻僵而扭曲的遗体终于找到了。这时，闷雷似的轰鸣声不时从冰川上空传来。

“快看——他脖子上挂着的小背包，”帕姆的声音突然变得迫切而生硬，“我要那个包，包里面有非常重要的东西！”

博士把背包从尸体上拽下来递给她，帕姆一把夺下。博士万万没有想到，帕姆回敬自己的，竟是黑洞洞的枪口。“帕姆！这究竟是怎么回事？”“别动！你的旅行结束了。今天晚上，雪崩会埋住这个坑，你可以同他做伴了！”

帕姆正要开枪，突然间，巨大的冰流冲了过来，博士在挣扎中，听到了帕姆的尖叫。

当安德鲁醒来时，发现自己躺在旅馆的房间里，一位警官站在床边。

原来，4 年以前，正是这位帕姆·福特小姐同她的情人霍华德·汉密尔顿抢劫了英国影星格洛里亚·费伊价值 5 万英镑的珠宝，然后企图翻越阿尔卑斯山逃出国境，没想到霍华德竟身带赃物被雪崩埋住了。这一次，帕姆·福特在眼看珠宝即将到手的时候，又跟随霍华德而去。因为非分之想，不仅 5 万英镑的珠宝化为泡影，两条小命也为此而丢掉了。这正是“不知常，妄作凶”。

第十七章　天地为师诚信为本

原文：

太上，不知有之；其次，亲之誉之；其次，畏之；其次，侮之。信不足焉，有不信焉。犹兮其贵言，功成事遂，百姓皆谓"我自然"。

白话：

最好的统治者，百姓不会感到他的存在；其次的统治者，百姓亲近他赞誉他；再次的统治者，百姓敬畏他惧怕他；更次的统治者，百姓轻蔑他欺侮他。统治者诚信不足，百姓就不会信任他。最好的统治者悠闲自在，不会轻易发号施令，功业成就，事情圆满，他却愿意天下的百姓都如此说："我们本来就是这样的啊！"

感悟：

人人需要一颗感恩之心，但我们最应该感恩的，还是天地自然。

大道无言而长存，大道无为而长能，大道无为而无不为。

然而人类总是最大限度地追求着所谓的成功和自身价值，哪怕结果适得其反。

总想显示自身存在的人，成不了好的"器长"；欺侮百姓者，终将被百姓欺侮。

统治者不妄为的时候，就是百姓们幸福的时候。感觉不到统治者的特殊存在，百姓们就会亲近和赞誉他们。一旦百姓对统治者充满了畏惧和厌恶，那么双方就无法相容了。

《说文解字》中解析："诚，信也；信，诚也。"我们在日常生活中讲的"诚信"、"可信"、"讲信用"、"一诺千金"等等，正是这个意思。

妄语，也从来被佛家列为人类最主要的恶事之一，所以要求出家人必须要讲诚信。

孔子将取信于民置于粮食保障之前，因为他坚信，自古以来人总是要死的，如果统治者不能取信于民，百姓自然不会把诚信交给统治者，于是乎国将不国。

信德自古以来就是个人的立身之本、民族的发展之本、国家的安邦之本。良好的"信任结构"是一个社会正常运转的重要基础，失去了这个基础，任何社会都将走向瓦解崩溃。

失信失天下

周武王灭殷之后，马上谦虚恭敬地去拜访殷朝的遗老，请教他们殷所以灭亡的原因，几位长者约他次日某时某地见面再相告。第二天，周武王偕周公一同去，然而过时好久了，长者仍未出现。周公沉思良久，突然明白了，对武王赞叹说："这位长老真是个贤者啊！他过去的国君虽恶，却不忍心说他的恶；所以只用自己约而失信的行动来暗示我们，殷所以灭亡，就因为失信。"

可叹的是，西周的灭亡，直接原因也正是因为失信。

褒姒原是一名弃婴，公元前779年，周幽王征伐有褒国，褒人献出美女褒姒乞降。幽王十分宠爱，立为妃，宠冠周王宫。翌年，褒姒生子伯服(一作伯般)，幽王对她更加宠爱，竟废去王后申氏和太子宜臼，册立褒姒为王后，立伯服为太子。周太史伯阳叹气道："周王室已面临大祸，而且不可避免了！"

果然不出伯阳所料，那褒姒因为过不惯宫中生活，加之养父被太子宜臼所杀，心中幽怨，平时很少露出笑容，而一旦偶露笑容，则更加娇媚迷人。于是周幽王发出重赏通告：谁能诱发褒姒一笑，赏以千金。很快，虢国石父就献出了"烽火戏诸侯"的"奇计"。

周幽王同褒后并驾游骊山，燃起烽火，擂鼓报警。诸侯一队队兵马闻警来救，结果发现平安无事，只好退兵回去。褒姒看见一队队兵马像走马灯一样来来往往，不觉启唇而笑，于是幽王大喜。然而，正是如此荒唐的行为，使周王室从此失信于诸侯。

公元前771年，犬戎兵至，幽王再燃烽火，诸侯却不再出兵救援，幽王被杀，褒姒被掳(一说被杀)。西周于是灭亡。

让儿子自己捕鱼

村里有位捕鱼的老人，因为捕鱼技术特别好，人们都称他为"捕王"。但渔王也有伤心的事情——自己儿子捕鱼的技术十分平庸。

一次，"捕王"向一位客人抱怨自己的苦恼："从小开始，我就手把手地教他怎样撒网，怎样捉鱼。我把一个捕鱼人所有的本领全教给了他，可他的技术还不如一般渔民的儿子。"

客人听后，想了会儿，问："他每次出海都跟着你吗？"

“那当然，”渔王说，“为了不让他走弯路，我一直在他旁边教导，亲自指挥他捕鱼。”

客人点点头，说：“问题就在这里。你虽然教给他的是一流的捕鱼技术，却不让他自己去吸取经验和教训。这样教儿子，他哪里能够真正成长。”

与其“手把手”，还不如放手！

被罢免的丘吉尔

英国首相丘吉尔在第二次世界大战中建立了拯救英国的丰功伟绩，他以为因此就可以打败一切竞争对手。

1945 年的英国大选结果，却令丘吉尔难以置信：工党在下院得到 393 票，而丘吉尔的保守党仅得 213 票。消息传来，丘吉尔呆若木鸡，他的女儿也在身边哭个不停。

随着反法西斯战争不断走向胜利，深受人民爱戴的英国首相丘吉尔的骄傲和武断与日俱增，不再贴近民心，连他的妻子都说：“温斯顿经常戴着有色眼镜看世界，他一点也不了解普通百姓的生活。他从来没有坐过公共汽车，只坐过一次地铁。”

但丘吉尔毕竟是英雄的丘吉尔，虽然郁闷、愤怒，但说出的一句话十分耐人寻味：“英国人民成熟了。他们学会了选择，他们不需要一个英雄领导他们重建家园。”更为精彩的是——据说斯大林遇到他时幸灾乐祸地对他说：“你打赢了仗，人民却罢免了你。你看我，谁敢罢免我！”丘吉尔很不以为然地回应：“我打仗就是保卫人民有罢免我的权利！”

倘若“太上，不知有之”的境界难以达到，那么“其次，亲之誉之”的状态，却是一个领导者现实的修炼目标。

第十八章　大道既废人为而伪

原文:

大道废,有仁义;智慧出,有大伪;六亲不和,有孝慈;国家昏乱,有忠臣。

白话:

大道废弃了,才会提倡仁义;崇尚智巧聪明,诈伪便开始盛行;家庭六亲不和睦,才会出现孝慈的榜样;国家陷于昏乱,才会出现力挽狂澜的忠臣。

感悟:

“人”字加上“为”字,就成了“伪”字。

所有的事情,只要带进过多人为的因素,那就再难朴素本真,再难自然而然。所以,刻意人为的事情都难逃虚伪。

有仁有义,那是人的本来德性;一旦树立仁义的典范,假仁假义就必然出现。

遵循大道,淳朴的仁与义无处不在;家庭本来和睦,就不会强调什么孝慈;不以聪明巧智为荣,便不会伪诈四起;国家政治清明,就不需要什么救国救难的忠臣。

随着智慧与聪明的开发,人们更加自以为是地作为,离开大道却是越来越远。

在世间法、分别智的世界,人人顺从所谓逻辑或者理性,这是构成知识、使用语言、进行思维的必要条件。

然而,正因为有了所谓知识,人类才变得自恋自大,不愿承认自己也是这个世界的一部分,并且企图主宰这个世界。

偏离了大道,舍本而逐末,结果一定是越治越乱,越乱越治。

孔子,就是大道废弃、礼崩乐坏、天下混乱之时传道天下的“木铎”。所以朱熹感叹:“天不生仲尼,万古如长夜!”

事典

一分钱公益行动

黑暗而破败的房前,一个小女孩诉说着自己求学的艰难和家庭的困难；镜头一转，光明出现，广告结尾处，是一家矿泉水公司1分钱公益行动“饮水思源”的信息。它告诉观众：每购买1瓶矿泉水，就会有1分钱捐给水源地的孩子。

尽管有营销专家为此叫好，但网络上却屡有骂声。网友的质疑主要集中于两点：一是这家公司是在利用孩子们的贫困为自己谋取利益，“出售孩子的尊严”；二是谁能保证这1分钱能够准确捐赠到水源地孩子的手中？

矿泉水公司的媒介总监出来表态说，没有具体负责慈善项目之前，总觉得这是一件光荣的任务，做了之后才发现不是那么回事，一定会承受源源不断的质疑和骂名。他反问道：即使公益行动是为了给自己公司带来一些好名声，让消费者对品牌有好感，就能否定我们的公益行为吗？

我们处于一个慈善标准缺失的时代。这样的公益行动其实可以从两个方面来看：其一，企业将慈善行为与公司利益结合起来，不能说对社会没有益处；其二，这样的慈善行为，至少是不纯粹的，要让人一片叫好，肯定办不到。

不管怎么说，社会对于这家矿泉水公司1分钱公益行动的疑惑和讨论，反映出人们对本真本原的仁爱的渴望，因为没有变味的东西，才最为珍贵。

我们为何言不由衷

一位来自监狱的犯人在信中这样写道：小时候，有一天妈妈拿来几个苹果，红红的，大小各不同。小男孩一眼就盯住中间那一个又红又大的，十分喜欢，非常想要。这时，妈妈把苹果放在桌上，问他和弟弟：“你们想要哪个？”男孩刚要说喜欢最大最红的那一个，弟弟却抢先说出了自己想说的话。妈妈听了，瞪了他一眼责备道：“好孩子要学会把好东西让给别人，不能总想着自己。”

于是，男孩灵机一动，改口说：“妈妈，我想要那个最小的，把大的留给弟弟吧。”

妈妈听了，非常高兴，在小男孩的脸上亲了一下，并把那个又红又大的苹果奖励给他。小男孩得到了自己想要的东西，从此也学会了说谎。以后，他又学会了打架、偷、抢，为了得到想要得到的东西，他口是心非不择手段。长大以后，小男孩的坏习惯变本加厉，最后被送进了监狱。

并非有了榜样，人们就一定真的会变得向善；更不是人人会说符合

"道德"的言语,社会就会变得美好。如果人人言行不一,结果就是整个世界变得虚伪。

屠夫、母牛与子牛

清朝道光年间,列山集有一个屠夫,名叫张六子,一生杀牛无数。

46 岁那年,张六子从邻村便宜买来一头母牛和一头牛犊。当天,正要杀母牛时,却怎么也找不到那把磨好的屠刀。无奈之下,他坐下来发呆。

无意中,他看见母牛的眼里流着泪,像人的眼睛一样惶恐不安地看着对面坐着的小牛犊,脖子一伸一伸,极其难受。张六子觉得奇怪,并有了几分感动。他回头看了看牛犊,那牛犊在另一旁远远的墙角里一动不动地坐着,像个小孩似的,泪水汪汪,望着母牛。张六子心想,自己杀牛几十年来从未见过这种情景,今儿是怎么了?他去赶牛犊,牛犊不起;他用棍打,牛犊也不动。张六子抓住牛犊的前腿,提起牛犊朝旁边一甩——这当儿,他看见怎么也找不到的那把屠刀,竟在牛犊的屁股底下!张六子一下明白了,原来牛犊看见他磨刀要杀母牛,趁他不注意,把屠刀衔来藏在了自己的屁股之下!

这幕牛犊救母的情景大大地感动了张六子。他用颤抖的手给母牛解开绳索,那被摔在一旁的小牛犊也从地上爬起来,走到母牛面前,用脖子蹭着母牛。母牛用舌舔着小牛,低沉地叫了几声。小牛犊好像听懂了什么,就在母牛身边,前腿朝张六子跪了下来。

张六子整个人剧烈地抖动着,他生平第一次觉得有一种无声的大音在身体里轰鸣。这个男子汉不能自持地哭了起来……

从此,张六子不再杀牛,并信奉了佛教,终生茹素。他一直养着那头母牛和子牛,母牛死后,子牛到张六子 86 岁去世时,不吃不喝,比恩人多活了 7 天也死了。

孝慈仁爱,动物也知,自然而然,哪里需要人来标榜?一旦标榜,肯定变成怪味!

第十九章　少私寡欲孝慈素朴

原文：

绝圣弃智，民利百倍。绝仁弃义，民复孝慈。绝巧弃利，盗贼无有。此三者，以为文不足，故令有所属：见素抱朴，少私寡欲，绝学无忧。

白话：

断绝所谓圣明聪智，百姓可得利益百倍；抛弃所谓仁义的标举，百姓将自然而然孝顺慈爱；断绝一切机巧货利，大盗小贼消失无踪。但仅仅提出抛弃所谓圣智、仁义、巧利这三种伪饰还不够，要治根本，应该让百姓从思想深处有所归属。保持素朴纯净，削弱强盛的私心物欲，禁绝让人攀比妄为的所谓知识，人们的生活反会无忧无虑。

感悟：

圣智、仁义、巧利这三者，一旦被特别地标举，那就无法恢复人的自然本性，人类社会的弊病和混乱在所难免。

倘若人人都要显示圣明和智慧，那就免不了竞争使套尔虞我诈钩心斗角。斗来斗去，斗掉的是我们的神思，消耗的是我们的体力，浪费的是人类有限的资源；而我们失去的，却是真正的生活。

“朴”是心的本质，是人类最宝贵、最真实的本然状态。

所以佛家有言：“心净身清净”；“欲净其土，当净其心。随其心净，则国土净”；“心净大地净”。

孔子说“绘事后素”，也就是先有白底然后绘画，进一步说，礼也是后于仁的事，礼之用，仁为本，这正是“见素抱朴”。

“世上本无事，庸人自扰之。”越是看来聪明的人，烦恼与痛苦往往越是深重。

正是人的贪婪之心，破坏了这个世界本有的和谐！

断除了最容易造成人们分别与争夺的外在因素，百姓们才会真正关注自己的生活。心灵不被外在的因素所干扰，人们就会抱持那素朴的本性。狭隘之心没有了，贪婪欲望削弱了，懂得自然而然了，烦恼与痛苦也就消失无踪了。

土地里的财宝

一个富裕的农人，在生命弥留之际把孩子们都召到自己跟前说："你们千万不要卖掉家产和土地，那是祖辈留下来的。地里埋着财宝，我不知道确切的位置，你们只要勤奋挖掘，就一定能够成功。秋收后你们就去翻地，每个地方都别撂下！"

父亲说完便死了，孩子们根据遗嘱把地里翻了个遍，大大地折腾了一番。1 年过去了，财宝没有找到，然而地里的收成却比往年要好得多。他们终于悟出了父亲临死前暗示的道理，那就是劳动创造财富。

那些不是用自己血汗而是靠投机取巧拥有财富的人，无法获得真正的满足感；付出了劳动的汗水，才能品尝出果实的甜美。

种瓜得瓜种豆得豆

一个老木匠就要退休了，他告诉老板自己要和家人享受轻松自在的生活。

老板实在舍不得这么好的木匠离去，但只能理解。不过，老板希望木匠能在离开之前再盖一栋按照他自己的思路设计的房子。

木匠答应了，不过这一次他并没有很用心地工作，草草地就把屋子盖好了。他自己也知道这栋房子实在是太粗糙了。

老板检视房子后，没有作出什么评价，而是把大门的钥匙交给了这个木匠，说："感谢你跟随我这么多年，这间按你自己风格设计的房子，是我送给你的礼物。"

木匠一下子张大了嘴，但什么话也说不出来。

种瓜得瓜，种豆得豆。昨天的因，成为今天的果；明天的果，又缘于今天的因。

三位小姐的复试表现

有一个商场招聘收银员，经过筛选，有 3 位小姐参加复试。

复试由老板主持。当第一位小姐走进老板的办公室时，老板拿出 1 张 100 元的钞票，要这位小姐到楼下去给他买 1 包香烟。这位小姐觉得自己还没有被正式录用，就被老板无端指使，将来不知道会有多少麻烦事，于是干脆地拒绝了这一要求，气冲冲离开了老板的办公室。

第二位小姐走进办公室后，老板也拿出了1张100元的钞票，要她去买1包香烟。这位小姐很想给老板留下好印象，于是爽快地答应了。可是，当她到楼下买香烟时，却被告知那张100元的钞票是假的，没办法，她只好用自己的100元买了香烟，又把找来的零钱全部交给了老板，对假钞的事只字未提。

第三位小姐也同样被要求去买香烟。当她接过老板递过来的100元钞票时并没有转身就走，而是仔细地看了看，并且马上就发现这张钞票不大对劲儿，于是很客气地要求老板另外换1张，老板微笑着拿回了那张100元的钞票。当然，第三位小姐被录用了。

真诚、朴素、自然，这是人最美好最可贵的品质，保有这些品质，好运不求自来。

第二十章　追逐外求失本失根

原文：

唯之与阿，相去几何？善之与恶，相去何若？人之所畏，不可不畏。荒兮，其未央哉！众人熙熙，如享太牢，如春登台。我独泊兮其未兆，沌沌兮如婴儿之未孩，累累兮若无所归。众人皆有余，而我独若遗。我愚人之心也哉！俗人昭昭，我独昏昏；俗人察察，我独闷闷。澹兮其若海，飂兮若无止。众人皆有以，而我独顽似鄙。我独异于人，而贵食母。

白话：

唯诺与呵斥，相差有多远？善良与丑恶，相差有多远？人们所畏惧的，我也不能不畏惧。这风气自古如此，荒远广大呵若无尽头！众人兴高采烈，像是享受盛大的宴席，又像春日里登临高台。我独自淡泊宁静，无动于衷，混混沌沌啊，众人看我就像婴儿还不会笑咳。闲散疲惫呵，众人看我如浪子无处可归。人们都有财货，独我一人好像失落。我真是愚笨之心吗？世人都昭昭自炫，独我昏昧迷糊，世人都计较苛刻，独我不语憨厚。我沉默如大海，漂泊无止境。众人都在作为，独我鄙陋无为。我的的确确与众人相异，因为我只愿如守候母亲一般坚守大道。

感悟：

追寻大道的人，在世俗凡夫眼中似乎如愚如笨。

众人喜欢的我可以不喜欢，众人畏惧的我也畏惧，自然就不会招惹什么灾难与祸患了。

悟道之人心胸广大，无所不能包容，看上去闲闲散散，无所事事，就像那大道一样浩浩茫茫，惚惚恍恍。他没有美与丑的分别，也没有喜与厌的差异，独自甘于寂寞与淡泊。因为他无所作为，所以谁也不知道他是什么，谁也无法损伤他的心志。

多少人忙忙碌碌追求的所谓“事业”，其实只是一种折腾！

以苦为乐，以无常为常，以无我为我，以不净为净——这就是无明世人之“颠倒”。

对于智慧而言，唯一的价值，就是回归宇宙的本真、本体、本然。俗世的聪明法则，恰恰障碍了我们观空照有的生命智慧。

“荒兮其未央哉”，其意恰似《易经》中的最后一卦——未济。一切事物都是无穷无尽、相克相生,哪有了结之时。

人生如棋局,众生如棋子,输赢哪有什么终了之时!

被人讥讽为丧家之犬的孔子,正是“独异于人,而贵食母”。

事典

50年不露面的医生

一个人身患绝症,四处求医,却一直未能见效。一位智者告诉他:“你这种病有人能治,但你必须四方游吟,才能引他露面。”于是这个人开始流浪,四处吟唱,唱给富人、穷人、病人、孩子……

数十年过去,他从壮年变成老年,成了著名的游吟歌手,他的歌治愈了许多人的顽症,而他却浑然不知,一年一年唱过了百岁。

这天,一个路人问他为什么唱歌并且唱得如此动听?他说:“为了找一个神医治我的绝症!但唱了50多年,他还没有露面。我这病可咋办呀?”那人说:“巧了,我就是医生。”于是便为他做了全面检查,随后对他说:“你说你都是百岁老人了,身体还这么硬朗,哪有什么病啊!”

“难道那个智者骗我不成?”老翁兴奋地高喊:“我病好了,不用唱了,不用找那个医生了!”然而,第二天,他死了。

歌唱、给予、奉献、感动、希望,有了这些,就有了最好的医生,就有了美好的生命;一旦停止,不病也病,只有死亡之神对你眷顾。

一盏明灯照亮回家的路

一对新人结婚时家徒四壁,除了一处栖身之所外,连床都是借来的。然而女人却倾尽所有买了一盏漂亮的灯挂在屋子正中。男人问她为什么要花这么多钱去买一盏奢侈的灯,她笑笑说:“明亮的灯可以照出明亮的前程。”他不以为然,笑她轻信一些无稽之谈。

渐渐地,日子好过了。两人搬到了新居,她却不舍得扔掉那一盏灯,小心地用纸包好,收起来。

不久,男人辞职下海,有了钱,有了情人,开始以各种借口外出,后来干脆无须解释就夜不归宿了。贤惠的妻子劝他,以各种方式挽留他,全都无济于事。

这一天是男人的生日,妻子告诉他无论如何也要回家来过。他答应着,却想起漂亮情人的同样要求。犹豫之后,他决定去情人处过生日后再回家过一次。

情人的生日礼物是一条精致的领带。他随手放到一边，这东西他早已拥有太多。半夜时分他才想起妻子的叮嘱，连忙急匆匆赶回家中。

远远的，他看见寂静的楼房里有一处明亮如白昼，这正是自己的家。一种遥远而亲切的感觉在心中升起——妻子一直以来就是这样夜夜亮着灯等他归来。

推开门，太太正泪流满面地坐在丰盛的餐桌旁，没有丝毫倦意。见他归来，她不喜不怒，只说：“菜凉了，我再去热一下。”

当一切准备就绪之后，太太拿出一个纸盒送给他，是生日礼物。男人打开，是一盏精致的灯。女人流着泪说：“那时候家里穷，我买一盏好灯是为了照亮你回家的路；现在我送你一盏灯是想告诉你，我希望你仍然是我心目中的明灯，可以一直照亮到我生命结束。”

一个女人送一盏灯给自己的男人，并且从心底深处用一生的爱来点燃，包含着多少寄托与企盼！而他，愧对这一盏灯的亮度。

男人最终回到了女人的身边。

这个世界诱惑太多，而这些诱惑其实给不了我们什么慰藉，反而会迷乱心志。要获得真正的幸福，心中必须有一盏不灭的明灯。

你真的完蛋了吗？

一个人打电话找心理咨询师求助。他说：“一切都完了，完蛋了！我破产了，现在没有半文钱，我失去了一切！”

咨询师说：“你眼睛还看得见吗？”

他说：“看得见啊。”

咨询师问：“你还能走路吗？”

他说：“还能走啊。”

咨询师说：“你还能打电话，可见你一定还听得见。”

他回答：“没错，我听得见。”

咨询师说：“那么，我相信你所有的一切都还在，你唯一失去的不过是钱罢了。”

留得青山在，不怕没柴烧。如果失去的仅仅是身外之物，而根本尚在，那么一切都可以从头再来！

第二十一章　大德之容唯道是从

原文：

孔德之容，唯道是从。道之为物，唯恍唯惚。惚兮恍兮，其中有象。恍兮惚兮，其中有物。窈兮冥兮，其中有精。其精甚真，其中有信。自古及今，其名不去，以阅众甫。吾何以知众甫之然哉？以此。

白话：

至高德性的表现，是一切唯道是从。大道这个东西，就是恍恍惚惚惚惚恍恍。但在惚惚恍恍之中，却有形象；恍恍惚惚之中，却有实物。深远暗昧呵，其中却有精灵。这个精灵十分真切，并且从来都会被信验。从远古到今天，大道的作用从来没有失去，领悟大道，我们可以认识万物的初始。我之所以能够知道万物初始的情状，依据的就是这恍恍惚惚惚惚恍恍的大道。

感悟：

我们好像没有信仰，可总是在信仰着什么；我们不想被束缚，可总是有不得不遵守的规条。所以我们不得不探究何为“道”，何为“德”。

“德”的内容由“道”决定，“道”的属性表现为“德”。也就是说，道是德的根本，德是道的显现。无道即无德，有道即有德。合道者为德，不合道者就是无德。

大德唯大道是从。大道无言无为，大德仍然是无言无为。

大道在那惚惚恍恍之中，其实有一种形象，不过是大象而已；在那恍恍惚惚之中，其实有一种物质，不过是大物而已。

这个大的形象和大的物质，窈窈冥冥，幽幽深深，其间却有着充满神秘能量的精灵，这精灵可以被验证，那就是它的信期，就像那潮水一样，总是按着一定的时候准时来到，我们正是从这样的潮信里，感觉到了某种幕后力量的存在。

《因果经》说：“欲知过去因，见其现在果。欲知未来果，看其现在因。”人世间的一切，皆由因缘而生，人一生的遭遇，皆由因缘而起。因缘一词，包含了因和缘两个层面。内因为因，外因为缘；主因为因，次因为缘。两者的结合就是因缘，也就是条件和关系的具备。这“因”与“缘”，便是恍惚惚恍中的象、物、精、信。

难怪唯道是从的孔子感叹：“朝闻道，夕死可矣！”

用美德去占据

哲学家史蒂芬带着他的一群学生，10 年间游历了所有的国家，拜访了所有有学问的人。回来时，个个满腹经纶。

进城之前，史蒂芬在郊外的一片草地上坐了下来，对他的学生说："10 年游历，你们都已是饱学之士，现在学业就要结束了，我们上最后一课吧！"

弟子们围着史蒂芬坐了下来。史蒂芬问："现在我们坐在什么地方？"弟子们答："现在我们坐在旷野里。"史蒂芬又问："旷野里长着什么？"弟子们说："旷野里长满杂草。"

史蒂芬说："对，旷野里长满杂草。现在我想知道的是如何除掉这些杂草。"弟子们非常惊愕，谁都没有想到，一直在讨论人生奥妙的哲学家史蒂芬，最后一课提的竟是这么简单的一个问题。

一个弟子首先开口说："老师，只要有铲子就够了。"史蒂芬点点头。另一个弟子接着说："用火烧也是很好的一种方法。"史蒂芬微笑了一下。第三个弟子说："撒上石灰就会除掉多余的杂草。"第四个弟子说："斩草除根，只要把根挖出来就行了。"

等弟子们都讲完了，史蒂芬站了起来，说："课就上到这里了，你们回去后，按照各自的方法除去一片杂草，一年之后，再来相聚。"

一年之后，他们都来了。不过原来相聚的地方已不再是杂草丛生，它变成了一片长满谷子的庄稼地。

数年后，史蒂芬去世，弟子们在整理他的言论时，私自在书的最后补了一章："想要除掉旷野的杂草，方法只有一种，那就是在上面种上庄稼。同样，要想让灵魂没有纷扰，唯一的办法就是用美德去占据它。"

艾森豪威尔的善行善报

第二次世界大战正在激烈地进行，欧洲战场打得异常惨烈。

有一天，大雪纷飞，滴水成冰，盟军最高统帅艾森豪威尔将军乘车回总部参加军事会议。

忽然，将军看到一对法国老夫妇坐在马路旁边，冻得簌簌发抖。他立即命令身边的翻译官下车了解详情，一位参谋急忙阻止说："我们得按时赶到总部开会，这种事还是交给当地的警方处理吧！"

艾森豪威尔却坚持说："等警方赶到的时候，他们可能早已冻死啦！"

原来，这对老夫妇准备去巴黎投奔自己的儿子，因为车子抛锚，前不着村，后不着店，正不知如何是好。

于是艾森豪威尔立即把这对老夫妇请上车，特地绕道将他们送到家后，才风驰电掣地赶去参加军事会议。

后来得知：那一天，几个德国纳粹狙击手早已虎视眈眈地埋伏在艾森豪威尔原来必须经过的那条路上。如果不是因为行善而改变了行车路线，艾森豪威尔将军恐怕很难躲过那场劫难。

“福在积善，祸在积恶”。这句话虽不能理解成简单的因果报应，但从总体上看，却合乎大自然的神秘规律。

在“鬼地方”寻找“繁星”

一个叫塞尔玛的美国年轻女人随丈夫到沙漠腹地参加军事演习。塞尔玛一个人孤零零留守在一间集装箱一样的铁皮小屋里，炎热难耐。周围只有墨西哥人与印第安人，因为他们不懂英语，塞尔玛无法同他们进行交流。她寂寞无助，烦躁不安，于是写信给她的父母，想离开这个“鬼地方”。

父亲的回信只写了一行字：“两个人同时从牢房的铁窗口望出去，一个人看到了泥土，一个人看到了繁星。”塞尔玛开始没有读懂其中的含义，反复几遍后，才感到无比的惭愧，于是决定留下来，在沙漠中去寻找自己的“繁星”。

塞尔玛一改往日的消沉，积极面对人生。她与当地人广交朋友，学习他们的语言。她付出了热情，人们也回报了她热情。她非常喜爱当地的陶器与纺织品，于是人们便将舍不得卖给游客的陶器、纺织品作为礼物送给她。塞尔玛很受感动，她的求知欲望与日俱增，十分投入地研究了让人痴迷的仙人掌和许多沙漠植物的生长情况，还掌握了有关土拨鼠的生活习性。她观赏沙漠的日出日落，并饶有兴致地寻找海螺壳，每天都为自己的新发现而激动不已。最后，她拿起了笔，一本名为《快乐的城堡》的书两年后出版了。

沙漠没有变，当地的居民没有变，只是因为塞尔玛选择了“繁星”，摒弃了烦躁与痛苦，所以她最终获得了“繁星”。

第二十二章　欲速不达吃亏是福

原文：

曲则全，枉则直，洼则盈，敝则新，少则得，多则惑。是以圣人抱一为天下式。不自见故明，不自是故彰，不自伐故有功，不自矜故长。夫唯不争，故天下莫能与之争。古之所谓曲则全者，岂虚言哉？诚全而归之！

白话：

委曲反能成全，屈枉反能伸直，低洼反能充盈，敝旧反能更新，取少反能获得，求多反而迷惑。因此，圣人从来行于大道，以此作为治理天下的法式。不自我表现，反能显明；不自以为是，反能是非昭彰；不自我夸耀，反能见到事功；不自高自大，反能处人之上。正因为不与人争，所以天下没人能与他相争。古人所说的“委曲反能成全”的话，难道是空话吗？成全之功完全归于这些原则！

感悟：

当我们爬上山顶，接下来的事情就是下山；当我们经历壮年，接下来的一定是老之将至。

在一对矛盾中，矛盾着的两个方面，从来都在走向它自己的反面，这是千古不易的真理，这就是道。

智者深信，要达到全、直、盈、新、多，恰恰首先需要曲、枉、洼、敝、少。

大道无言无为，无心无意，所以任其矛盾发展变化以至于达成和谐。

佛法告诉我们：贪嗔痴慢疑是自性里没有的，戒定智慧是自性中本有的。本有的，当然可以恢复；没有的，当然可以断掉。

曾几何时，我们放肆地批判孔子的“温、良、恭、俭、让”，而这恰恰是“天下莫能与之争”的智慧品格。

圣人领悟到了矛盾相互转化的规律，所以他们根本就不进入什么矛盾的状态。

“君子之道，辟如行远必自迩，辟如登高必自卑。”

做人要懂得委曲求全，做人要懂得以退为进，做人要懂得谦恭低处，做人要懂得“日日新，又日新”。

王伽与他押解的犯人

公元600年，隋文帝时期，齐州有个叫王伽的参军，押送70多个罪犯去京城长安。

犯人们披枷带锁，跋山涉水，千辛万苦才走到荥阳。王伽下令休息，犯人们便三三两两歪倒在路边，叫苦之声四起，负责押解的差役们也疲惫不堪。王伽看着不忍，把众人召集起来说："你们触犯了国法，皮肉受苦也算罪有应得。只是带累了押送你们的人，无辜陪着你们受苦，你们不觉得惭愧吗？"

一席话说得人们无地自容。王伽遂命人解去犯人身上的枷锁，对大家说："好了，现在你们不必再受枷锁之苦了，差役们也不必陪你们遭罪。你们可以自行赴京，但一定要在规定的日期到达京都。否则，我只有替你们一死。"

以李参为首的犯人们被王伽的诚意感动了，七嘴八舌地说："王参军尽管放心。"

"王参军体谅、信任我们，我们绝不会失信。"

"谁敢带累王参军，就叫他不得好死！"

约定的日期到了，犯人们果然如期到达，没有一个人逃走。

隋文帝杨坚听说此事后，十分惊奇。他召见王伽，赞扬了他的做法；又召见了犯人和他们的妻子儿女，赐宴款待并赦免了他们。

杨坚接下来晓谕天下："官吏们要以王伽为榜样，用德行感化庶民。庶民应像李参那样，改恶从善。这样，天下就会太平，不用刑律的日子很快就会到来。"

一只山鸡也没捕到

乌力吉在小时候经常和几个小伙伴去树林中捕山鸡。这一次他们采用了新方法：把木箱子用木棍支起，下面撒上一些谷粒，然后在木棍上系上一根绳子，绳子一直连接到他们隐藏的草丛之中。这样，山鸡进去啄食谷粒的时候，只要一拉绳子，木箱就可以把它们罩住了。

小伙伴们隐藏起来，不动声色地观察。不久，一群山鸡飞来，他们数了数共有11只。不一会儿，就有8只山鸡走到了箱子下面。一个小朋友让乌力吉拉绳，可他犹豫地说："再等一会儿，等它们都走进去再拉。"

可是等了一会儿，非但那3只山鸡没有进去，反而又走出了4只。朋友劝他拉绳，乌力吉说再有一只走进去才拉。但是，接着又出来了3只。乌力吉盼着山鸡再次走进去，不幸的是，最后一只山鸡好像也感到不妙，走了出来。

那一次，乌力吉和他的小朋友们一只山鸡也没捕到。

捡5分不捡1角

美国第9届总统威廉·亨利·哈里逊出生在一个小镇上。小时候他是一个很文静又怕羞的男孩，并且家庭贫穷。镇上的人们都把他看做是傻瓜，总是以捉弄他来取乐。他们经常把一枚5分的硬币和一枚1角的硬币扔在他面前，让他任意捡一个，威廉总是捡那个5分的，于是大家都嘲笑他。

有一天，一位妇女看他很可怜，便对他说："威廉，难道你不知道1角要比5分值钱吗?"

"当然知道，"威廉慢条斯理地说，"不过，如果我捡了那个1角的，恐怕他们就再也没有兴趣扔钱给我了。"

有些人看似聪明，但总是不能成功；有些人看似愚钝，却总能拥有很多。委曲反能成全，取少反能获多——威廉·亨利·哈里逊深悟此道。

第二十三章　种瓜得瓜同道同德

原文：

希言自然。飘风不终朝，骤雨不终日。孰为此者？天地。天地尚不能久，而况于人乎！故从事于道者，同于道；德者，同于德；失者，同于失。同于道者，道亦乐得之；同于德者，德亦乐得之；同于失者，失亦乐失之。信不足焉，有不信焉。

白话：

少政令不扰民，合于自然。狂风通常刮不到一个早晨，暴雨总是下不了一个整天。谁能使它这样呢？是天和地。天地的狂暴尚且不能持久，何况人呢！所以，遵循大道行事，就与道合同；遵循大德行事，就与德合同；与道德相失的人，就把道德失去了。与道合同的人，道也乐于得到他；与德合同的人，德也乐于得到他；与道德相失的人，道德也乐于失去他。统治者的诚信不足，百姓自然不会相信他。

感悟：

语言使人类摆脱野蛮，走向文明；但胡乱使用语言，人类将更加野蛮。

人有人言，兽有兽语。在万物生灵之中，人类语言的丰富首屈一指，但却很难做到言为心声。

大话、假话、废话、官话、套话，磨损人的心志，败坏社会风气。

不善管理情绪，只知发泄情绪，不仅祸害他人，更是祸害自己。

无论什么事物，生起得越快，衰败得越快；生起得越慢，持续得越久。这就是疾生疾灭，迟生迟灭，无生无灭，有生有灭。

佛家同样告诉我们：果之随因，如影之随形。种瓜得瓜，种豆得豆，善业带来善果，恶业带来恶报。

高天和厚地，都必须合乎那宇宙的大道，更何况生于天地之中的人类呢？

不论愿意还是不愿意，人类都必须依照大道和大德来行事。合乎道德，道德与人同在，不求利益而利益自来；不合道德，道德离人而去，追求利益而利益走开。

孔子说："执政者以德化民，就会如北极星那样，自己居于中心，群星自然而然就在其周围拱卫环绕。"这就是"道亦乐得之"，"德亦乐得之"。

我们自己做不了自己的主，实际上是自己做不了自己念头的主。境由心造，心能转境；相随心转，心能转相。心无处不在，大道无处不在，佛也无处不在，所以说“心、佛、众生，三无差别”。

德无信不行，人无信不立。那大道中的信，就是体现在万物中的德性。

大道无言，沉默是金。顺道则昌，逆道则亡。

事典

相同的父亲不同的儿子

一个人嗜酒如命且毒瘾甚深，有好几次差点把命都送了，最后因为在酒吧斗殴杀人，被判处死刑。

此人有两个儿子，年龄相差1岁。其中一个跟父亲一样有很大的毒瘾，靠偷窃和勒索为生，也因犯了杀人罪而坐牢；而另外一个儿子就不一样了，他担任一家大企业的分公司经理，有美满的婚姻，有3个可爱的孩子，既不喝酒更未吸毒。

两个人同一个父亲，在完全相同的环境下长大，却有着完全不同的命运。在一次访问中，记者问起造成他们现状的原因，二人竟是同样的答案：“有这样的父亲，我还能有什么办法？”

环境对人的成长当然有很大影响，但影响我们人生的根本因素，当是我们对这个环境中的一切抱持什么样的态度。

写什么得到什么

心理学家做过这样一个实验——

他们用两组完全相同的人像，一组人像下写上“凶恶”、“残暴”、“阴险”、“狠毒”等贬义的词语，另一组的下面则写上“正直”、“勇敢”、“坚强”、“无私”等褒义的词语。

心理学家请两组测试者分别对两组人像进行职业估计。结果大家对前一组人像的职业估计大多是“罪犯”、“歹徒”等，对后一组的职业估计则多是军人、警察等。

在人生的道路上，用“话言”、“图像”在自己的心上写什么，我们就将得到什么。

向老鹰学习的乌鸦

老鹰叼着一只绵羊腾空而起，一只乌鸦见到后，立刻仿效。尽管乌鸦身单力薄，嘴却特别谗。它盘旋在羊群的上空，盯上了羊群中最肥美的那一只，贪婪地注视着，并且自言自语："你的身体如此的丰腴，我只好选择你做我的大餐了！"说罢，乌鸦呼啦啦带着风直扑咩咩叫着的肥羊。

结果，当然是乌鸦没把肥羊带到天空，它的爪子反而被绵羊卷曲的长毛紧紧地缠住了。倒霉的乌鸦脱身无术，牧人赶过来逮住它并把它投进笼子，成了孩子们的玩物。

违背本性和规律盲目效仿，必定遭到失败。这正是"同于失者，失亦乐失之"。

第二十四章　虚荣如赘跨者不行

原文：

企者不立，跨者不行，自见者不明，自是者不彰，自伐者无功，自矜者不长。其于道也，曰余食赘形，物或恶之，故有道者不处。

白话：

踮起脚跟难以稳固站立，迈开大步反而不能远行。喜好表现自我的人不是真聪明；自以为是的人难以昭彰；自我夸耀的人反不得功；自高自大的人难成领袖。从大道的角度来说，以上浮躁炫耀的行为都是残饭赘瘤，让众人厌恶，所以体道的人不会去做也不愿与之相处。

感悟：

目的在于站立，那么"企"就不合乎站立的要求；目的在于远行，那么"跨"就不合乎远行的要求。方式方法与目的不合，就是违背规律，当然也就不可能达到目的。

孔子所言"未能事人，焉能事鬼"以及"未知生，焉知死"，可以说也是在阐明"企者不立，跨者不行"的道理。

关于世人的虚荣，孔子叹息道："亡而为有，虚而为盈，约而为泰，难乎有恒矣！"意思是一个人如果没有装有、虚而装实、穷而装富，这样的人要始终如一向善，那实在是很难。

人要争夺第一，就难免要自现、自是、自伐、自矜，以表现自己的聪明、作为、功劳、特长，但从大道大德的角度来说，如同剩饭和赘瘤，令人厌恶不爽。

虚荣是构建在沼泽上的房子，闻喜则亲，闻过则怒，迟早会被沼泽所淹没。事实上，抬高自己的人，总是被人看低。

日本哲学家三木清的提醒十分中肯："虚荣几乎全部储蓄在自身中，因此，最好是对虚荣打开一条缝隙，以免受其任意驱使。也就是说，有必要每天排水。"

今天的人们更在拼命追逐身外之物，越来越多的人希望一夜暴富，直上云霄。人类的虚荣早已成为不断扩散的癌细胞。佛家则早已明明白白告诫我们：万般带不走，唯有业随身！

虚荣心总是让面对难题的头脑僵硬起来，所以说，虚荣会开花，但不会结果！

郝冀川(插图)

事典

为什么不敲到第十下

一对大学读书时的恋人后来因为一件小事闹翻了。毕业后,他们天各一方,各自走过了一条坎坷的人生旅途。他们的婚姻都不太美满,所以时时怀念年轻时的那段恋情。在皱纹爬上额头的几十年后,一个偶然的机会,他们又相聚了,闲聊中谈起了那一件事。

男人问女人:“那天晚上,我来敲你的门,你为什么不开?”

女人说:“我在门后等你。”

“等我?等我干什么?”

“等你敲第10下才开门——可你只敲了9下!”

男人和女人都为这件事后悔了。女人后悔自己过于执拗,她完全可以在男人敲第9下的时候把门打开，或者在他离去时把他叫回来，这样，她已经很有面子了，为什么非要坚持等那第10下不可呢？

男人也是如梦方醒：原来那扇门并没有关死呀！可我为什么不继续敲下去呢？只要多敲一下，一切就会完全不同了呀！

生命当中，有许多的错失都源于所谓的“自尊”和“面子”。

一步一步再一步

曾经有一位63岁的老人从纽约市开始步行，经过长途跋涉，克服重重困难，到达了佛罗里达州的迈阿密市。

在那儿有位记者采访了她。记者想知道，这路途中的艰难是否曾经吓倒过她，她是如何鼓起勇气徒步旅行的。

老人答道：“走一步路是不需要勇气的。我所做的就是这样——先走了一步，接着再走一步，然后再一步，最后，我就到了这里。”

把所有的错误扔出去

据说爱因斯坦被领进普林斯顿高级研究所他的办公室的那天，管理人员问他需要什么用具。爱因斯坦回答说：“我看，一张桌子或台子，一把椅子和一些纸张就行了。哦，对了，还要一个大废纸篓！”

“为什么要大的？”

“好让我把所有的错误都扔进去。”

每一个人都会犯错误，只是太多的人因为虚荣拒绝承认。事实上，丢弃错误，我们才会看到一条正确的路。有人这样比喻：成不了爱因斯坦的人，总是养了一大批孩子，并且千方百计地溺爱和包庇。这些孩子，个个都叫“错误”。

第二十五章　师法自然天地人和

原文：

有物混成，先天地生。寂兮寥兮，独立而不改，周行而不殆，可以为天地母。吾不知其名，字之曰道，强为之名曰大。大曰逝，逝曰远，远曰反。故道大、天大、地大、人亦大。域中有四大，而人居其一焉。人法地，地法天，天法道，道法自然。

白话：

有个东西混然而成，先于天地而存生。寂寞无声，寥远无形，独立长存，循环运行从不停殆，可以视为天地万物的生母。我不知道它的名字，勉强称它为“道”，再勉强形容它为“大”。它广大无边运行流逝，运行流逝而行远，行远又回返本源。所以说道大、天大、地大、人也大。宇宙之中有四大，而人居其中之一。人取法于地，地取法于天，天取法于道，道则取法于自然。

感悟：

“道”和“大”合在一起，就是大道。

大道绝对的独立，到处流行，遍满宇宙。

“大爆炸”之说认为，我们的宇宙还在膨大远逝，但到一定的时候，星体和宇宙又会回归，也就是既膨胀又回缩。这正是老子所言“大曰逝，逝曰远，远曰反”。

老子把人与道、天、地并列，因为人类本有智慧认识其他“三大”，并且能将自己融合于大道与天地。

大道本身就是宇宙运行的规律，宇宙本身又是自然而然，所以大道的运行也是自然而然。人类的最高智慧，就是道法自然。

宋代大儒张载豪言：“为天地立心，为生民立命，为往圣继绝学，为万世开太平”，体现的就是人类对自然大道的主动追寻。

我们崇尚科学，但是很多伟大的科学家却劝导我们要尊重宗教。爱因斯坦说：我信仰的上帝，是通过存在的物的有序的和谐而显现出来的上帝。爱因斯坦说的这个和谐，其实就是自然大道的德性。

在佛家看来，一切众生皆有佛性。心性迷失了，就不是佛了。人的能力本是无限的，就是因为自己被烦恼习气障碍住了，不法地，不法天，不法道,不法自然,所以才非常的有限。

佛在哪里?佛就是你。鬼神在哪里?鬼神也是你。你顺应自然,把妄想、分别、执著统统舍掉,你就是佛;你贪瞋痴慢疑,就是鬼神;你妄想、分别、执著统统都有,就是六道凡夫,而六道凡夫哪里"大"得起来!

懂得臣服于自然,人类才会最终成为自然之主。或者说,人类只有做好自然的奴隶,才能做好自然的主人。

事典

感谢天敌

一位动物学家对生活在非洲大草原奥兰治河两岸的羚羊进行过研究,他发现东岸羊群的繁殖能力比西岸的强,奔跑速度比西岸的羚羊每分钟快 13 米,而这些羚羊的食物和属类都是相同的。

于是他在东西岸各捉了 10 只羊,分别把它们送往对岸。结果运到东岸的 10 只一年后繁殖到 14 只,运到西岸的 10 只一年后只剩下 3 只。

原来,东岸的羚羊之所以强健,是因为在它们附近生活着一个狼群;西岸的羊之所以孱弱,正是因为少了这么一群天敌。

没有天敌的动物往往最先灭绝,有天敌的动物反而繁衍发展,这一规律存在于大自然,也存在于人类社会。

强大的对手会让一个人发挥出巨大的潜能,所以很多时候,我们不能不感谢自己的敌人。

景明大楼诞辰 80 个春秋之后

武汉市鄱阳街有一座建于 1917 年的 6 层楼房,该楼的设计者是英国的一家建筑设计事务所。20 世纪末,也即那座叫做"景明大楼"的楼宇在漫漫岁月中度过 80 个春秋后的某一天,它的设计单位远隔万里,给这一大楼的业主寄来了一份函件。函件告知:景明大楼为本事务所在 1917 年所设计,设计年限为 80 年,现已超期服役,敬请业主注意。

真是闻所未闻!80 年前盖的楼房,不要说设计者,连当年的施工者,也很难有人在世了吧?

然而,竟然至今还有人为它的安危操心!而且,操这份心的是一个异国建筑事务所。

是怎样的一种因素,使一个人、一群人、一个在时空中更新换代了数茬人的机构,虽历经 80 个春秋的变迁,仍然信守、坚守着一份责任,一个承诺？

其实，这就是道。既是建筑之道，更是人伦之道！

将玄武修仙的故事融进武当山水

600 年前的明永乐 10 年，有一位道人站在武当山。面对无限春光，他却心事重重，思绪万千。

这一年，接到诏书时，孙碧云已经 68 岁高龄了。永乐皇帝令他前往仙山，将武当规划为大明王朝的皇家道场。

如何规划这座大山才符合皇帝的心意呢？孙碧云思量良久，他想起了不久前永乐皇帝曾急召武当山道士简中阳进宫的事情。这次跨越千里的召见，只为了一个从宋朝开始流传的道经故事——关于武当山主神玄武的传说。

玄武神本是净乐国的太子，天资聪颖异于常人。他无意继承王位，15 岁时便辞别父母来到武当潜心修道。在乌鸦神的指引下，玄武在武当修行了 42 个春秋，终于得道，成为一代天帝。每当人间发生动乱的时候，玄武神总是变化下界，拯救黎民百姓于水火。

当孙碧云来到武当时，他已十分了解皇帝的心意。可是，该如何在一座大山身上体现出来呢？

在一遍又一遍地攀爬和思索中，一个原本抽象的构想在孙碧云的脑海中逐渐清晰。站在巍巍山顶，他决定将玄武修仙的故事融进武当的山水之中。

陡峭的太子坡背面临九渡，涧深水急，地势狭窄，很难像平原地带那样展开横向铺陈。在此修宫建观，似乎违背了皇家道场应有的“皇权中轴”形制。该如何取舍呢？孙碧云想到了修习多年的《道德经》。

整个《道德经》贯穿的最重要的一个思想，就是道法自然。孙碧云再次潜心诵读后，豁然开朗，于是顺应大自然的本来面貌，以天人合一的理念，圆满完成了皇家道场的规划。

正是当年这个道法自然的奇思妙想，给日后的武当留下了丰富的旅游资源。

第二十六章　轻则失根躁则失君

原文：

重为轻根，静为躁君。是以圣人终日行不离辎重。虽有荣观，燕处超然。奈何万乘之主，而以身轻天下？轻则失根，躁则失君。

白话：

厚重是轻浮的本根，清静是狂躁的主宰。所以圣人行动时，从来都不会离开衣食辎重保障。虽然有那豪华的宫观，但却淡定超然。万乘之国的君主，为什么要行事草率轻视天下呢？轻率必然失去本根，浮躁必然失去主宰。

感悟：

重与轻、静与躁的关系，实际上是主与次、本与末的关系。

厚重与沉静，本身就是狂躁轻浮的克星和主宰。

辽阔的天宇因厚重与沉静而永恒，苍茫的大地因厚重与沉静而永存，巍峨的高山因厚重与沉静而永立；天空的乌云因轻浮只能笼罩一阵，激烈的暴雨因狂躁只能威风一朝，人间的暴君因无道只能称雄一时。

兵马未动，粮草先行。行军打仗的将军们，时刻不会忘记后盾保障。

性急吃不了热豆腐，慌慌忙忙总会造成更大的问题。

孔子说“君子不重则不威”，他深知人不庄重不自持就没有威仪和力量。

修行，就是生命真正的精进。佛家告诫：要修行，就须有耐性，就须甘于淡泊，乐于寂寞。

得道之人，无论拥有多么优裕的生活，都不会轻浮躁动自以为是，他们的生活素朴安宁，自然而然，既在世俗之中，又超然于世俗之外。

地球的引力是向下的，所以重物与地面相接；我们如果总是想往天上飞，摔下来的时候一定很惨。

事典

大宦官的老奸巨猾

唐朝大宦官仇士良擅权揽政20余年，一贯欺上瞒下、排斥异己、横行不法、贪婪残暴，先后杀二王、一妃、四宰相。史书评价他是“有术自将，恩礼不变”，就是说他有长期把持朝政大权的秘诀。那么他的最大奸术又是什么呢？

在感到日暮途穷、有可能遭到武宗清算时，仇士良这个老奸巨猾的阉党首领自动请求告老还乡，希望以退自保。临行前，他对送行的喽啰们说：“要把皇帝控制在手里，就千万不可让他有空闲工夫。因为他一有空闲，势必就要读书，接见文臣，听取他们的谏劝，智深虑远，不追求吃喝玩乐。这样，我们就不能得到宠信，权势也会受到影响。为了你们今后的前程打算，不如向皇帝进言广置财货鹰马，使他极尽奢侈享乐，没有一点空闲时间。这样，皇帝就必然不留心学问，荒怠朝政，天下事全都听凭我们，宠信、权力还能跑到哪里去呢？”这一席话说得众宦官茅塞顿开，如获至宝，一个个俯首拜谢。

不过，这个仇士良仍然没有逃过武宗的制裁。第二年，他便被削去了官爵，并被抄家，不久便身患绝症撒手人寰。

仇士良从反面告诉我们：一旦被声色犬马困住，我们便无暇顾及其他了，并将慢慢沦为别人的傀儡，从而丢失了自己。

让自己安静下来

一个木匠在晚上工作的时候，不小心把手表掉落在一大堆木屑之中，怎么也找不到。他一面大声抱怨自己倒霉，一面拨动满室的木屑，想尽快找出他那只心爱的手表。

许多伙伴也提了灯与他一起寻找。可是找了半天，仍然一无所获。

等这些人去吃饭的时候，木匠的孩子悄悄地走进屋子里，不一会工夫，他居然把手表给找到了。

木匠又高兴又惊奇地问孩子：“你是怎么找到的？”

孩子回答说：“我只是静静地坐在地上，一会儿，听到‘滴答’、‘滴答’的声音，我就知道手表在哪里了。”

越是急躁，我们越是迷茫。只有在静谧和安详的氛围里，我们才能获得灵性的指引。

绕着房子土地跑三圈

有个富人一生气就跑回家去，然后绕着自己的房子和土地跑 3 圈。后来，他的房子越来越大，土地也越来越广，但一生气，他仍要绕着房子和土地跑 3 圈，哪怕累得气喘吁吁，汗流浃背。当他已经很老了，走路都要拄拐杖了，如果一生气，他还是坚持绕着房子和土地转3圈。

一次，富人拄着拐杖绕着房子和土地走到太阳下山了还在坚持，他的孙子担心他有闪失就跟着他，并请教说："爷爷您生气就绕着房子和土地跑和转，这里面有什么秘诀吗？"

富人对孙子说："年轻时，我一和别人生气，就绕着自己的房子和土地跑3圈，我边跑边想，自己的房子这么小，土地这么少，哪有时间和精力去跟人生气呢，一想到这里，我的气就消了，头脑也冷静了，于是就有更多的时间和精力来学习和工作了。"

孙子又问："您年老了，成了巨富，为什么还要这样转呢？"

富人笑着说："老了生气时我绕着房子和土地转3圈，边转我就边想——我房子这么大，土地这么多，又何必跟人斤斤计较呢？一想到这里，我就心平而气和了。"

第二十七章　善闭善结游刃有余

原文：

善行无辙迹，善言无瑕谪，善数不用筹策，善闭无关楗而不可开，善结无绳约而不可解。是以圣人常善救人，故无弃人；常善救物，故无弃物。是谓袭明。故善人者，不善人之师；不善人者，善人之资。不贵其师，不爱其资，虽智大迷，是谓要妙。

白话：

善于行动的人不留辙迹，善于言谈的人无懈可击，善于计算的人不用筹码，善于关闭的人不用关键锁钥别人却不能开，善于捆缚的人不用绳索约束别人却不可解。圣人总是善于救助人民，所以没有被遗弃的百姓；总是善于救助万物，所以没有被抛弃的废物。这些所为才是真正的智明。所以，善人是不善之人的老师；不善之人是善人可资借鉴的反面教材。不珍贵自己的老师，不珍惜自己的借鉴，看似聪明实为愚迷。这就是精微奥妙之所在。

感悟：

为人处世，言不宜多，行不妄为。

走路只是要到达目的地，所以在路上无须炫耀，如果招摇过市，就会成为众人的目标。

讲话只是要说明说清，所以无须卖弄华丽的辞藻，如果故意跟人抬杠，就会处处留下把柄，甚至祸从口出。

有的时候，正因为设了一把锁，我们才招致了窃贼的到来。

善行、善言、善数、善闭、善结，其实就是一切行动合于大道，人尽其才，物尽其用，顺其自然而游刃有余。

人上一百，形形色色，而“天生我才必有用”，万事万物自有存在的价值和道理。

佛陀通过自身的证悟进入“心”的层次，对心进行研究、透视，发现了人心的全部奥秘。但佛家懂得“妙用”，就是虽用但无分别无执著，随顺众生的分别而分别，随顺众生的执著而执著。

互乡那个地方民风不好，君子避之唯恐不及，但互乡的一个童子却受到了孔子的接见，弟子们迷惑不解。孔子说：“我是赞许他的进步，不是肯定他的邪气。何必做得太过分呢？人家改正错误要求向善进步，我们应当赞许和鼓励，不要死抓住他的过去不放，当然我也不能保证他从此以后真的就改邪归正了。”这就是孔子的“常善救人”。

有人得道，有人失道；得道多助，失道寡助。反面的教材，往往给人的启示更大。

事典

牛儿为何要听女佣的话

有一次，美国大思想家爱默生和独生子欲将自家的牛牵回牛棚，两人一前一后使尽所有力气，牛却怎么也不进去。

家中女佣见两个大男人满头大汗，徒劳无功，于是上前帮忙。只见她拿了几把青草让牛嚼食，然后一边走一边喂它，一会儿就将牛引进了牛棚。两个大男人在那里看得目瞪口呆。

先了解对方的需要，再向人家提出建议，将会事半功倍；如果生硬地向人家推销你的那一套，必然受到抵制。

只有咱俩反对

大文豪萧伯纳的新作《武器与人》首次公演，获得很大成功。广大观众在剧终时要求萧伯纳上台，接受大家的祝贺。

萧伯纳走上舞台，正向观众致意时，突然有一个人对他大声喊道：“萧伯纳，你的剧本糟透了，谁要看啊？收回去，停演吧！”

观众们大吃一惊，大家想，萧伯纳一定会气得浑身发抖，并用高声的抗议来回答那个人的挑衅。谁知萧伯纳不但没有生气，反而笑容满面地向台下的那个人深深鞠了一躬，彬彬有礼地说：“我的朋友，你说得很好，我完全同意你的意见！但遗憾的是，我们两个人反对这么多观众有什么用呢？就算我和你意见一致，可我俩能禁止这场演出吗？”萧伯纳这几句话，引起全场暴风雨般的掌声。

那个故意寻衅的家伙，在观众的掌声中灰溜溜地走了。

当众被人指责是件十分难堪的事情，而萧伯纳一反常人的回应思维，没有对故意寻衅者反唇相讥，而是以“无瑕谪”的“善言”使其顿失锋芒。

让案犯恢复人性

深夜，一个男子在地铁车站盯上了一个女人，他尾随着她在一个偏僻的小车站下了车。

夜深人静，他准备伺机实施强奸。他紧走几步，赶上了这个女人，不料这个女人突然转过身来，以十分诚恳而又信任的口气对他提出请求，说是天黑人少，一个单身女子赶路太不安全了，她很高兴能碰上他，并请求陪她一段路。

这个女人的举动使他一时不知所措，竟然机械性地点头答应了。一路上，这个女人把他当成熟人聊着天，丝毫没有把他当成歹徒加以防备的意思。原想作案的男子，不知不觉将她一直送到了家门口，始终没有采取任何非礼的行动。

很久之后，改邪归正的这名男子回忆说，那一次他本是铁了心要对这个女人施暴，但由于她出乎意料的举止行动，使自己正常的人性得以恢复，从而打消了罪恶的念头。

第二十八章　守雌守黑以退为进

原文：

知其雄，守其雌，为天下溪。为天下溪，常德不离，复归于婴儿。知其白，守其黑，为天下式。为天下式，常德不忒，复归于无极。知其荣，守其辱，为天下谷。为天下谷，常德乃足，复归于朴。朴散则为器，圣人用之，则为官长。故大制不割。

白话：

深知强雄威风，却能守雌温良，不求澎湃汹涌，甘为天下溪流。甘为天下溪流，大德不离，回归到婴儿的真性真情。深爱清清白白，却能安守昏黑暗昧，甘为天下范式。甘为天下范式，大德完整，回归到无极。深知荣耀显赫，却能保持卑辱低下，甘为天下之谷。甘为天下之谷，大德充足，回归到浑朴。浑朴化而为物器，圣人运用，就会成为领袖。所以，完善的政治制度，就像和谐的宇宙自然一样，浑然一体与道同一，不可以勉强去分割。

感悟：

深刻认识矛盾的两个方面，利用其相互转化的特点，就可以化不利为有利。

守雌、守黑、守辱，当有广阔的胸怀，上善的境界。

守雌、守黑、守辱，就能以退为进，保存实力，消除对手的戒备之心。

守雌、守黑、守辱，绝不等于怯懦地退缩和逃避，因为不仅守雌，而且知雄；不仅守黑，而且知白；不仅守辱，而且知荣。

未经雕琢的浑金璞玉，说不准价值更大。

雌伏者未必不是真雄性。居于暗处，往往看得更加真切。

“径行窄处，留一步与人行；滋味浓时，减三分让人尝。”这就是智者的处世之道。

没有人无缘无故想要伤害一个婴儿。婴儿那种至柔至顺的德性，正是大道在生命中淋漓尽致的体现。

如果我们不以强劲刚健为荣，保持着平静与柔顺，就会给人以婴儿般的感觉，结果就是受到广泛的欢迎和保护。

不过，一个利欲熏心的人，无论采用什么技术手段，也回复不到婴儿赤子的状态。

佛法最根本的原则，可以说就是教育。破迷开悟，就是让人“复归于婴儿”、“复归于无极”、“复归于朴”。

儒家主张的礼制、仁政,也正是“朴散为器”的运用。

事典

学者和愚者的区别

一个人问阿凡提:“学者和愚者的区别在什么地方?”

阿凡提回答:“学者好比结满果子的树枝,总是低低地俯着身子,眼睛瞅着地,心里很踏实;愚者好比不结果实的树枝,眼睛望着天,干干瘪瘪,腹中空虚,略微吹来一点风,就左右摇晃,来回摆动。”

内在的东西永远比表面的东西更为重要。正如培根所言:“若想口中的话语源源不断,舌根后就应该有智慧的清泉汩汩注入。”

黑点与白点

老师在黑板上挂了一张“画”——白纸中仅仅有一个黑色的圆点。

“你们看见了什么?”老师问。

全班学生一起回答:“一个黑点。”

老师说:“只说对了极少一部分,画中最大的部分是空白。只见小,不见大,就会束缚我们的思考力。许许多多的人不能突破思维的局限,原因正在这里。”

这个黑点恰似人的缺点。盯住自己的缺点不放,我们会成为一个自卑而怯懦的人;盯住别人的缺点不放,我们则会失去世界上所有的朋友。

爱与尊严

临街的阳台站着一位妙龄女郎。似水的明眸,如云的秀发,让路人禁不住都要抬头看上两眼。一位雅士途经此处,他被女郎的美貌摄去了魂魄,便与她搭讪,向她示爱。

“如果你爱我的话,请在阳台底下呆上 100 天时间,我就将下楼来会你。”妙龄女郎向雅士表示。

于是雅士日复一日准时来到阳台之下,然后纹丝不动地坐在那里。

只有一天就到期了。女郎轻挑窗帘,偷窥着那位雅士,心里十分感动。然而,她突然看见那个“忠诚的骑士”这时竟缓缓地直起身,夹起椅子,若无其事地走了。女郎顿时昏倒。

99 天!雅士欠缺的看来不是耐心,他恰如其分地表达了自己的爱,又恰如其分地保留了自己的尊严,变被动为主动。接下来,该是对女郎的考验了。

第二十九章　去甚去奢无执无失

原文：

将欲取天下而为之，吾见其不得已。天下神器，不可为也，不可执也。为者败之，执者失之。是以圣人无为故无败；无执故无失。故物或行或随，或歔或吹，或强或羸，或载或隳。是以圣人去甚、去奢、去泰。

白话：

想要夺取天下而人为去支配，我看是不能达到目的的。天下是大自然神圣的产物，岂能主观加以支配！支配者一定会败亡，执持者必定会丧失。因此，圣人不去妄为，所以不会败亡；不去执持，所以不会丧失。万事万物都有自己的个性特征和发展规律，有的前行有的后随，有的轻吐有的急吹，有的强壮有的羸弱，有的上升有的坠隳。因此，圣人总会去掉过分、奢侈、过泰的欲望。

感悟：

天下是神妙的器物，只能以无为的态度去对待，从根本上看，古往今来，人类只有改天换地的妄想，而不可能有改天换地的真正实现。

只要不执著什么，当然也就不会失去什么。那些只关注个人得失、企图将天下作为实现自己欲望的工具的人，从来没有一个好的结局。

人生是一个修炼的过程，修炼的个体，各个不同。

性格无所谓优劣，类别无所谓好坏，万物无所谓贵贱。

倘若所有的个体整齐划一，无论是大自然还是人类社会，都将是枯燥乏味，最后必将归于死寂；各展其长，和而不同，包容互补，相生相克，这个世界才会生机盎然。

一切过分的东西，因为违背了自然大道，因为破坏了世界的和谐，必定“天生天杀”。

孔子讲礼，但他强调：“就礼制仪式来说，与其奢侈，不如节俭；就祭丧之礼而言，与其仪式上隆重周道，不如内心真正的哀戚和追念。”也就是说，讲礼，也须“去甚、去奢、去泰”。

富有佛家智慧的人，更不会执著于一物，即便为入世之功业，也是一颗出世之心。

悠然下山也是一种征服

江苏登山爱好者吴文洪，2009年在成功登顶珠峰之后，回撤途中突发严重的高山疾病，体力衰竭，不能行走，经彻夜抢救未能恢复，不幸去世。

吴文洪身体状况并不是很好，但他有执著的信念、不屈的意志，所以在人们的心目中，他是一个英雄。然而，他在人生的壮年突然丢下父母，丢下妻儿，丢下企业员工，突然间撒手归天，不能不令人扼腕叹息。

由于青藏高原特殊的地理环境，普遍海拔在3000米以上，很容易导致人体缺氧，引发诸如急性高原反应、高原肺水肿、高原脑水肿等等病症，所以登山爱好者应予以高度重视，不顾一切的攀援，后果不堪设想。

相反，另有一位登山队员在攀登珠穆朗玛峰的活动中，到达6400米的高度时，因为体力不支，心安理得地停了下来。当他讲起这段经历时，朋友们都替他惋惜，问他为何不再坚持一下呢？

“不，我最清楚，6400米的海拔是我登山生涯的最高点，我一点都没有遗憾。”他说。

其实，哪怕登上珠穆朗玛峰，也别认为你就征服了大山，你还是那个你，山也还是那座山！认清自己，了解大山，懂得适可而止，才是智者的所为。

如果要说征服，那么悠然下山也是一种征服，一种对世俗的成功欲望的征服。

执著的蜜蜂

6只蜜蜂和同样数目的苍蝇被装进一个玻璃瓶中，瓶子平放，瓶底朝着窗户。

蜜蜂不停地想在瓶底找到出口，直到它们力竭倒毙或者饿死；而苍蝇则在不到两分钟的时间，穿过另一端瓶颈逃逸一空。

蜜蜂以为，囚室的出口必然在光线最明亮的地方，它们不停地重复着这种合乎逻辑的行动。对蜜蜂来说，玻璃是一种超自然的神秘之物，它们在自然界中从未遇到过突然不可穿透的大气层，这种奇怪的障碍让它们无法接受和不可理解。

事实上，正是由于蜜蜂对光亮的执著，才导致了它们可叹的死亡。

“非此即彼”是个怪圈

一家公司招聘职员，有一道试题是这样的：一个狂风暴雨的晚上，你开着一辆2人座的汽车经过一个车站，发现有3个人正苦苦地等待公交车的到来：第一个是看上去濒临死亡的老妇；第二个是曾经挽救过你生命的医生；第三个是你的急着回家的梦中情人。你的汽车只容得下一位乘客，请问你选择谁？

每个人的回答都有他的理由：选择老妇，是因为她可能很快就会死去，所以应该及时挽救她的生命；选择医生，是因为他曾经救过自己的命，现在正是报答的好机会；选择梦中情人，是因为如果错过这个机会，也许就永远找不回她（他）了。

在200个候选人中，最后获聘的一位答案是：“我把车钥匙交给医生，请他赶紧把老妇送往医院；而我则留下来，陪着我心爱的人一起等候公交车的到来。”

我们若能不执著于“非此即彼”的固有的思维模式，“从车上下来”，其实可以获得更多。

第三十章　胜而不美果而勿骄

原文：

以道佐人主者，不以兵强天下，其事好还。师之所处，荆棘生焉；大军之后，必有凶年。善有果而已，不敢以取强。果而勿矜，果而勿伐，果而勿骄，果而不得已，果而勿强。物壮则老，是谓不道，不道早已。

白话：

以大道来辅助人主的人，不靠兵力称强天下，他知道轻易用兵会得到报还。大军驻扎过的地方，荆棘总是遍地而生；大战之后，必定会有凶荒灾年。善用兵者只是要达到目的，不会以兵逞强。胜利了不要自矜，胜利了不要夸耀，胜利了不要骄傲，胜利其实只是出于不得已，所以胜利以后不要逞强，因为事物强盛到极点就会逐渐衰弱，一味追求强盛就是不合大道，不合大道的事物都会很快灭亡。

感悟：

物壮则老，盛极必衰。不想走向灭亡，就须懂得适可而止。

一切生命从诞生之日起，就在不断走向强壮，而一旦过了峰值，便开始走向反面。

恐龙不是曾经统治地球强大无比吗？但我们今天只能看到这种凶悍残暴的动物的化石。

杀敌三千，自伤八百，战争的结果，总是两败俱伤，从来没有永远的赢家。

与老子一样，孔子崇尚“胜残去杀”，致力于免除刑罚杀戮的治理，否定“以兵强天下”。

梁惠王曾问孟子：“天下怎么样才能安定？”孟子回答说：“统一就能安定。”梁惠王又问：“那么谁能统一天下呢？”孟子回答说：“不喜欢杀人的人，才可能统一天下！”

为什么仁者无敌？因为仁者没有对立，正如孔子所言：“己所不欲勿施于人”；“己欲立而立人，己欲达而达人”。

佛陀慈悲，并且是同体大悲，也就是与众生同心同体。

中国历史上“三武灭法”都没有看到佛门抗议，也没有所谓的游行示威。在佛家看来，这是法运，不抗议不游行就是对慈悲的佛法的护持。

“疾之甚，祸且作。”疾恶如仇一旦过头，结果就是“其事好还”。

以暴易暴，结果适得其反；双赢、共赢、多赢，这才是人间正道。

两只狼的战斗

诺贝尔生物学奖获得者劳伦兹曾详细地记录了两只美洲森林狼的一场战斗——

对打的两只狼，一只体格特别大，却上了年纪，另一只体格比较小，但比较年轻。它们对挤着兜圈子，较量“脚劲”。一会儿，它们露出牙齿开始互相撕咬了，但没有造成太大的伤害，只是在嘴唇处，留下了一两处轻伤。

年纪较小的狼渐渐被逼得向后倒退，那只老狼有意将它赶到栏杆边上。我们屏气凝神地等待最后一刻的来临。因为小狼现在已经碰到栏杆了，只见它脚步大乱，那只老狼已经骑到它身上了！

这时，一件让人难以置信的事情发生了——它们忽然静止下来，肩并着肩，头冲着同一个方向，带着生硬而紧张的神情站在一起……

请注意两个对手的位置：那只老狼的嘴离年轻小狼的脖颈是那么的近，而小狼的头是撇开的，它的整个身体里最容易受到伤害的颈弯部分几乎就在对手的口边……此时的情景，战败的一方好像是要故意让对方一口将自己咬死。

时间一秒一秒地过去，胜利者并没有将不幸的对手置于死地，看得出来，它很想这么做，却下不了口。最后，它们和解了。

一系列的观察证明：任何一只狼，只要它把颈子主动送到对打的狼跟前，一定不会被咬，得胜的一方虽然又吼又叫，对着空中乱咬，甚至做出将对方咬死的假动作，却不会真的下口。

这是狼群与生俱来的一种奇怪的自律行为，只有当战败者放弃了卑屈态度的时候，它们才会超出这种本能的约束。

劳伦兹一反学者的冷静，颇动感情地说：“我觉得一只狼能够不咬送到自己面前的颈子，实在是太难得了。更难得的是，另一只狼竟敢以自己的生命为赌注，相信对手不会不受约束而任意逞凶。”

狼族之间，遵守着一定的规则，它们会理智地避免相互残杀自我消耗的行为。狼是懂得自重和分享的动物，它们总是和谐地团结在一起，追求共同的利益。

自高自大的人类，在这个方面，能够比得上狼吗？

三个儿子的高尚事情

有一位非常富有的商人，在他年事已高时，决定让孩子继承家产。但在这之前，他要求3个儿子去游历天下做生意。

临行前，富商告诉孩子们："你们一年后要回到这里，告诉我你们在这1年内所做过的最高尚的事情。我的财产不想分割，集中起来才更有力量。但是，只有1年后能够完成最高尚事情的那个孩子，才能得到我的所有财产！"

1年后，孩子们回来了。

老大先说："我在游历期间，曾遇到一个陌生人，他十分信任我。将一口袋的金币交给我保管。后来他不幸过世，我将金币原封不动地交还给了他的家人。"

父亲说："你做得很好，但诚实是你应有的品德，算不上什么高尚的行为。"

老二接着说："我旅行到一个贫穷的村落，看见一个衣衫破烂的小乞丐不慎掉进河里，我立即奋不顾身跳下去把他救了起来。"

父亲说："你做得很好，但救人是你应尽的责任，还是算不上多么高尚。"

老三迟疑地说："我有一个仇人，他千方百计地陷害我，有好几次，我差点死在他的手中。有一个夜晚，我独自骑马走在旅途，突然发现我的仇人因为醉酒正睡在悬崖旁边的一棵树旁！我只要轻轻一脚，就能把他踢下悬崖，但我没有这么做，而是叫醒了他，让他继续赶路。这实在不算完成了什么大事……"

父亲正色道："孩子，能帮助自己的仇人，就是高尚而且神圣的行为，你办到了！所以，我所有的产业现在都交给你经营！"

是老鼠还是自己作的孽

有个人想方设法终于捉住了一只大老鼠。想起老鼠作的孽，他决心好好地惩治它。

"你想痛痛快快地去见上帝？没那么便宜！"这个人咬牙切齿地说，"对于人人喊打的坏蛋，无论如何处置，都不过分！"

于是，他找来煤油，倒在老鼠的身上，然后点燃，等到火舌舔舐老鼠皮肉的时候，才把它放开。老鼠吱吱乱叫着狂奔起来，一下子钻进屋旁草垛，引起了一场大火，整座房屋很快化为灰烬。

"我真蠢啊！"这个人蹲在一片焦土前痛哭流涕，"我本来是想惩治老鼠，可是反而毁了我自己！"

第三十一章　好争好战众叛亲离

原文：

夫兵者，不祥之器，非君子之器。不得已而用之，恬淡为上。胜而不美，而美之者，是乐杀人。夫乐杀人者，则不可得志于天下矣。夫兵者，不祥之器，物或恶之，故有道者不处。君子居则贵左，用兵则贵右。吉事尚左，凶事尚右。偏将军居左，上将军居右，言以丧礼处之。杀人之众，以悲哀泣之；战胜，以丧礼处之。

白话：

兵革是个不祥的东西，并不是君子所使用的东西。出于不得已才去用，恬静淡然才是上策。战胜了别人不要自以为美，自以为美的人，是以杀人为乐，而以杀人为乐的人，不会在天下得志成功。兵革是个不祥的东西，大家都厌恶它，所以体悟大道者总是不与相处。君子平时安居贵以左，用兵之时则贵以右。吉庆的事以左方为上，凶丧的事以右方为上。偏将军在左边，上将军在右边，说明应当用凶丧的仪式来对待战事。战争残杀人口众多，应当为之哀痛；打了胜仗，也要用丧礼的心态去处理后事。

感悟：

在所有的生物中，人类最为聪明和善良；在所有的生物中，人类又最为贪婪和残暴；在所有的生物中，人类也最具建设的能力和破坏的能力。

只有万物之灵的人类，才有能力积聚和爆发自我毁灭的能量。

古往今来的人民都渴望和平与稳定，但是战争从来就没有停止。

无论正义的战争还是非正义的战争，其实都是凶事。

回溯历史，使用战争得来天下的朝代，最后总是被战争所推翻，这就是“其事好还”。

兵事所带来的几乎全是杀戮、毁灭、奸淫掳掠、惨无人道等等不祥。所以即使不得已而用兵，那也应该以哀悲的心情去行事，取得了胜利不可自以为美。

人类中总有以杀人和残害生灵为乐的一类，但残暴者没有一个能得善终。

佛法讲性德，而性德是圆融的，圆融的性德里没有对立，没有对立就不会有破坏，更不会有杀戮。

孔子讲到《韶》乐时说:“形式美极了,内容也很好”;谈到《武》乐时说:“形式很美,但内容却差一些。”孔子为何如此评价?因为他反对兵革这个“不祥之器”。

事典

他们已经成为我们的儿子

不平凡的爱琴海域,几千年来上演过无数宏大的战争场面。然而自1922年起,土耳其共和国就没有过大的对外战争了。这在奥斯曼帝国的历史上,难以想象。

土耳其国父凯末尔领导人民打败入侵之敌,赢得了民族独立,并且把这个民族的尚武精神变成了和平的渴望。

在战争纪念馆旁边的公墓里,埋葬着为国捐躯的土耳其士兵,也埋葬着阵亡的外国士兵。一块纪念碑上,镌刻着凯末尔1934年撰写的铭文:

这些献出鲜血和生命的英雄们/在一个友好国家的土地上/和平地长眠/与梅赫默特切克们躺在一起/从遥远国度将自己儿子送到战场的母亲们/擦干你们的眼泪吧/你们的儿子如今躺在我们怀里/他们在安息/他们将和平地长眠/在这块土地上献出生命之后/他们已经成为我们的儿子

如果战争之后仍然只是战争,敌人永远只是敌人,人类将无法跳出互相残杀的恶性循环。

东汉刘宽的宽容

东汉刘宽性情柔和,以宽容著称,夫人则还想试试他的耐心。

一天早上,刘宽正赶着要上朝,夫人让丫环端着肉汤给他,却又故意装着失手把肉汤打翻,弄脏了他刚刚穿好的朝服。时间很紧,刘宽的表情却一点没变,不仅没有责怪丫环,还关心地问:“烫着手没有?”

在刘宽看来,即使把失手打翻肉汤的丫环骂一顿甚至打一顿,时间也不会夺回来,急又有什么用呢,还不如坦然地面对和接受,抓紧时间再换件朝服。

正由于其容人的雅量,不伤人,也不伤己,刘宽才由一个小小的内史升迁为东海太守,后来又升为太尉。

郝冀川(插图)

太平天国的屠戮

太平军攻破江南大营后,举杯相庆,歌颂东王杨秀清的功绩。天王洪秀全更是深居不出,军事指挥全权由杨秀清决断,惩罚升降参战人员的事都由杨秀清做主。

清军大营既已攻破，南京再没有清军包围。杨秀清自认为他的功勋无人能比，密谋自立为王，胁迫洪秀全拜访他，并命令在他下面高呼万岁。洪秀全无法忍受，因此召见韦昌辉秘密商量对策。

韦昌辉从江西兵败回来，杨秀清责备他没有功劳，不许入城；第二次请求以后才答应。韦昌辉先见了洪秀全，天王假装责备他，让他赶紧到东王府听命，但暗地里告诉他如何应付。韦昌辉谒见杨秀清时，佯作归服，宴饮中酒过三巡，韦昌辉出其不意，拔出配刀杀死了杨秀清，向众人号令："东王谋反，我暗从天王那里领命诛杀。"他出示诏书给众人看后，又剁碎杨秀清的尸身，命令紧闭城门，搜索东王的人全部予以除灭。

洪秀全的妻子赖氏出了一个主意：以韦昌辉杀人太残酷为名，施以杖刑，并安慰东王的人，召集他们来观看对韦昌辉用刑，借机全歼。洪秀全采用了她的办法，将东王的人差不多全部消灭，前后被杀者多达3万人。

翼王石达开回京指责韦昌辉杀人太多，韦"在洪密令或示意之下"又要杀石，石连夜缒城逃脱，但一家老小全被杀光。石达开兴师问罪，洪则下令诛杀了韦昌辉及其全部亲信。

1853年洪秀全进京时，便不分男女老少大开杀戒，许多人不堪凌辱举家自杀，整个南京城一片血腥；同时，他也对中华文化与中华文明大肆摧残，历代文物被毁，历代书籍被焚。

杀来杀去的结果是元气大伤，轰轰烈烈的太平天国很快降下了帷幕。

第三十二章　天地相合以降甘露

原文：

道常无，名朴，虽小天下莫能臣。侯王若能守之，万物将自宾。天地相合，以降甘露，民莫之令而自均。始制有名，名亦既有，夫亦将知止，知止可以不殆。譬道在天下，犹川谷之于江海。

白话：

大道无形无迹，其名也可称之为“朴”，真朴虽然微小到看不见，但天下谁也不能让它称臣。侯王人主若能坚守它，万物将自己归服。天地间阴阳相合就会普降甘霖之雨，百姓们无须命令自然就能和睦相处。但人为之事、人为而治终究出现了，于是就有了各种名相；名相既然已经设立，那也应该懂得遵道而为。懂得遵道而为适可而止，这样才不会陷于危殆。大道在天下运行，正如那河川百谷流归浩瀚的江海。

感悟：

人道合于天道，世界自然美好。天与地阴阳交合，普降甘露，泽润万物，这就叫做“天人合发，万化定基”。

天下百姓本不需要有谁下什么命令，也就自然和睦，无争无夺。人治之事发生以后，名相和概念越来越多，这就是所谓文明的进步。

《华严经》中说：“一即一切，一切即一。”这个“一”就是人的“心”，这个“一切”就是宇宙，就是世界。人在宇宙之中，宇宙亦在人心之中。宇宙涵盖了人类，人心也涵盖了宇宙。但是，人心只有去除了妄念，保持淳朴，才可能涵盖宇宙。

自然之道，大到无穷大，小到无穷小，也可用一个“朴”字来理解。“朴”虽然微小到看不见，但谁也不能去支配它或者让它臣服，反过来，它却主宰着万物。

只要人类能够守住这个纯真的“朴”，那么天下万物都会自然归顺，就如那万千河谷川流，尽管汹涌澎湃，但都将奔向大海。

所以孔子说：“用政令来管理，用刑法来约束，百姓只是不敢犯罪，但并不感到羞耻；用道德来引导，用礼制来约束，百姓不仅会有羞耻之心，而且会主动地学习和遵循。”

拒绝沉迷的楚庄王

春秋五霸之一的楚庄王，总能在理智与物欲的挣扎中战胜自己。

有一次，令尹子佩请楚庄王赴宴，他爽快地答应了。然而，子佩在京台将宴会准备就绪之后，就是不见楚庄王驾临。

第二天，子佩拜见楚庄王，询问不来赴宴的原因。楚庄王对他说："京台这个地方，向南可以看见料山，脚下正对着方皇之水，左面是长江，右边是淮河，到了那里，人会快活得忘记一切。像我这样德性浅薄的人，难以承受如此的快活。我怕自己会沉迷于此，流连忘返，耽误治理国家的大事，所以思考再三，改变初衷，决定不来赴宴了。"

正是深悟"知止可以不殆"，楚庄王才能够"三年不鸣，一鸣惊人；三年不飞，一飞冲天"。

土豆哲学

美国著名电视节目主持人舒勒博士曾经举过一个给人以启迪的例子：

爱荷华州的农民以种植土豆为主，他们每年都习惯于将收获的土豆按体积不同分为大中小三类，拣选后分类包装，以不同的价格出售。分类包装占用了他们大量的精力和时间。

可是有一个农民从来不这样做，却是当地收入最高的人。

有一天，一位邻居忍不住问他："为什么你从来不像我们那样对土豆分类？"他回答道："其实道理很简单，我只是把所有的土豆装上车，然后将车开到崎岖的路上。经过10公里山路的颠簸，小的土豆自然会到下面和四周去，而个头较大和体积中等的土豆则自然地留在了上层和中央。"

这就是顺其自然的所为，"莫之令而自均"，既简单，又有效。

泰山脚下"三笑石"

在泰山脚下有一块"三笑石"。传说从前有3位百岁老翁经常在这块石头前锻炼身体，谈古论今，他们个个神采奕奕，满面春风。

有一天他们各自介绍了自己的养生秘诀——

甲说："饭前一盅酒。"

乙说："饭后百步走。"

丙说:“老婆长得丑。”

3 位老翁哈哈大笑,“三笑石”从此得名。

他们总结的养生之道,其实就是被孔子誉为“至德”的中庸法则。

“饭前一盅酒”讲的是适量饮酒可以延年益寿;“饭后百步走”说明适量的运动可以长寿;“老婆长得丑”其语诙谐,意思是说,性生活随着年龄的增加而递减才是正常,否则必将精气耗尽。

第三十三章　知人者智自胜者强

原文：

知人者智，自知者明。胜人者有力，自胜者强。知足者富。强行者有志。不失其所者久。死而不亡者寿。

白话：

认识别人的人聪明；认识自己的人高明；战胜别人的人有力量；战胜自我的人真正强大；知道满足的人常富；坚持力行的人有志；不迷失根本的人长久；身体死亡而精神和灵魂不死的人不朽。

感悟：

孔子告诫弟子："不怕别人不了解自己，只怕自己不了解别人。"同时又说："不要担心别人不知道自己，只需担心自己有没有本事。"可见知人与自知，在圣贤那里同等重要。

在竞争中击败对手，当然是一件艰难的事情，但更艰难的事情却是自己战胜自己。能够战胜自己超越自己的人，才是真正强大的人。

若将"性格即命运"换成佛家的语言，就是"心即命运"，也就是你的命运就是你的心。

习惯于从自我的角度思考问题，只想着战胜别人而不思考战胜自己，结果就是欲壑愈填愈难填。

现代社会那种单向度的价值标准，只能让更多的人永远感觉自己贫穷——相对贫穷，其实就是心灵的贫穷！

当我们背向太阳的时候，只会看到自己的阴影，连别人看我们的脸，也只会感觉漆黑一片。

一个人身体的寿命是有限的，但精神和灵魂却可以长存。精神和灵魂不朽，也就是"死而不亡"了。

事典

窗上的灰渍与衣服的斑点

有个太太多年来不断指责对面住家的女主人懒惰。她认为那个女人的衣服永远洗不干净，因为晾在院子里的衣服总是有斑点。

一天，有个朋友来到她家，一边听她的指责，一边细心地观察。随后，她拿了一块抹布，把这个太太家里窗户上的灰渍抹掉，说：“看，晾在院子里的衣服，这不就干净了吗？”

原来，是这位太太自己家里的窗户脏了，而且脏了很久。

当你背向太阳的时候，你只会看到自己的阴影，连别人看你的脸，也只会感觉阴黑一片。

如果只是习惯以愤世嫉俗的指责来替代自我反省，对自己的成长来说，将是一种最大的耽误。

茶味为何迥异

一个屡屡失意的年轻人来到普济寺，慕名寻到高僧释圆，沮丧地对他说：“人生总不如意，活着也是苟且，有什么意思呢？”

释圆大师静静地听完年轻人的叹息和絮叨，末了吩咐小和尚说：“施主远道而来，烧一壶温水送过来。”不一会儿，小和尚送来了一壶温水，释圆抓了些茶叶放进杯子，然后用温水沏了，放在茶几上，微笑着请年轻人喝茶。杯子冒出微微的水汽，茶叶静静地浮着。年轻人不解地询问：“宝刹怎么喝温茶？”释圆笑而不语。年轻人喝一口细品，不由摇摇头：“一点茶香都没有啊！”释圆说：“这可是闽地名茶铁观音啊！”年轻人又端起杯子品尝，然后肯定地说：“真的没有一丝茶香。”

释圆又吩咐小和尚：“再去烧一壶沸水送过来。”过了一会儿，小和尚便提着一壶冒着浓浓热气的沸水进来。释圆起身，又取过一个杯子，放茶叶，倒沸水，再置于茶几上。年轻人俯首看去，茶叶在杯子里上下沉浮，丝丝清香不绝如缕，望而生津。年轻人欲去端杯，释圆作势挡开，又提起水壶注入一线沸水。茶叶翻腾得更厉害了，一缕更醇厚、更醉人的茶香袅袅升腾，在禅房弥漫开来。释圆这样注了 5 次水，杯子终于满了，那绿绿的一杯茶水，端在手上清香扑鼻，入口沁人心脾。

释圆笑着问：“施主可知道，同是铁观音，为什么茶味迥异吗？”年轻人思忖着说：“一杯用温水，一杯用沸水，冲沏的水不同。”释圆点头：“用水不同，则茶叶的沉浮就不一样。温水沏茶，茶叶轻浮水上，怎会散发清香？沸水沏茶，反复几次，茶叶沉沉浮浮，释放出四季的风韵：既有春的幽静和夏的炽热，又有秋的丰盈和冬的清冽。世间芸芸众生，也和沏茶是同一个道理。正如沏茶的水温不够，就不可能沏出散发诱人香味的茶水一样，自己的德性和能力不足，成功的希望当然渺茫。要想摆脱失意，最有效的方法就是苦练内功，切不可心生浮躁。”

人生如茶，水温够了，时间够了，茶香自然就会飘散出来。

敢不敢先给一壶水

一个人在沙漠里迷失了方向，饥渴难忍。感觉死亡之神即将来临之时，他看到了一间废弃的小屋。

来到屋前，他发现了一个汲水器，于是用力抽水，却是滴水不出。

他气恼至极，忽又发现旁边有一个沉甸甸的水壶，壶口被木塞塞住，壶上有一个纸条，上面写着：“你要先把这壶水灌到汲水器中，然后才能打水。但是，在你走之前一定要把水壶装满。”

这个人面临着艰难的选择：该不该按照纸条上所说的，把这壶水倒进汲水器里？如果倒进去之后汲水器不出水，岂不白白浪费了这救命之水？相反，如果把这壶水喝下去，就会立即保住自己的生命。

激烈的思想斗争之后，他决心按照纸条上说的做。果然，汲水器中涌出了泉水。

他痛痛快快地喝了个够！休息了一会儿，他把水壶装满水，塞上壶塞，在纸条上加了几句话：“请相信我，纸条上的话是真的。你只有首先给予，才能尝到最为甘美的泉水！”

给予是一种美德，一种境界。尽管不是每次给予都有回报，但只有给予之后才会有回报。

第三十四章　不自为大终成其大

原文：

大道泛兮，其可左右！万物恃之以生而不辞，功成而不有。衣养万物而不为主，可名于小；万物归焉而不为主，可名于大。是以圣人终不为大，故能成其大。

白话：

大道泛行，无所不至。天地万物靠它得以生长，但它却不会推辞也没有什么言语，事功成就却不加占有。养育了万物而不做主宰，可以说它渺小，所以可名为“小”；天地万物都归附于它却不做主宰，可以说伟大，所以可名为“大”。圣人同样如此，由于不自以为大，所以才能成就自己真正的伟大。

感悟：

大道是万物的主宰，但它却从来不想去做什么主宰，也不想主动地去改变什么。一切的一切，都顺其自然，也就是“道法自然”。

称道为大，或者称道为小，只是人类的一厢情愿，对于大道本身来说，根本没有大小这个概念。正因为它无所谓什么大与小，无所谓什么功与过，无所谓什么名与利，它才能够真正的无为而无不为。

人们都知道，平平淡淡才是真，但有多少人往心里去了呢？

倘若人类社会的领袖们像大道那样，“生而不辞，功成而不有”，他们将会多么伟大，世界将会多么太平！

鲁国大夫孟之反不喜欢夸耀自己。打仗败退的时候，他留在最后掩护全军。快进城门的时候，他却扬鞭打马说：“不是我敢于殿后，是马跑不到前面去啊！”孔子对他赞扬不已。

佛陀之所以伟大，因为他不仅要破我执、破法执，连空也要破。破到后来，法没有了，佛也没有了，也无言可说了。在任何一种世间法里，唯有佛教，连自己、自身也能够予以否定和破除。

事典

从高空逃生

1944 年 11 月 4 日晚，轰炸机“哈利法克斯”飞临德国鲁尔工业区布切姆。目力所及的空中，到处弥漫着德军高射炮弹爆炸后产生的烟云。

为了防止意外，指挥官赫曼通知机组全体人员背好伞包，所有人都照办了，但他却因为专注飞行犯了一个致命的错误——自己忘了背上伞包。

一枚枚重磅炸弹呼啸着向目标砸去……

突然，巨大的机身猛烈地一震——一发炮弹在"哈利法克斯"的屁股上狠狠地咬了一口，紧接着又有两发炮弹热烈地亲吻了飞机的双翼。机翼内的油箱立刻被引燃，大火迅速从翼根蔓延至翼尖。"赶快离机！"赫曼大喊着。机组成员一个接一个从熊熊燃烧的飞机上跳了出去，但机械师哈利和射击员维瓦还待在里面。赫曼从送话器内听到维瓦微弱的声音："帮帮我，我的腿断了。"

又过了一会儿，这架轰炸机已完全失去了控制，赫曼彻底绝望了。他努力来到后机舱帮助受伤的维瓦。此时，维瓦躺在地板上正在痛苦挣扎，就在赫曼的手快要够着他时，这架摇摇欲坠的轰炸机一下子翻了过去，并开始进入螺旋状态。赫曼使出吃奶的力气顶住舱壁，以免到处乱滚。可是，变成一团火球的飞机终于凌空爆炸了，赫曼只觉得自己随着一大堆金属碎片向地面直坠而去！

没有背伞包的赫曼，从5500米的高空像石头一样摔向地面。随着时间的推移，赫曼下降的速度越来越快。"上帝！上帝！"赫曼无助地大喊着，他知道，再过差不多半分钟，他就要与大地激烈拥抱了。

突然，赫曼感到他与一个不明物体猛烈地撞击在一起，在随后的几秒钟，求生意识使他立刻紧紧地抱住了这个物体，那实在是一种真实的感觉！这时，赫曼头顶上传来说话声："你需要帮助吗？"

原来赫曼抱住的是维瓦的腿！"我就吊在你的下面！"赫曼兴奋地叫着，"我以为我抱住的是上帝的腿！"惊魂未定的两人都感到这件事太不可思议了。"当心我的腿！我想我的腿已经断了！"

如果维瓦拉伞的时间提早或者延后1秒钟，赫曼将与他的救命稻草——维瓦的大腿擦肩而过。

黑乎乎的大地如同一只巨兽向他们扑面而来，这对难兄难弟幸运地"降落"而不是"坠落"在一片茂密的森林……

赫曼虽然感到胸部一阵剧痛，但是他明白自己还活着！虽然4天后，他们在荷兰边境被德军抓获，但二战结束后，他们俩都平安返回了家乡。

天道无亲，但是公平公正。如果赫曼危机时刻只顾自己逃命，早已摔成肉泥。冥冥之中自有一种神秘的力量，让助人者化危为机。

把自己的杯子放低一些

一个满怀失望的年轻人千里迢迢来到寺院，对住持释圆说："我一心一意要学丹青，但至今没有找到一个能令我心满意足的老师。”

释圆笑笑说：“你走南闯北十几年，真没能找到一个自己的老师吗？”

年轻人深深叹了口气说：“许多人都是徒有虚名，我见过他们的画，有的画技甚至还不如我呢！”

释圆听了，淡淡一笑说：“老僧虽然不懂丹青，但也颇爱收集一些名家精品。既然施主的画技不比那些名家逊色，就烦请施主为老僧留下一幅墨宝吧。”说着，便吩咐一个小和尚拿了笔墨砚和一沓宣纸。

释圆接着说：“老僧的最大嗜好就是品茗饮茶，尤其喜爱那些造型流畅的古朴茶具。施主可否为我画一个茶杯和一个茶壶？”

年轻人听了，说：“这还不容易！”于是调了一砚浓墨，铺开宣纸，寥寥数笔，就画出一个倾斜的水壶和一个造型典雅的茶杯。那水壶的壶嘴正徐徐吐出一脉茶水，对着茶杯注入。年轻人问释圆：“这幅画您满意吗？”

释圆微微一笑，摇了摇头，说：“你画得的确不错，只是把茶壶和茶杯放错位置了。应该是茶杯在上，茶壶在下呀！”

年轻人听了，笑道：“大师为何如此糊涂，哪有茶壶往茶杯里注水而茶杯在茶壶之上的啊？”

释圆听了，又微微一笑说：“原来你懂得这个道理啊！你渴望自己的杯子里注入那些丹青高手的香茗，但你总把自己的杯子放得比那些茶壶还要高，香茗怎么能注入到你的杯子里呢？把自己放低，才能吸纳别人的智慧和经验啊！”

于是，年轻人终于开悟。

如果你总是盯着大钱

一个英国人和一个犹太人结伴而行，一同去找工作。

一天，他们同时看到有一枚硬币躺在地上，英国青年看也不看就走了过去，犹太青年却激动地将它捡了起来。

两个人同时走进一家公司。公司很小，工作很累，工资也低，英国青年不屑一顾地走了，而犹太青年却认为有发展前途，高兴地留了下来。

两年后，两人在街上相遇，犹太青年已成了老板，而英国青年还在寻找工作。

其实，这位英国青年并非不要钱，只是他的眼睛盯着的是大钱而不是小钱，并且希望马上兑现。

第三十五章　得道多助人心归服

原文：

执大象，天下往。往而不害，安平太。乐与饵，过客止；道之出口，淡乎其无味。视之不足见，听之不足闻，用之不可既。

白话：

掌握并执守大道，天下人心归顺。归顺而不相侵害，一片和平安泰。音乐加上美食，能让路人止步；而大道之说出自于口，却平淡无味。大道这个东西，看它看不见，听它听不到，其作用却是无穷无尽。

感悟：

以美乐美食以及名利为诱饵感召天下人，难保人们的忠诚，因为投奔者图的是现实的物欲，一旦人多利少，纷争就开始了。

以道之大象感召天下人，那就会天下归心。大道就是一个顺其自然，看不见，摸不着，听不到，所以你无法去执著，无法去争夺，无法去占有，然而道的能量用之不竭，天下之人受益无穷。

所以孔子说："执政者只要重礼仪，百姓就不敢不敬畏；执政者只要重道义，百姓就不敢不服从；执政者只要重诚信，百姓就不敢不用真心。若能如此，天下的百姓就会背着自己的小孩来投奔。"

佛家则明明白白告诉人们：言语不可靠，文字亦无关，要想得道，须得信（信仰）、解（解悟）、行（实践）、证（亲证）。信解行证是一个完整的系统，解行相应，信行并重，求解求证，行证并举，它们相兼相融，互为一体。这其实是一种亲证文明。

真正的幸福生活，就像那花落花开，一切的一切，都是那么自然而然。

事典

不丹：还政于民

不丹是不为大多数中国人知道或熟悉的"蕞尔小国"。她的国王旺楚克最早提出了"国民幸福总值"的概念，认为政府施政应该关注幸福，并应以实现幸福为目标，人生基本的问题是如何在物质生活和精神生活之间保持平衡。在这种执政理念的指导下，不丹创造性地提出了由政府善治、经济增长、文化发展和环境保护四项内容组成的国民幸福总值指

标。实践的结果是：在土地总面积47000平方公里、人口170万、人均GDP仅为700多美元的不丹，人民生活得安宁幸福。

不丹王国正在由君主制过渡到议会民主制。与一般君主制国家转型不同的是，大刀阔斧的改革推动者不是别人，正是不丹国王本人。为了实行民主，不丹四世国王辛格和他的儿子凯萨尔走遍了不丹的每一个村庄，向自己的臣民说明民主制对于不丹未来发展的必要性，讲解“管理国家，众人比一人合理”的重要性。

在不丹，历代国王对人民非常慈悲，国王在人民心中的地位也是崇高无比。这正是：“执大象，天下往。往而不害，安平泰。”

两辆中巴的女主人

有一条汽车线路，是从小港口开往火车站的。不知是因为线路短，还是沿途人少的缘故，客运公司仅安排两辆中巴来回对开。开101的是一对夫妇，开102的也是一对夫妇。

坐车的大多是一些船民，由于他们长期在水上生活，因此一进城往往是一家老小。101号的女主人很少让船民给孩子买票，即使是一对夫妇带几个孩子，她也是熟视无睹似的，只要求船民买两张成人票。有的船民过意不去，执意要给大一点的孩子买票，她就笑着对船民的孩子说：“下次给带个小河蚌来，好吗？这次让你免费坐车。”

102号的女主人恰恰相反，只要有带孩子的，大一点的要全票，小一点的也得买半票。她总是说，这车是承包的，每月要向客运公司交多少多少钱，哪个月不交足，马上就干不下去。几个人买几张票，船民们也能理解，因此，每次也都相安无事。

不过，3个月后，102号停开了，因为搭这部车的人越来越少，女主人真的干不下去了！

主要是培养人的公司

在日本松下电器公司的一次会议上，老板松下幸之助问一位中层雇员：“你在与客户打交道时，如果客户问你松下电器公司的主要产品是什么，你怎么回答？”

在座的所有人都觉得奇怪，松下电器公司的主要产品当然是各种电器。这位下属也不解其意地说：“是各种电器。”他认为这样的回答大概无可非议。

没想到这位属下遭到了松下幸之助的严厉训斥："这种回答从根本上就错了！"

老板的话使大家莫明其妙：不是生产电器又是生产什么呢？

松下幸之助是这样说的："如果有人问我们松下电器公司主要生产什么，你们必须回答：'松下公司主要是培养人的公司，兼做电器。'"

松下幸之助的话，使在场的职员受到很大的震动。的确，松下电器公司是从来都把培养人、培养人才看做头等大事，所以无论对于员工还是客户，都有着超常的感召力。

第三十六章　贪图小利必入陷阱

原文：

将欲歙之，必固张之；将欲弱之，必固强之；将欲废之，必固兴之；将欲夺之，必固与之。是谓微明。柔弱胜刚强，鱼不可脱于渊，国之利器不可以示人。

白话：

要想收敛它，必先使其扩张；要想削弱它，必先使其增强；要想废弃它，必先使其兴举；要想夺取它，必先给予利益。这其实是并不深奥的智慧。柔弱能够胜过刚强，鱼儿离开深渊就会死去，国家的威慑武力，不可以炫耀张扬于天下！

感悟：

有收敛就一定会有开张，有开张也就一定会有收敛。恒星不停地扩张自己，燃烧自己，最终便会彻底地熄灭和收敛。

孟子有言："天将降大任于斯人也，必先苦其心志，劳其筋骨，饿其体肤，空乏其身。"这莫不就是自然大道的反向思维！

太极拳的原理，便是反向思维。"柔弱"政治的大妙，就是无为而无不为。

以有道对待无道，无道者必败。所以真正的明白人，总是不怕吃亏。

牙齿总是先亡于舌头，因为舌头柔软而牙齿刚强。孔子担心子路不得善终，因为他的这个弟子总是一副刚强的样子。

贪婪的人易入陷阱，多行不义必自毙。

读不懂老子的人，将其智慧视为"阴谋"。殊不知，因为自己疯狂，天才要你灭亡；殊不知，历史上许许多多的大德高僧，也往往以老子的这些所谓"阴谋"醍醐灌顶，度人成功。

事典

郑武公取胡国

郑武公欲攻打胡国。他先把自己的女儿送给胡王，在讨得胡王欢心之后，便召集部下说："我想要扩张领土，应该先攻打哪个国家呢？"

这时有一个叫关其思的大臣建议："胡国是最佳目标。"

郑武公闻言大怒："胡国是兄弟之邦，怎么能够去攻打呢？"于是下令把关其思推出斩首。

胡国国王听说了这个消息后，非常宽心，对郑国逐渐放松了警惕。结果，不久之后郑军乘虚而入，轻易地灭掉了它。

攻打大意松懈的胡国无疑是郑武公实现扩张计划的最佳选择，也正是他心中的目标。但是，关其思显示聪明，轻言"国之利器"，以至于惹火焚身，丢了性命。

陈平的巧智

陈平，汉初阳武人，一生足智多谋，善于摆脱各种困境，常能立于不败之地。陈平与张良共同辅佐刘邦，为其出谋划策，虽然在刘邦最后评论之所以取得天下之时，仅提到张良、萧何和韩信三人，未对陈平有何评论，但陈平的确是历史水面之下的一位深谋周纳的国相。刘邦在夺取天下以后，飞鸟尽，良弓藏，杀功臣，朝廷上下人人自危；接下来，吕后当政，宫廷矛盾尖锐异常，而陈平安然立于潮头浪尖，躲过了险滩暗礁，既安定了汉室，又保持荣耀的名望终生，被称为贤相。其立身处世之高明，令世人佩服不已。

太史公司马迁评价说，汉丞相陈平年轻时，酷爱钻研黄老之学，当他在砧板上分割祭肉之时，便感慨："嗟乎，使平得宰天下，亦如是肉矣！"陈平彷徨于楚魏之间，最终归附高帝，胸中多妙计，数次解救纷繁的危难，消除国家的祸患。

然而，陈平曾经说过："我经常使用诡秘的计谋，这是道家所禁忌的。我的后代如果被废黜，也就止住了，终归不能再兴起，因为我暗中积下了很多祸因。"果然，此后陈平的曾孙陈掌靠着卫家亲戚的关系，希望能够接续陈家原来的封号，但终究未能实现。

陈平之言可为明证：道家绝不崇尚阴谋。

沙子捧在手里才不会流失

在大海边的沙滩上，一个即将出嫁的女孩向她的母亲提了一个问题："妈妈，婚后我该怎样把握爱情呢？"

母亲听了女儿的问话，温情地笑了笑，然后慢慢地蹲下身子，从地上捧起一捧沙子送到女儿面前。

女孩发现那捧沙子在母亲的手里，圆圆的，没有一点流失，没有一点散落。

“来，接着。”母亲说。

女儿伸出手接住沙子，母亲说：“把它抓紧。”

女儿用力将双手握紧，沙子立刻从她的指缝间泄落下来，当她再把手张开时，原来那捧沙早已被捏得扁扁的，毫无美感可言。

女孩顿然明白了母亲的良苦用心。

爱情无需刻意去把握，越是希望抓牢，越是容易失去。

第三十七章　人心不定天下不安

原文：

道常无为，而无不为。侯王若能守之，万物将自化。化而欲作，吾将镇之以无名之朴。镇以无名之朴，夫亦将无欲；无欲以静，天下将自定。

白话：

大道从无刻意的作为，但却无所不为。人君侯王若能持守大道，天地万物就会自由化育。看见天地万物自由化育，如果有人企图按照自己的主观意愿逆道作为，就应以道之真朴——以身作则来威镇。言传不如身教，威镇以无名之真朴，肇事者将会消释妄为的欲望。没有妄为的欲望，心灵归于安静，天下也将自然安定。

感悟：

必要的道德规范，其实是人类对物欲贪心的自我约束。

威镇的最大力量，是那无所名状的真朴。执政者只要以身作则，绝不妄为，百姓就会看在眼里，悟在心中，自觉减损贪婪的念头。

不用人类教化，大鱼吃小鱼，小鱼吃虾米，虾米吃淤泥，看似残酷，却组成了一个周而复始的生物链，蕴涵着内在的和谐之道。

如果说人类之间、人类与万物之间的竞争不可避免，那也当是有序的竞争，不破坏周而复始的生物链的竞争，不以毁灭万物进而毁灭自身为后果的竞争！

孔子一生奔走，也就是希望统治者明白一个道理："无欲以静，天下将自定。"

所有伟大的宗教都离不开"戒、定、慧"，所有伟大的宗教都在帮助众生返璞归真。

心不乱，人不乱，天下不乱。

事典

当情敌遭遇音乐

著名的音乐家托马斯·杰斐逊其貌不扬，当年他在向自己现在的妻子玛莎求婚时，还有两位情敌也在追求玛莎。

一个星期天，杰斐逊的两个情敌在玛莎的家门口碰上了。于是，他们准备联合起来羞辱杰斐逊。

正在密谋时，门里传来优美的小提琴声，还有一个甜美的声音在伴唱。

如水的乐曲和歌声在房屋周遭流淌，两个情敌此时竟然没有勇气去推玛莎家的门。最后，他们心照不宣地走了，再也没有回来过。

你也能保密吗？

罗斯福当海军助理部长时，有一天一位好友来访。谈话间朋友问及海军在加勒比海某岛建立基地的事。

“我只要你告诉我，”他的朋友说，“我所听到的有关基地的传闻是否确有其事。”

这位朋友要打听的事情在当时是不便公开的，但既是好朋友相求，那么如何拒绝是好呢？

只见罗斯福望了望四周，然后压低嗓子向朋友问道：“你能对不便外传的事情保密吗？”

“能。”好友急切地回答。

“那么，”罗斯福微笑着说，“我也能。”

对那些有害而无益的好奇欲望，我们的确需要“镇之以无名之朴”。

失落中的觉察

一位歌星回东北老家，读中学时的好朋友们邀请她晚上 8 点到某酒店一起聚会。

歌星这次回来，带了近百张经过自己认真签名的新专辑。因为她知道，这些昔日的同学如果向她索要新专辑，那是不该拒绝的。

歌星出了家门，打车去酒店。司机是一个 30 多岁的中年男人，问清了目的地后，那人就一言不发了，这让歌星不免有些失落，因为即使是在北京，出租车司机也应该认识她的这张脸。

到了酒店，车费是 22 元。歌星没有零钞，就拿出一张 100 元的，可恰巧司机手里也没有足够的零钞了。歌星今天心情很好，就表示不用找了，因为她知道司机不容易，何况这里还是她的家乡。

然而司机坚决不同意，非要找个超市把钱破开。

歌星一看时间不早了，就准备拿出两张她签名的新专辑抵车费，于是问司机认不认识自己，司机的回答令她意想不到：“认识，你是干唱歌的吧。”说完，他一指歌碟，“不好意思，我不喜欢听歌，平时我净听二人转了。要不，车费就算了吧。”

这个时候，正好有一位同学来到酒店，便替歌星付了车费。

“你是干唱歌的吧”，“我不喜欢听歌”，这些话让歌星心灵震颤。

见到昔日的同学，歌星首先做了两件事：一是为自己迟到了3分钟向大家郑重道歉；二是找到聚会的组织者，把自己的210元份子钱交了。

后来这位歌星的口碑一直不错，没有绯闻，照章纳税，积极参加各种公益演出。

“记住有人不喜欢你，这时常让我感到自己的渺小，渺小得经常让人担心来阵风就会把自己吹丢了！”——歌星常常这样提醒自己和自己的朋友。

第三十八章　行于大道拥有大德

原文：

上德不德，是以有德；下德不失德，是以无德。上德无为而无以为，下德为之而有以为，上仁为之而无以为，上义为之而有以为，上礼为之而莫之应，则攘臂而扔之。故失道而后德，失德而后仁，失仁而后义，失义而后礼。夫礼者，忠信之薄，而乱之首；前识者道之华，而愚之始也。是以大丈夫处其厚不居其薄；处其实不居其华。故去彼取此。

白话：

上乘品德者不追求形式上的“德”，因此才是真正有“德”；下乘品德者追求形式上的“德”，实际上没有“德”。上乘品德者无所作为是无心作为，下乘品德者有所作为是有心作为，真正的仁者有所作为是无意作为，再高的义行有所作为也是有意作为，行上礼者是完全的有所作为，而且如果无人响应，就会举臂强制别人服从。所以丧失了“道”，人们才去讲“德”，丧失了“德”，人们才去讲“仁”，丧失了“仁”，人们才去讲“义”，丧失了“义”，人们才去讲“礼”。因此我说那种故作姿态的“礼”啊，实在是表现了忠实诚信的衰弱，堪称祸乱起始的肇头。为形式而形式，不过是虚伪的道德，也是愚蠢昏昧的开始。因此，大丈夫立身处世，选择淳厚而鄙弃轻薄；存心于朴实而非处身浮华。有道之人，皆会舍弃后者而采取前者。

感悟：

《道经》所论述的是天道自然，《德经》要解决的是人生行为。自本章开始，便是《德经》的范畴。

具有最大德性的人，根本就没有德与不德的概念，他只是遵道而行，行为自然合乎道德。

做什么事情都要刻意显示出道德，结果反而失去了真正的道德。

一旦执著了名相，我们就会增长自己的狂妄傲心，大道和大德的体验也就不可能了。

真正的上德，就是那自然淳厚而不虚华的表现。

“德不孤，必有邻。”孔子坚信有道德的人从来不会孤立，一定能引发他人的共鸣。

人类社会既已礼崩乐坏，也就不能不加以治理了。儒家治理的途径，就是由大礼而进入大义，由大义而进入大仁，由大仁而进入大德，由大德而进入大道。

学佛其实就是在学做人。佛，不是上帝，不是超自然的神，更不是人的命运的主宰。只要离执去妄，人人皆可成佛。佛陀把众生都看成未来佛或者当下佛，所以说佛陀最具“上德”。

行于大道，我们就拥有了大德。

事典

“不要脸”的乌鸦与狐狸

有一只狐狸偷偷摸摸来到山脚下的村子里，看见村民正把一块块的腌肉拿出来晾晒，而且没有留人看守，就悄悄地偷了一块藏到离房子不远的一棵大树底下，然后又返回去再偷一块。

停在树枝上的一只乌鸦，亲眼看到狐狸所做的一切，就飞了下来，把那块肉叼到树上去吃。

狐狸回来时找不着刚才放在树底下的那块肉，正在疑惑，乌鸦在树上嚼肉落下些碎渣来。

狐狸抬头看见站在树枝上享受的乌鸦，十分恼火，破口大骂：

“不要脸的乌鸦，自己生来没本事去逮动物吃，却跑来偷别人的肉。你如果有能耐去找食，何必当小偷呢？你是个十足的下流坯子，居然还不知羞耻地活着，你去死吧！”

乌鸦听了，反唇相讥：“如果是这样的话，你就应该先去死！”

“为什么？”狐狸勃然大怒，高声问道。

乌鸦哈哈大笑起来，回答说：“因为是你先偷了别人的肉。”

事实的确如此，我们对别人的错误总是看得清楚明白，对自己的错误却是不觉不晓。

人类社会中许多所谓“义”的行为，其实根本上就是不义。

表演大师的鞋带

有一位表演大师上场前，他的弟子告诉他鞋带松了。大师点头致谢，蹲下来仔细系好。

等到弟子转身后，表演大师却又蹲下来将鞋带解松。

有个旁观者看到了这一切，不解地问：“大师，您为什么又要将鞋带解松呢？”

大师回答道：“因为我饰演的是一位劳累的旅者，长途跋涉让他的鞋带松开，可以通过这个细节表现他的劳累憔悴。”

“那你为什么不直接告诉你的弟子呢？”

“他能细心地发现我的鞋带松了，并且热心地告诉我，那就一定要保护他的这种积极性；至于为什么要将鞋带解开，可以下一次再说啊！”

处处考虑别人的感受，在自然而然中鼓励弟子、教育弟子——这就是大师的品德。

被鹿戏弄的仆人

主人的一头牛走失了，他吩咐仆人出去找。等了半天也不见仆人回来，主人只得亲自出去看个究竟。

在野地里，主人看到他的笨头笨脑的仆人正在那里来回瞎跑，脚都有点瘸了，就问他：“你到底在干什么？”仆人回答：“刚才我发现了两头鹿。我知道鹿茸非常值钱，所以不必先去找什么牛了。”

主人说：“那么你捉到鹿了吗？”

仆人说：“我去追朝东跑的那头鹿，谁知它跑得比我快。不过请您放心，我记得朝西的那头鹿脚有点瘸，所以转过来再追它，相信我会捉到的。”

主人十分生气地说：“叫你找牛你却去捉鹿，到底是鹿的脚瘸了还是你的脚瘸了？我看你只有被鹿戏弄的份儿！”

居其薄不处其厚、居其华不处其实的人们，其实都在被那一只只让人心慌意乱的“鹿”所戏弄。

第三十九章　至高荣誉无所荣誉

原文：

昔之得一者：天得一以清；地得一以宁；神得一以灵；谷得一以盈；万物得一以生；侯王得一以为天下正。其致之也，天无以清将恐裂；地无以宁将恐废；神无以灵将恐歇；谷无以盈将恐竭；万物无以生将恐灭；侯王无以正将恐蹶。故贵以贱为本，高以下为基。是以侯王自谓孤寡不毂，此非以贱为本邪？非乎？至誉无誉，是故不欲琭琭如玉，珞珞如石。

白话：

自古以来，凡是与道同一的万事万物，大凡为以下几种情形：天得道则明朗清静；地得道则厚重安宁；神得道则妙灵显现；谷得道则溢满充盈；万物得道则蓬勃生长；侯王得道则天下安正。再进一步说，天不明朗清静，恐怕要崩裂；地不安宁和谐，恐怕要弃废；神不妙灵显现，恐怕要绝歇；谷不溢满充盈，恐怕要干竭；万物不蓬勃生长，恐怕要消灭；侯王不保持清静，恐怕要倾蹶。所以高贵以卑贱为根本，高位以低下为基础。因此侯王自称为孤家、寡人和不毂（不足）。这不是视低贱为根本吗？不是吗？所以最高的荣誉无所谓荣誉。与道同一的人，不追求美玉的华丽，宁如坚石般藏匿光芒。

感悟：

德乃道的化身，道乃德的根本。

没有所谓的低贱，哪有所谓的高贵。离开了根与本，万物都将不复存在。

天不会不坚持自己的德性去明而清；地不会不坚持自己的德性去重而宁；神不会不坚持自己的德性去妙而灵；谷不会不坚持自己的德性去充而盈；万物不会不坚持自己的德性去勃而生：人间的领袖却少有人坚持人类本有的美好德性去安而正，所以人类社会总是颠覆倾蹶。

自称孤家寡人，目的也就是要把自己变得卑贱一些，从而保住自己的根本和基础。高不忘下，贵不忘卑，这就是人主和领袖们不能不具有的德性。

孔子说“有教无类”，提出所有的人都有受教育的权利；孟子说“民为贵，社稷次之，君为轻”，体现的都是生命平等的思想。

众生有灵，众生平等，更是佛家从来的主张。在人类历史上，正是佛陀第一个发出了自由平等的呼声。

事典

小人物的后背

一位君王在御花园漫步，君王专属的花园本不该有闲杂人等在内，可是君王却看见前面的道路中跪着一个人。

他似乎跪在那里很久了，侍卫却装作没有看见。君王问左右："那个人跪在那里干什么？唤他过来。"

那人本来就匍匐在地，听到命令，爬了过来，连连叩头："小人受人陷害，求万岁爷救命。"

"你是干什么的？"君王问。

"20 年来，小人一直给万岁爷赶车。"

"你抬起头来——咦？我怎么从没见过你？"

侍卫听到这话，露出凶恶面目，喝令一声："还不快滚！"那人慌忙逃奔。

君王注视着那人的背影，若有所思。他命令："回来！"

君王对左右说："他的确是我的车夫，我看到他的背才想起来。"

古时的马车，御者在前，乘者居后，乘者抬眼只见御者的背。乘者既是国王，御者根本不可能回头顾看车内，所以君王只记得他的后背。

贵以贱为本，高以下为基。一个身居高位的领导者，倘若只是习惯从一个角度去看人看事，便会犯下许多错误。

华尔连锁商店成功的秘诀

美国第四大零售店——华尔连锁商店成功的秘诀就一句话："我们对自己的员工关怀备至。"

华尔的创办人华顿自 1962 年开始，每年都要视察下属的各个连锁店。公司的经理们在他的带动下，每年都用大量的时间到连锁商店里工作，办公总部空荡得像个无人仓库。华顿常说："我们最好的主意都是职员提出的；我们最重要的工作是让同事们说话，请他们参与管理工作。"

华尔连锁的每个员工都能感受到老板无微不至的关怀。有一次，华顿到了批货中心，一直站在货运甲板上和工人聊天。过后，根据那里的工作条件和职工的需要，他指示马上建两个淋浴大棚。

又一次，华顿坐专机到得克萨斯州的蒙特皮雷森镇去，竟然半路就下了飞机，让驾驶员在目的地等他。公路上，他拦住一辆华尔连锁店的运货车，乘车到达了目的地。在车上，他同司机聊得十分投机。

华尔连锁店的员工无不拥有做人的尊严和成就感。在每周六召开的例行管理会议上，工作成绩突出的员工会获得1枚徽章；业绩优秀的店面也会登上“荣誉榜”。

不到10年，华尔连锁店就已经拥有员工2万多人，销售额从4500万美元猛增到16亿美元。

克林顿的名片

美国前总统克林顿与一个小孩之间有一件趣事。

有一天，克林顿到医院探视病人，一个小孩突然钻到他的身边。

这个小孩默默地看着克林顿先生，什么话都不说。

彼此沉默了几秒钟之后，克林顿首先开口：“你有什么话要跟我说吗？”

“我想要您的签名！”小孩用洪亮的声音说。

克林顿情不自禁地露出微笑，马上签了1张，正要交给小孩，不想他又提出要求：“我可以要4张吗？”

克林顿一脸笑意：“为什么要这么多张？1张不够用吗？”

小孩回答他：“我要用3张您的签名去换1张迈克·乔丹的签名照。”

克林顿并没有因此不高兴，他又接连签了3张，同时开心地说：“我有一个侄子，最喜欢迈克·乔丹，改天有空我也要帮他去换1张迈克·乔丹的签名照。”

哪怕你是总统，你的名气、你在人民心中的地位，也不见得就是至高无上。是否能够身居高位，从根本上说，取决于身处低位的众人的拥戴。

第四十章　柔弱顺应反向思维

原文：

反者道之动，弱者道之用。天下万物生于有，有生于无。

白话：

循环往复是道的运动，柔弱顺应是道的作用。天下万物生自于有，有又生自于无。

感悟：

一个循环往复，一个柔弱顺应，就是大道的规律和德性。

万物草木春生而夏长，秋收而冬藏，如此循环而不凋。

大道存在于万物之中，随那万物的自性去生长变化。大道没有自己的主观意愿，没有形象，没有质碍，柔软更胜于水，所以没有任何东西能够战胜它，妨碍它，影响它，所以大道长久而永恒。

万事万物的强弱变化从来不断，这正是大道使然，所以我们常常感叹"风水轮流转"。

太阳早上从东方升起，已经预示着它将在西方隐没。

生命的第一声啼哭，证明我们开始了生，但同时也开始了死。死亡是一个过程，而不单单是一个结果。

有了生，就有了死；有了死，就有了生。这就如同无中生有，有生于无。

如果说生是一种权利，那么死就是一种责任。生与死，因与果，皆是为了世界的和谐。万事万物，谁也逃不过因果循环的定律。

孔子说："欲速则不达。"正是一种反向思维。

佛家的因果论，更是告知了我们生命循环的真相。

真正的革命其实是还原。所有的学问，归根到底都是解决宇宙和生命的问题。

事典

人与猴子的互动

动物园里，大人指着笼子里的猴子对小孩说："这种动物叫猴，是专门供咱们人类开心的。"

"为什么这样说呢?"小孩问。

"不信你瞧!"大人说着,从提包里摸出一颗花生,朝笼子里的大猴背后扔去,只见大猴急转身,用嘴接住,再用爪子从嘴里取出来,剥开吃掉,显得很滑稽。小孩笑起来,大人也被大猴的举动逗得很开心,于是不断地扔,大猴便不断地这样接,直到一大包花生全部扔完了,大人和小孩才恋恋不舍地离开。

路上,小孩问大人:"你为什么将花生扔到大猴的背后呢?"大人得意地笑了,说:"猴子翻来覆去地来回折腾才有意思啊!"

小孩信服地说:"爸爸,你真行!"

大人又说:"猴子这种动物自以为聪明,其实被咱们耍了,它还不知道呢,真可悲!"

动物园里,大猴子指着笼子外面的人对小猴说:"这种动物叫人,是专门供咱们猴子吃喝和开心的。"

"为什么这样说呢?"小猴问。

"不信你等着瞧!"这时正好有个大人朝笼子里扔花生,扔在大猴背后,大猴急转身,用嘴去接住,然后再用爪子从嘴里取出来,剥开吃掉,显得很滑稽,很快,那人的一大包花生全部扔给了猴子。

他们走后,小猴问大猴:"你为什么用嘴去接扔进来的花生呢?"

大猴得意地笑了:"如果我用爪子去接,他们还会继续扔吗?"

小猴折服地说:"妈妈,你真行!"

大猴又说:"人类这种动物自以为聪明,其实被咱们耍了,他们还不知道呢,真可悲!"

我们在玩弄别人的同时,其实也在被别人玩弄。

神秘的"月经不调症"

清朝有位八府巡按,长期患一种精神忧郁症。他看了许多医生,都未见效。

一天,他因公坐船经过山东台儿庄,地方官员推荐了一位当地有名的老医生为他治病。

医生诊脉后说:"你患了月经不调症。"巡按一听,顿时大笑,认为他是老糊涂了。以后他每每想起此事,就要大笑一阵,没过多久,他的病竟然好了。

过了几年,巡按又经过台儿庄,想起那次看病之事,特意来找老医生,准备取笑一番。见面后，不想老医生告诉他说："你患的是精神忧郁症，没有什么良药可治，只有心情愉快才能恢复健康。我故意说你患了'月经不调症'，让你常常发笑，自然就开心了。"巡按听后，恍然大悟，重重致谢。

很多时候，反向思维，正合于大道。

卡丝·黛莉的龅牙

卡丝·黛莉颇有音乐天赋，然而她却长了一口龅牙。第一次上台演出的时候，为了掩饰自己的缺陷，她一直想方设法把上唇向下撇着，好盖住突出的门牙，结果她的表情看起来十分好笑。

下舞台后，一位观众对她说："我看了你的表演，知道你想掩饰什么。其实这又有什么呢？龅牙并不可怕，尽管张开你的嘴好了，只要你自己不引以为耻，投入地表演，观众就会喜欢你。"

卡丝·黛莉接受了这个人的建议，不再去想那口牙齿。从那以后，她关心的只是听众，张大嘴巴尽情歌唱。就这样，她成为了一位非常优秀的歌手。

一口龅牙并没有给她带来任何不良影响，相反还成了她形象的一大特征。人们接受甚至喜欢上了她的龅牙，就像喜欢她的歌声一样。从某种意义上说，外露的牙齿和她的歌声一起，才构成了一个完整的卡丝·黛莉。

今天的社会，为了迎合世俗的审美，多少人花钱整容苦不堪言，而真正善于成功的人，是让自己的所谓缺点变成特点。

第四十一章　大音希声大器晚成

原文：

上士闻道，勤而行之；中士闻道，若存若亡；下士闻道，大笑之。不笑不足以为道。故建言有之：明道若昧，进道若退，夷道若颣；上德若谷，广德若不足，建德若偷，质德若渝；大白若辱，大方无隅，大器晚成，大音希声，大象无形。道隐无名，夫唯道，善始且善成。

白话：

悟性高的人听闻大道，立即心领神会，勤勉努力去实行；悟性平常的人听闻大道，半信半疑，迟疑不决；没有悟性的人听闻大道，哈哈大笑。这不奇怪，没有悟性的人不笑，大道就不足以为大道。所以古人说：大道光明好似暗昧，大道前进好似后退，大道平坦好似岖崎；大德崇高好似低谷，大德广大好似不足，大德刚健好似怠惰，质朴纯真好似混浊；最洁之白好似黑垢，最大之方似无角隅，最大之器最晚合成，最大真音难闻其声，最大物象不见其形。大道幽隐而无名，然而，也只有大道，才能化育万物成全万物。

感悟：

明白大道的人看起来似乎糊涂，行于大道的人看起来好像退步。

最大的形象我们看不见，最大的声音我们听不见，最大的德行我们更是视而不见。

人类已知的世界，比起人类未知的领域，实在差得天远。

人人都在嘲笑摸象的瞎子，然而人类中的瞎子比比皆是。

大道幽隐而无可名状，体道的人同样难为世人所认识和感知。

人类的亿万个体，根器各不相同，悟性也随之而有差异。

没有悟性的凡夫俗子，只会在人类自我设定的功利或是非圈子里争论不休，永远也体会不到放下的滋味和觉悟的美妙。

庄子说：不可与井底的青蛙谈论大海的博大，因为井蛙局限于居处的狭小，从没有见过大海；不可与夏天的虫子谈论冰雪的寒冷，因为夏虫受到时令的限制，从没有经历过严冬。

孔子说："具有中等以上智力的人，可以给他讲授高深的学问；中等智力以下的人，那就不可以给他讲授高深的学问了。"

"佛度有缘人"也是同理。就是说,如果无缘,如果你执意背道而驰,佛也度不了你!

事典

笨拙地飞越大海

有个孩子对一个问题一直想不通:为什么他的同桌想考第1名就一下子考了第1名,而自己想考第1名却只考了全班第21名?

回家后他问妈妈:"我是不是比别人笨?我觉得我和他一样听老师的话,一样认真地做作业,可是,为什么我总是比他落后?"

妈妈听了儿子的话,感觉到儿子开始有自尊心了,而这种自尊心正在被学校的排名所伤害。她望着儿子,没有回答,因为她不知道该怎样回答。所以,她一直想为儿子的问题找到一个完美的答案。

儿子小学毕业了,虽然他比过去更加刻苦,但依然没有赶上他的同桌,不过与过去相比,他的成绩一直在提高。为了对儿子的进步表示赞赏,母亲带他去看了一次大海。

儿子和母亲坐在沙滩上。母亲指着前方对儿子说:"你看那些在海边争食的鸟儿,当海浪打来的时候,小灰雀总能迅速地起飞,它们拍打两三下翅膀就升入了天空;而海鸥虽然显得笨拙,它们从沙滩飞入天空总要很长时间,然而,真正能够飞越海峡的还是它们!"

从此,儿子再也不担心自己的名次了。几年后,也再没有人追问他小学时成绩排第几名了,因为他已经以全校第1名的成绩考入了一流的大学。

画家的一天与一年

有一个青年画家的画总是很难卖出去。他看到大画家阿道夫·门采尔的画很受欢迎,便上门求教。

他问门采尔:"我画一幅画往往只用一天不到的时间,可为什么卖掉它却要等上整整一年?"

门采尔沉思了一下,对他说:"请倒过来试试。"

青年人不解,门采尔进一步说:"要是你花1年的工夫去画,那么只要一天的时间你就能卖掉它。"

"一年才画一幅,这有多慢啊!"青年人惊讶地叫出声来。

"对!创作是艰苦的劳动,没有捷径可走,试试吧,年轻人!"门采尔严肃地说。

青年画家接受了门采尔的忠告，回去以后，苦练基本功，深入搜索素材，周密构思，用了近1年的工夫画成了一幅画。果然，这幅画不到一天就卖掉了。

“台上一分钟，台下十年工”，“大器晚成”真的是千真万确。

珍珠与斑点

有个人非常幸运地获得了一颗硕大而美丽的珍珠。然而他并不感到满足，因为那颗珍珠上面有一个小小的斑点。他想，若是能够将这个小小的斑点剔除，那么它肯定会成为世界上最最珍贵的宝物。

于是，他就下狠心削去了珍珠的表层，可是斑点还在；他又削去第二层，原以为这下可以把斑点去掉了，然而它仍旧存在；他气恼地削掉了一层又一层，最后，那个斑点没有了，而珍珠也惨不忍睹了。

此人心痛不已，由此一病不起。临终前，他无比懊悔地对家人说：“如果当时我不去计较那一个斑点，现在我的手里还会攥着一颗美丽的珍珠啊！”

人生也是这样，我们如果一定要求完美无缺，结果就是更加的残缺。

第四十二章　冲气为和强梁必败

原文：

道生一，一生二，二生三，三生万物。万物负阴而抱阳，冲气以为和。人之所恶，唯孤寡不穀，而王公以为称。故物或损之而益，或益之而损。人之所教，吾亦教之：强梁者不得其死，吾将以为教父。

白话：

道为无极（混沌状态），生出两仪（太极阴阳），两仪生出天地人三才，三才生成万物。万物背负于阴而怀抱于阳，阴阳两气相互激荡和合。人们所厌恶的事物，就是“孤”、“寡”和“不穀”，而王侯公卿却用来称呼自己。所以，事物有时减损却反会增加，有时增加却反会减损。古人教导我的，我也用来教导人们：强横之人不得好死——我把这一条作为施教的开始。

感悟：

天阳地阴而万物和。

“和”这个标准不可超越。那些硬要超越这个“和”的标准的人，就叫做“强梁”。做了强梁，就违背了自然的和气，就会遭到自然规律的惩罚，所以强梁者从来不得善终。

“强梁者”还有一个问题，就是容易把自己的弱点暴露出来，一旦被对手发现和利用，就会败得很惨。

在某种意义上，体悟大道遵循自然法则的目的，就是要得个“其死”，或者如司马迁后来说的“死得其所”。

孔子说：“君子一生有三个阶段必须警惕：年少的时候，血气还不稳定，要警惕对女色的迷恋；到了壮年，血气方刚，要警惕争强好斗；到了老年，血气已经衰弱了，要警惕贪得无厌。”孔子在这里论述的，也就是阴阳和合，也就是生命中的和气。

“缘起性空”的般若智慧告诉我们：当因缘都不具备的时候，当客观条件有许多不可能的时候，当我们无力改变外境的时候，我们可以改变自心，可以找到内心的宁静和内心的天堂，可以建立一种健康的生命内循环，从而保持“常乐我净”，回归根柢，回归自然。

于心不忍的小男孩

一个小男孩独自在草地上玩耍，突然发现了一个蛹，他觉得很新鲜，就把它带回家了。

过了几天，他发现蛹的表面出现了一道小小的裂缝，里面还有一个小小的东西在蠕动。又过了几天，裂缝大了一些，他才看清原来里面是一只蝴蝶。

他在一旁好奇地看着，蝴蝶在里面已经挣扎了几个小时了，它的身体似乎被卡住了，一直出不来。小男孩急了，也有些于心不忍，于是拿来一把剪刀，轻轻地把蛹壳剪开。蝴蝶脱蛹而出了，小男孩松了口气。

可是，这只蝴蝶的身体臃肿，翅膀干瘪，根本飞不起来，不久就死去了。

瓜熟蒂落，水到渠成。成长必须经历痛苦和挣扎，缺少了这个过程，生命就不会完整。小男孩做的事情，其实就是“益之而损”。

丑陋的毛虫和美丽的蝴蝶

有一只毛虫，因为觉得自己长得既丑陋又不灵活，就对上帝抱怨道：“上帝呀，您创造的万物固然非常神妙，但您为何把我的一生分成了两个阶段，不是又丑陋又愚笨，就是又美丽又轻盈，使我在前一阶段受尽人们辱骂，后一阶段却获得诗人的歌颂，这未免太不协调了。您为何不平均一下，让我现在虽然丑一点儿，却能行动轻巧，以后成为漂亮蝴蝶时，行动再迟缓一点儿，这样我做毛虫和蝴蝶的两个阶段不就都很愉快了吗？”

上帝说：“如果那样的话，你根本活不了多久。”

“为什么呢？”毛虫摇着小脑袋问。

“如果你有蝴蝶的美貌，却只有毛虫的速度，一下子就会被捉住。”上帝说，“你要知道，正因为你的行动迟缓，我才赐给你丑陋的外貌，使人类都不愿、不敢去碰你。现在，你还要坚持你的愿望吗？”

“不，请维持您原来的安排吧。”毛虫这才慌张说，“我知道了，不论美与丑，轻盈与迟缓，只要是您创造的，一定都是完美的！”

归根到底，这个世界是公平的。当我们抱怨造物主对自己的不公时，如果睁大眼睛，就会发现其中所隐含的另一面，一定会给自己带来意外的惊喜。

让疯牛撞向大树

一只逃走的疯牛，在牧群中造成了很大的混乱。这只巨大而野蛮的疯牛经常会突然出现，低着头抵撞拦路的一切东西。

不过牧人们知道，疯牛憎恨红色，于是他们决定布下一个陷阱来对付它，办法就是用红布围住一棵大树粗大的树干，然后躲藏起来。

疯牛很快出现了，鼻子喷着热气。

看到那红色的树干，疯牛非常生气，立即低下头，猛冲过来，只听一声巨响，疯牛的角插进树干，怎么也拔不出来了。就这样，它成了牧人们的囚犯。

人间的“强梁者”，很多时候，不正像这头疯牛一样吗？

第四十三章　滴水穿石柔能胜刚

原文：

天下之至柔，驰骋天下之至坚。无有入无间，吾是以知无为之有益。不言之教，无为之益，天下希及之。

白话：

天下最最柔软的东西，能够驰骋穿行于天下最最刚坚之物。虚空无形的量力，可以进入没有隙间的东西，我因此知道了无为之所以有益。不用言语而达到教导的目的，以无为的原则行事得到益处，普天下很少有人能够做到啊。

感悟：

“柔”与“和”这两个字，常常联系在一起，事实上，“和”者皆“柔”。

象征着大道德性的水，可以同天下最最刚坚的东西抗衡，所以老子赞叹：“上善若水。”

“无有”是看不出的东西，“无间”是实实在在的事物。看不出的东西能够穿透实实在在的事物，可见其能量多么强大。

滴水穿石，风化坚石。柔弱之所以胜过刚强，是因为柔软的事物侵入到了刚强事物的内部，从而使它们腐朽变质，失去了抵抗力。

威猛的大象能够让虎豹生寒，却对一只老鼠胆战心惊；人类骄傲地统治着世界，却被体内的细菌折磨得死去活来。

想一想雌性怎样征服雄性，我们就明白了雌柔的力量。

孔子崇尚身教，因为他同样深知“无为之有益”，所以告诫执政者：“其身正，不令而行；其身不正，虽令不从。”

人类最初受到的教育，就是大自然的无言之教！

言教以为利，身教以为用。身教到家，教育就成功了一半。如果说言教体现出教育的发展变化，那么身教就是言教的根基！

佛家说，起心动念就是妄想，有妄想才有分别和执著，而执著又直接来源于分别。佛家“看破”、“放下”的智慧，也就是方法的智慧。只有看得破，才能放得下。不能看破、放下，学问再多，言语再多，也会因为“所知障”，不懂“无为之有益”，理解不了上善的境界。

野马之死

在非洲草原上，有一种不起眼的动物叫吸血蝙蝠。它身体极小，却是野马的天敌。

这种蝙蝠在攻击野马时，常趴在马腿上，用锋利的牙齿敏捷地刺破野马的腿，然后用尖尖的嘴吸血。无论野马怎么蹦跳、狂奔，都无法驱逐这种蝙蝠。

蝙蝠直到吸饱喝足，才会满意地飞去；而野马常常在暴怒、狂奔、流血中无可奈何地死去。

动物学家们在分析这一问题时，一致认为吸血蝙蝠所吸的血量是微不足道的，远不会让野马死去。野马的死，应归咎于它暴怒的习性和狂奔不已。

小不忍则乱大谋。想要成就大业，就得有盛得下大业的心胸和度量。如果我们被打败，那是因为我们的心被征服了。

扫阳光的兄弟俩

兄弟二人，年龄不过四五岁，由于新居卧室的窗户没有打开，屋内十分阴暗。他们看见外面灿烂的阳光，心中十分羡慕。

哥哥对弟弟说："我们可以一起把外面的阳光扫一点进来。"于是兄弟两人拿着扫帚和畚箕行动起来，一起到门外去扫阳光。

然而等到他们把畚箕搬到房间里的时候，里面的阳光一下子就消失了。这样一而再再而三地扫了许多次，屋内还是一点阳光都没有。

正在厨房忙碌的妈妈看见他们奇怪的举动，问道："你们在做什么？"

他们回答说："房间太暗了，我们要扫点阳光进来。"

妈妈笑道："只要把窗户打开，阳光自然会进来。你们这样辛苦，扫也无益啊！"

驼背男人的经典求爱

墨西·孟德尔颂是德国一位知名作曲家的祖父。他的内心十分丰富，外貌却极其平凡，除了身材五短之外，还是个古怪可笑的驼子。

一天，他到汉堡去拜访一个商人，这个商人有个心爱的女儿名叫弗西，墨西无可救药地爱上了她，但弗西却因他的畸形外貌将他拒绝。

到了必须离开的时候，墨西鼓起了所有的勇气，上楼来到弗西的房间，把握最后和她说话的机会。

弗西有着天使般的脸孔，但始终拒绝正眼看他。经过多次尝试性的沟通，他害羞地问："你相信姻缘天注定吗？"

她眼睛盯着地板答了一句："相信。"然后反问他："你相信吗？"

他回答："我听说，每个男孩出生之前，上帝便会告诉他将来要娶的是哪一个女孩。我出生的时候，未来的新娘同样已经许配给我了，但上帝却还告诉了我一个不好的消息：我的新娘是个驼子！"

墨西·孟德尔颂稍稍停顿了一下，继续说道："我当时向上帝恳求：'上帝啊！一个驼背的女子将是个悲剧，求您把驼背赐给我，再将美貌留给我的新娘！'"

当时的弗西猛然转过头来看着墨西的眼睛，她的心灵被如此真挚的言语震撼了，心慌意乱之中，竟把自己的手伸给了他。

就这样，弗西成了墨西·孟德尔颂无比挚爱的妻子。

第四十四章　知足不辱知止不殆

原文：

名与身孰亲？身与货孰多？得与亡孰病？甚爱必大费，多藏必厚亡。故知足不辱，知止不殆，可以长久。

白话：

声名和性命相比哪个更亲？性命和财富相比哪个更重？得到名利和损耗性命哪一样为害？过分贪爱必有更大耗费，过多聚藏必致更惨结局。所以知道满足不会受辱，懂得循道不会危殆，如此才能长长久久。

感悟：

人类的物质文明日新月异，上天入地，探索八方，然而对于自身的了解，还是十分肤浅。

肤浅的关键原因，就在于我们习惯于眼光向外，并且将自身与天地自然割裂开来。

因为自诩为万物之灵，我们总是企图把握和拥有更多的外物，所以很难聚焦于自己的内心世界。人类在不断取得物质文明巨大成就的同时，精神世界日渐荒芜，越来越像一个单腿站立的怪物。

人类社会的结构与功能，使我们每一个人无处可逃，不得不常常在痛苦中选择。

平静的时候，我们明白应该珍惜自己的生命，看轻那些身外之物。然而当财富与名位到来的时候，我们常常因物忘形，结果损害了健康，甚至丢掉了身家性命。

孔子说："用不合道义的手段得来的富贵，在我看来，就像是天上的浮云。"而谁都知道，浮云必不长久。

强调竞争，就是制造嗔恨；刺激欲望，就是鼓励堕落。很多时候的世界潮流，并非就是人间正道！

"心地无非自性戒，心地无痴自性慧，心地无乱自性定。"

被物欲所困的人，一生犹如锁链加身。

多减一分无明烦恼，多去一分妄想执著，我们便会多增一分智慧，多见一分佛性、道性、天性。

买了个鬼以后

一个过路人壮胆去问一个卖鬼的外乡人:“你的鬼卖多少钱?”

外乡人说:“要200两黄金!”

“你这是什么鬼? 太贵了吧!”

外乡人说:“我这鬼可不是一般的鬼,很稀有的。它是只巧鬼,任何事情只要主人吩咐,全都会做。它又是只工作鬼,1天的工作量抵得上100个人。你买回去只需很短的时间,不但可以赚回200两黄金,还可以很快成为富翁呢!”

过路的人感到疑惑:“这只鬼既然那么好,为什么你不自己留着使用呢?”

外乡人说:“不瞒您说,这鬼万般皆好,但有一个缺点,只要一开始工作,它就永远不会停止。因为鬼不像人,是不需要睡觉休息的。所以您必须把从早到晚所有的事情都吩咐好,不可以让它有一点点空闲,否则它就会完全按照自己的意思工作。我家里活儿不多,不敢使唤这只不会休息的鬼,才打算把它卖给更有需要的人!”

过路人心想,自己有一片广阔的田地,家里还有忙不完的事,就说:“这哪里是缺点,实在是最大的优点呀!”于是他心满意足地把鬼买回家,成了鬼的主人。

主人叫鬼种田,没想到一大片田地,它两天就种完了。主人叫鬼盖房子,没想到它3天就把房子盖好了。主人叫鬼做木工装潢,没想到它半天就完成了。整地、搬运、挑担、推磨、炊煮、纺织,不论什么,鬼都会做,而且都是很快就做好了。

在短短的1年里,鬼主人就成了大富翁。

但是,主人和鬼变得一样忙碌,鬼是做个不停,主人是想个不停。他每天绞尽脑汁地苦思下一个指令,让鬼做一些难度非常大的工作,例如在1个核桃壳里刻10艘小舟,在1个象牙球里再刻9个象牙球,等等,令他惊异的是,不论多么困难,鬼总是很快就能做好。

有一天,主人实在撑不住累倒了,忘记了吩咐鬼要做些什么事。于是鬼就自作主张,把主人的房子拆了,将地整平,把牛羊牲畜都杀了,又将财宝、衣服全部撕毁磨成粉末。最后,竟然把主人的孩子杀了,丢到锅里炊煮……正当鬼忙得不可开交时,主人从睡梦中惊醒,才发现一切都没有

了。他悲痛欲绝，但是徒唤奈何！

被睡袍胁迫

18世纪，法国有个哲学家叫戴维斯。有一天，朋友送给他一件质地精良、做工考究、图案高雅的酒红色睡袍，戴维斯非常喜欢。

他穿着华贵的睡袍在家里踱来踱去，越踱越觉得家具不是破旧不堪，就是风格不对，地毯的针脚也粗得吓人。

于是，慢慢地，他将旧物件挨个儿更新，所有家具终于跟上了睡袍的档次。戴维斯穿着睡袍，坐在帝王气十足的书房里，突然之间，却觉得很不舒服，因为他感觉自己"居然被一件睡袍胁迫了"。

生活中的大多数人，之所以感受不到什么幸福，正是因为被多余的物质和外在的成功光环胁迫了。

现代人的生活方式，其实就是被一个个别有用心的商业模式所裹挟的生活方式！

穷人的浪漫

傍晚，诗人散步到天桥边，看见一个小伙子正吃力地背着一个姑娘上天桥，额上渗着细密的汗珠。诗人赶忙过去帮着搀扶，问小伙子："她生病了吧？我帮你叫车送医院。"

来到天桥上，姑娘忽然大笑起来，小伙子忙向诗人道歉："对不起，谢谢您了！我们在玩游戏。"

"什么？"诗人尴尬中有些愠怒。

姑娘好半天才停住笑，告诉诗人说今天是他们结婚3周年纪念日，他们特意请假出来逛街。"他没有钱，我不要他买什么礼物，但他有力气，所以要他背我上天桥。今天才背3个来回他就累了，将来结婚30周年，我让他背30个来回，累死他那把老骨头！"姑娘趴在小伙肩上又笑了起来。

人们向来以为浪漫必定和财富、鲜花、烛光、音乐相连，殊不知世上还有这样一种别致的穷人的浪漫。

诗人懂得了：穷开心也可以是真开心，何必按别人的标准"开心"呢！

第四十五章　大智若愚一默如雷

原文：

大成若缺，其用不弊。大盈若冲，其用不穷。大直若屈，大巧若拙，大辩若讷。静胜躁，寒胜热，清静为天下正。

白话：

最完满的东西好似有欠缺，但其作用不会衰竭。最充盈的东西好似虚空，但其作用不会穷尽。最正直的东西好似弯曲，最灵巧的东西好似笨拙，最大的辩才好似口讷。清静克服暴躁，寒冷克服暑热。清静无为才能使天下安正。

感悟：

对于人类来说，地球就是最大的圆满，而地球之上，有高山，有沟壑，以人眼来看，哪里像圆呢？

空旷的山谷中什么也没有，但却可以生长出生灵万物，似乎充满了无穷的生命的力量。

飞速发射的导弹，会受到空间曲率的影响而改变弹道。虽然弹道弯曲，但准确地奔向目标，所以堪称大直。

缺陷、虚空、弯曲、笨拙、木讷等等，世俗中人通常都不会喜欢，并且看低一等，殊不知大道与大德的表现往往就是如此。

孔子说："花言巧语，讨好卖乖，这种人少有仁爱之心。"因为他坚信"刚、毅、木、讷，近仁"。

人格的完美不在于外形的表露，而在于生命的内涵。我们在不用巧的时候，也就无处不是巧了。

智慧的禅师讲究的是一言不发和一默如雷，其力量却胜似万钧雷霆。

事典

又老又丑的鹦鹉"老板"

有一个人生活寂寞，看到邻居家养了几只鹦鹉，就想自己也买一只。有一天，他来到鸟市，这里有许多大大小小的鹦鹉。

他看到一只鹦鹉前面的牌子上标明："此鹦鹉会两门语言，售价200元。"

他又来到另一只鹦鹉前面，牌子上标明："此鹦鹉会4门语言，售价400元。"

这个人犯难了，买哪一只更好呢？两只鹦鹉都毛色光鲜，非常灵活可爱。他又继续观察，看看还有没有更合适的。

在这两只鹦鹉旁边，他发现了一只老掉了牙的鹦鹉，而且毛色暗淡散乱。他想，这样的鹦鹉有谁愿意买呢？但因为好奇，他还是凑近看了一下标签，结果吓了一跳——标价800元！

这人赶紧将老板叫来："这只鹦鹉是不是会说8门语言？"

店主摇摇头说："不。"

"那它为什么会值这个价呢？"

店主回答道："因为另外两只鹦鹉都叫这只鹦鹉'老板'。"

鹦鹉都不可貌相，人类更是如此。

体谅之益

妻子正在厨房炒菜，丈夫在她旁边一直唠叨不停："慢些，小心！火太大了，赶快把鱼翻过来！油放得太多了！把豆腐整平一下。哎唷，锅子歪了！"

"请你住口！"妻子脱口而出，"我懂得怎样炒菜。"

"你当然懂，太太。"丈夫平静地答道，"我只是要让你知道，我开车时你在旁边喋喋不休，我会是什么样的感觉！"

过于唠叨，自己静不了，别人也静不了，哪怕你是好心，也是有害而无益。

担心不如宽心

小明洗澡时不小心吞下一小块肥皂，他的妈妈慌慌张张打电话向家庭医生求助。

医生说："我现在还有两个病人，可能要半小时后才能赶过来。"

小明妈妈说："在你来之前，我该做些什么呢？"

医生说："给小明喝一杯白开水，然后用力跳一跳，你就可以让小明用嘴巴吹泡泡消磨时间了。"

事情既然已经发生了，何不冷静下来，坦然面对。

很多的事情并没有想象中那么可怕，所以担心不如宽心。

第四十六章　贪得无厌必招祸患

原文：

天下有道，却走马以粪；天下无道，戎马生于郊。祸莫大于不知足，咎莫大于欲得。故知足之足，常足。

白话：

遵道治理天下，马匹只有拉车耕地种田之用；统治者不合大道，战马都会产驹在野郊。再大的祸患大不过不知满足，再大的罪过大不过贪得无厌。所以，有知道满足的满足，才会永远富足。

感悟：

人类的一切矛盾都起源于欲望。

有欲望正常，有矛盾正常，但若强盛过度，那就是异常了。

这个世界可以满足人类的需求，却无法满足人类的贪婪。

“中国人最大的缺点是贪婪”，这是英国大哲学家罗素考察那个时代的中国以后得出的结论。

在 1911 年出版的《病态时代》里，罗素也谈到：“中国的官员贪婪成性”；“中国的商人潜意识里有攫取一切财富的欲望！”

倘若我们只是将这些外族智者的评价当成攻击，那就正好说明我们心智的幼稚、脆弱和不成熟。

大道的德性就是无求无争，不知足就不合乎大道的德性。

季氏比周朝的公侯还要富有，而冉求继续帮助搜刮，不断增加他的钱财，所以孔子十分生气：“他不是我的弟子了，你们可以大张旗鼓地去声讨他！”

佛家警告我们：欲望增长，智慧消失，共业所感，这个世界一定是灾难更甚。

贪婪之心祸害了自己，也祸害了世界。

事典

一个人只能坐一把椅子

有人向世界歌坛超级巨星卢卡诺·帕瓦罗蒂讨教成功的秘诀，帕瓦罗蒂则重点提到了自己与父亲从前的一段对话。

师范院校毕业时，痴迷音乐并有相当音乐素养的帕瓦罗蒂问父亲：

“我是当教师呢，还是做歌唱家？”

父亲告诉他：“如果你想同时坐在两把椅子上，你可能会从椅子中间掉下去。生活要求你只能选一把椅子坐上去。”

于是帕瓦罗蒂选了一把椅子——做个歌唱家。

经过7年的努力与失败，帕瓦罗蒂才首次登台亮相。又过了7年，帕瓦罗蒂终于登上了大都会歌剧院的舞台。

当老鼠享受过度

早在1925年，美国科学家麦开做了一个前无古人后有来者的老鼠实验。

他将一群刚断奶的幼鼠一分为二区别对待：第一组享受“最惠国待遇”，予以充足的食物让其饱食终日；第二组享受“歧视待遇”，只提供相当于第一组60%的食物以饿其体肤。

结果大大出人意料：第一组饱老鼠生命难逾千日，未到中年就纷纷早逝；第二组饿老鼠寿命翻番，享尽高年方才寿终正寝，而且皮毛光滑，皮肤紧绷，行动敏捷，煞是耐看。更加耐人寻味的是，其免疫功能乃至性功能均比饱老鼠高了一筹。

后继科学家触类旁通，扩大范围验及细菌、苍蝇、鱼等生物，又发现了惊人相似的一幕一幕。

为论证这一真理能否放之人类而皆准，科学家又以与人类同源共祖的猴子做实验，结果如出一辙。

安逸的日子并非都是好事，纵情物欲享受之后，接踵而至的一定是更多的烦恼和苦痛。

小学生的志愿

同样是小学三年级的学生，如果在作文中表达他们将来的志愿是当小丑，老师的态度将会如何呢？

中国的老师通常会不假思索地斥责：“胸无大志，孺子不可教也！”

美国的老师则可能会说：“愿你把欢笑带给全世界！”

身为长辈的我们，不但容易要求多于鼓励，更是狭窄地界定了成功的含义。

如果人人都胸怀改天换地的大志，这个世界距离我们美好的愿望，恐怕更加遥远。

第四十七章　其出愈远其知愈少

原文：

不出户，知天下；不窥牖，见天道。其出弥远，其知弥少。是以圣人不行而知，不见而名，不为而成。

白话：

足不出门户，知道天下之事；眼不窥窗牖，洞悉自然变化。越是向外奔逐，对大道的认识反而越少。所以，悟道之人不用出行便可知晓，不用表现反有盛名，不去妄为水到渠成。

感悟：

人类总是想要彻底摆脱自然的束缚，结果如同抛到天上去的东西一定还会掉下来一样，终究还是要受到自然法则的约束；而自然法则呢，根本就不想约束我们，它的一切都是自然而然。

天道、地道、人道，天下万事万物，都来自于自然大道，同一根本，同出一源。

要领悟天道，靠的是内在的自觉和自悟，而不是凭借所谓的知识和经验。

一旦我们走出了自己的心田，走出了大道，那就是古人所说的南辕北辙，哪里还能达到目的。

“有心栽花花不发，无意插柳柳成荫。”说的其实就是不为而成。

儒家强调修身养性，因为人向内看更容易见到天道。

六祖说：“诸佛妙理，非关文字。”最深刻的道理，其实最为素朴。很多人学富五车依然烦恼多多，因为他们进入了知识的罗网。

若是懂得了悟道之道，我们何须一定要行万里路读万卷书呢！

事典

听不见音乐的音乐家

贝多芬到了晚年，耳朵完全聋了。他指挥着交响乐队在演奏，自己却没有听到什么。听众向他发出雷鸣般的掌声，他也不知道，直到同伴示意，他才猛醒过来，向听众致谢。

匈牙利著名的音乐家李斯特曾经在贝多芬面前演奏钢琴。他接受了这位长者的忠告，奏出了一串串美妙的乐音，但是贝多芬却一点也听不见，他只是从李斯特的面部表情和手指动作理解到他的造诣。

然而，就是这么一位生理上存在严重缺陷、几乎完全听不到任何普通音响的人，却陆续写下了大量美妙的乐章。贝多芬为的不是耳朵，他为的是自己和人类的心灵。

贝多芬不用走遍天下，甚至不用耳朵，就能感受到创造的快乐和生命的幸福；而这种体验，许许多多耳聪目明身体健康的人却永远无法获得。

生命掌握在自己手上

在遥远的一座大山上，住着一位能够预知未来的老人，据说他能回答任何人提出的问题。

有一个年轻人很不服气，于是来到山上，打算捉弄一下这个老人。

他捉了一只小鸟，握在自己的手里，问老人："我手中的小鸟是活的还是死的？"这个年轻人想：如果老人说小鸟是活的，我就把它掐死；如果老人说小鸟是死的，我就松手让它飞掉。

老人郑重地看着这个年轻人，严肃地对他说："生命就掌握在你的手上！"

大山上"见天道"的老人，就这样制服了心浮气躁耍弄小聪明的年轻人。

小乌鸦的智慧

一只乌鸦妈妈教她的儿子说："我的孩子，你要特别当心人！他有黑黑的头、白白的牙齿。如果他向你走来，弯下腰去的话，就是要捡石头扔你了！这时你要马上飞开。"

小乌鸦想了想说："妈妈，您说得对！但是因为人的狡计太多，所以，小小的我还是不等他弯腰就飞开为好。因为谁知道呢，也许他怀里早就藏了石头……"

这只悟性极高的小乌鸦，虽未经历过妈妈那么多的风雨，却能举一反三，触类旁通，真可谓"不行而知"。

第四十八章　损之又损方能无为

原文：

为学日益，为道日损。损之又损，以至于无为，无为而无不为。取天下常以无事，及其有事，不足以取天下。

白话：

追求学问，知识天天增加，修行大道，物欲天天减损。物欲减损又减损，就再不会妄为。不妄为反而有所作为。治理天下应当不乱生事，如果到处生事，那就不能够长治天下了。

感悟：

分别的念头造成了我们知识的局限性，障碍了我们发现真理的目光，所以我们往往越是努力，结果越是糟糕。

人类很多的英雄气概，实际上是无事生非自我消磨。

季氏将要讨伐附属国颛臾，孔子知道以后非常生气，严肃地教育了辅助季氏的仲由和冉求两个弟子，并一针见血指出："我只怕季孙的忧患并不在颛臾，而是在自己的内部啊！"可见孔子同样认为"取天下常以无事"。

学、习、悟，是我们进步的三个阶段和层级，然而太多好学的人，总是学而不习，学而不悟，反而因为一知半解，困惑更多。

如果我们仅仅外求，那就永远也求不到一个终点。

《金刚经》上讲："凡所有相，皆是虚妄。"正因为把所有的知识、学问和欲念都放下了，佛陀才成为佛陀。

真正的修道者，懂得不断去除自己的妄想、执著和分别之心，这一个过程就是"损"。不断地去掉多余，最后就能达到无为而无不为的境界。

事典

萧规曹随

汉惠帝即位的第2年，年老的相国萧何病重，汉惠帝亲自去探望。

萧何知道曹参是个治国的人才，所以对惠帝说："有曹参接替，我死了也安心了。"

曹参本来是个将军，汉高祖封长子刘肥做齐王的时候，叫曹参做齐

相。曹参打听到当地有一个很有名望的隐士，叫盖公，便去向他请教。这个盖公相信黄老学说，主张治理天下应当清静无为，让百姓过上安定的生活。曹参依了盖公的话，尽可能不打扰百姓。他做了 9 年齐相，齐国所属的 70 多座城池都比较安定。

萧何一死，汉惠帝马上命曹参进长安，接替萧何做了相国。曹参还是用盖公清静无为的办法，一切按照萧何已经规定的章程办事，什么也不变动。有些大臣见曹参如此无所作为，很是着急，想帮他出点主意搞出一些政绩。但当这些大臣一到曹相国家里，曹参就请他们一起喝酒。要是有人在他跟前提起作为之事，他就把话岔开，弄得别人没法开口。最后，客人总是喝得醉醺醺地回去，什么也没有说成。

汉惠帝看到曹相国这副样子，认为他是倚老卖老，心里很不高兴，也感觉挺不踏实。曹参的儿子也在皇宫里供职，惠帝就嘱咐他说："你回家的时候，找个机会问问你父亲：高祖归了天，皇上那么年轻，国家大事全靠相国来主持，可您天天喝酒，不管事情，这么下去怎么能够治理好天下呢？看你父亲怎么说。"

曹参的儿子回家后，把惠帝的话一五一十跟曹参说了一遍，并劝告父亲。曹参一听就火了，骂道："你这个毛孩子懂得个什么，国家大事也轮得到你来噜苏？"说着，竟叫仆人拿板子来，把儿子打了一顿。儿子莫名其妙地受了责打，非常委屈，回宫后当然向汉惠帝诉说了此事，汉惠帝心里非常生气。

第二天上朝的时候，惠帝严肃地向曹参问起此事。曹参向惠帝请罪后说："请问陛下，您跟高祖相比，哪一个更英明？"汉惠帝说："那还用说，我怎么能比得上高皇帝。"曹参说："那么，我跟萧相国比较，哪一个能干？"汉惠帝不禁微微一笑，说："好像你不如萧相国。"曹参说："陛下说的话都对。陛下不如高皇帝，我又不如萧相国。高皇帝和萧相国平定了天下，又制定了合乎时宜的规章制度，我们只要按照他们的规定继续执行，不失职就是作为了。"听罢曹参一席话，汉惠帝这才明白过来。

曹参用他的黄老学说，做了 3 年相国。由于那时候正处于长期战乱之后，人人需要安定，这套无为之策没有给百姓增加更多的负担，所以当时就有人编了歌谣称赞萧何和曹参。历史上把这件事称之为"萧规曹随"。

智慧鸟的三条忠告

一次，猎人捕捉到一只能说70种语言的鸟。鸟说：“放了我，我将给你3条重要忠告。”猎人同意了。

鸟儿告诉他：“第1条，做事过后，不要懊悔；第2条，如果有人告诉你一件事，你自己认为是不可能的，就别去相信；第3条，当你爬不上去时，就别费力去爬。”

猎人认为此鸟很有智慧，便把它放了。

鸟儿飞到一棵高高的树上，向猎人大声喊道：“你真愚蠢，你放了我，却不知道我嘴里还藏着一颗价值连城的珍珠呢。正是它让我聪明智慧！”

于是猎人企图重新捕获这只鸟。他奋力地向树上爬去。爬到一半的时候，他已经体力不支，但为了得到珍珠，仍然费力往上爬，结果一不小心，摔下来折断了腿。

智慧鸟其实嘴里并没有珍珠，这只是对猎人的考试，然而因为猎人物欲太盛，哪里能够通过！

对于贪心不改的人来说，生命的道理再是明明白白，也进不到心里去。所以，为学不易，为道更难。

像钥匙一样进入

一把坚实的大锁挂在大门上，一根铁杆费了九牛二虎之力，还是无法将它撬开。

钥匙来了，它瘦小的身子钻进锁孔，只轻轻一转，大锁就“啪”的一声打开了。

铁杆奇怪地问：“为什么我费了那么大的力气也打不开，而你却轻而易举地就成功了呢？”

钥匙说：“因为我最了解它的心。”

第四十九章　顺应民心德善德信

原文：

圣人无常心，以百姓之心为心。善者吾善之，不善者吾亦善之，德善；信者吾信之，不信者吾亦信之，德信。圣人在天下，歙歙焉为天下浑其心。百姓皆注其耳目，圣人皆孩之。

白话：

圣人没有自己的目的，以百姓的目的为目的。善良的人，我以善良待他；不善良的人，我也以善良待他，人人同德向善；诚信的人，我以诚信待他；不诚信的人，我也以诚信待他，人人同德守信。圣人治理天下，让天下万民浑朴而归心。万民百姓自然都会倾注其耳目，聆听他的教诲，学习他的品行，而圣人则待百姓如同自己的孩子。

感悟：

顺民心者得民心。天下太平，执政者一定代表了天下的民心。

人们的任何行为都来自于某种信念。心中坚守大道，当然就会坚守清静无为。

天下的父母有时会招来儿女的不孝，一个很大的原因就是他们往往会有所偏爱。

作为执政者，对于天下的百姓，更不能生出任何执著与偏爱之心。倘若自己不执著，百姓有什么样的心理，自然就能够感觉、接受和理解。倘若自己清静无为，那么天下的人都会心理平衡安分守己，好事者也无法利用自己的聪明巧智去妄为了。

孔子说："把正直无私的人提拔起来，置于邪恶不正的人之上，人们就会心服；把邪恶不正的人提拔起来，置于正直无私的人之上，人们就不会心服。"这正是"以百姓之心为心"。

善良诚实的人，我用善良诚实来对待他，他肯定会拥护我；不善良不诚实的人，我还是用善良诚实去对待他，他最终也会受到感化，从而成为善良诚实的人。若如此，天下之人也就都能向善从良诚信淳朴了。

"西方极乐世界"教化众生的导师阿弥陀佛，光明无量，寿命无量。人们听闻他的说法，内心充满愉悦喜乐，总能生发出趋向无上菩提正觉的真实向道之心。所以，"放下屠刀立地成佛"并非痴人说梦。

商人的守信和聪明

一个商人临死前告诫自己的儿子:“你要想在生意上成功,一定要记住两点:守信和聪明。”

“那么什么叫守信呢?”焦急的儿子问道。

“如果你与别人签订了一份合同,而签字之后你才发现你将因此而倾家荡产,那么你也得照约履行。”

“那么什么叫聪明呢?”

“不要签订这份合同!”

这位商人悟出的道理,不仅仅适用于商业领域。

爱因斯坦的态度

有位画家想给著名物理学家爱因斯坦画一幅画,却遭到了拒绝:“不,不,先生,我没有时间。”

几番请求之后,爱因斯坦仍不同意,画家有些着急:“你必须答应我为您画像,因为我急着靠这幅画赚钱谋生啊!”

“噢,原来是这样,”爱因斯坦马上改变了态度,“我当然可以坐下来让您画像。”

在平时的人际交往中,往往把自己摆在弱者的位置是不够的,你还要让处在强者位置的人感到你的诚实、朴素和可爱。爱因斯坦有着崇高的地位,但更有一颗善良包容的赤子之心。

你开车开得好极了

有人意味深长地讲述了这么一件“小事”。

他在城里和一位朋友同乘一辆计程车。快下车时,他的朋友对司机说:“谢谢你。你开车开得好极了。”

司机愣了一下,然后说:“你是在说俏皮话还是什么?”

“不,老兄,我不是开你的玩笑。交通那么拥塞而你却能始终保持冷静和灵动,我真的很佩服。”他的朋友非常真诚地这样表示。

“噢。”司机微笑了一下,开车走了。

“这是很平常的事,你今天怎么啦?”他问。

“我是想使人们恢复爱心,”他的朋友说,“只有这样才能拯救这个

城市。”

“一个人怎能拯救一个城市?”

“不是一个人,我相信我已经使那个计程车司机今天一整天都心情愉快。假定他今天要载客20次,他将会因为曾经有人待他友好而待他那些客人也好;然后他那些客人也会因此而待他们的雇员、店主、侍者以及自己的家人更加和颜悦色;那些人也会因此而对更多的人和颜悦色;到最后,这份好心善意可能传达给至少1000人。是这个道理吧?”

情绪的确会传染,我们的爱心也会在彼此的交流中相互传递。举手投足之间的善意,可以带给他人、带给无数的人快乐,只要我们相信,只要我们去努力。

第五十章　怕死贪生更入恶境

原文：

出生入死。生之徒十有三；死之徒十有三；人之生生，动之于死地亦十有三。夫何故？以其生生之厚。盖闻善摄生者，陆行不遇兕虎，入军不被甲兵。兕无所投其角，虎无所措其爪，兵无所容其刃。夫何故？以其无死地也。

白话：

出世为生，入地为死。属于长命之人，十分占有三分；属于短命之人，十分占有三分；本可长命之人，但却提前走向死路的，也是十分占有三分。长命之人为什么短命呢？因为他们追求养生过度。善于摄护养生的人，陆地行走不会遇到犀兕猛虎，在战争中不会受到甲兵伤害。犀兕没有地方投抵它的尖角，猛虎没有地方使用它的利爪，兵器没有地方容受它的锋刃。这是为什么呢？因为他不会进入被死亡和危险笼罩的范围。

感悟：

生生死死，死死生生，自然而然。不过，有一些人本来可以长寿，结果却走向了死地，那就值得一提了。因为他们不是死得其所，而是死得遗憾。

洪应明提醒世人：“花看半开，酒饮微醉，便大有佳趣；若烂醉如泥，便成恶境。”如果人们非要奉养自己过度，执著于“生生之厚”，那就只有促死了。

真正善于养护生命的人，深知太多的人正是死于贪生怕死，所以他们懂得遵道而行，不怕死，也不找死，身心康健，总能远离伤害。

孔子坚持“危邦不入，乱邦不居”，他对颜渊说：“用我就干，不用则隐，只有你我才能做到这样吧！”子路问孔子：“老师您如果统帅三军，那么希望和谁在一起共事呢？”孔子回答：“赤手空拳和老虎搏斗、盲目涉水过河、死也不后悔的人，我是不会和他在一起共事的。我希望一起共事的，一定是遇事小心谨慎、善于谋划善于达成目标的人。”这就是孔子的生存智慧。

佛家慧能有偈：“菩提本无树，明镜亦非台。本来无一物，何处惹尘埃？”这正是告诫我们：世上本无事，庸人自扰之。

牛粪堆里的小鸟

寒冬来临，一只小鸟快要冻僵了。

小鸟飞到一块空地上，正好一头牛经过，拉下一堆牛粪在它的身旁，小鸟顿时感到了一股暖气。

冻僵的小鸟跳进粪堆里，觉得很温暖，它惬意而舒服地躺着，不久竟唱起歌来。

一只路过的野猫听到声音，便走过去看个究竟。循着声音，野猫很快发现了躺在粪堆里的小鸟，于是把它拽出来吃掉了。

不是每个往你身上拉大粪的人都是你的敌人，也不是每个把你从粪堆里拉出来的人都是你的朋友。

再有，当你躺在温暖的粪堆里时，最好把嘴闭上！

古罗马皇帝的识人法

古罗马有个皇帝，常派人观察那些第二天就要被送上竞技场与猛兽空手搏斗的死刑犯，看他们在等待死亡的前一夜有着怎样的表现。如果发现这些死刑犯中居然有人面不改色呼呼大睡，便会将他在第二天早上赦免，然后训练成带兵的猛将。

古时中国有个皇帝，在接见新来的臣子时总是故意叫他们在外面等待，迟迟不予理睬，再偷偷观察这些人的表现。对那些悠然自在、没有焦躁之容的臣子，自然会刮目相看。

有些养鸟的行家在选鸟的时候，会故意去惊吓它，那些稍有风吹草动就惊慌失措的鸟儿，他们绝不选择。

生命当珍惜珍重，但过于贪生怕死，反而死得更快。将生命融于自然，在关键时刻泰然面对甚至视死如归，说不定反而出现生机。

当沙锅与铁锅结伴

铁锅建议沙锅与它结伴旅行，沙锅委婉地表示自己最好还是待在炉火旁，因为一不小心，自己就将粉身碎骨，变成碎片一堆。“与你比，”它说，“你要比我硬朗，没有什么能使你受损。”

“我可以保护你，”铁锅说，“假如有什么硬东西要碰撞你，我会将你们隔开，使你安然无恙。”

沙锅终于被铁锅说服了，就与它结伴上了路。两个三条腿的家伙一瘸一拐在路上行走。

稍有磕碰，两口锅就撞在了一起，沙锅难受死了，走不到百步，还没来得及抱怨，沙锅就被它的保护者撞成了一堆碎片。

不受诱惑，学会拒绝，我们才会不入“死地”。

第五十一章　尊道贵德万物本性

原文：

道生之，德畜之，物形之，势成之。是以万物莫不尊道而贵德。道之尊，德之贵，夫莫之命而常自然。

白话：

大道生成了它，大德养育了它，万物形容了它，环境成就了它。因此，万物无不尊崇大道珍贵大德。大道所以尊崇，大德所以珍贵，因为它们对万物不加干扰而顺其自然。

感悟：

大道和大德是万物的祖宗。大道生成万物，大德哺育万物，万物在大道大德中成形、成长、成熟、衰老、死亡、新生，循环往复，永无休止。

然而，万物的一切生死兴衰，大道和大德都不会挂在心上。正因为大道和大德只是一个自然而然，才胜于有弊而无益的那些刻意的关爱。

对于舜和禹的“玄德”，孔子发出由衷的赞叹：“多么崇高啊！舜和禹君临天下，却不据为己有。”

在道家和佛家看来，道不在心外，而在心内；心不在身内，也不在身外；道非物外，物外非道。

“思”，就是心上有格子，也就是分别之心；“识”，其实就是妄心。

我们的妄心、分别心和浮躁心，一旦变成清静心、平常心和智慧心，就能复归于光明的本性，感悟生之畜之长之育之成之熟之养之覆之的天地之德，从而获得宇宙生命的高峰体验。

事典

抖落生命中的泥沙

有一天，一头驴子不小心掉进一口深深的枯井里。农夫绞尽脑汁想办法救它，但几个小时过去了，驴子还在井里痛苦地哀嚎着。

两天后，这位农夫决定放弃。他想这头驴年纪大了，不值得太费周折，况且它可能很快就要死了。不过无论如何，这口危险的枯井还是得填起来。于是农夫就请来左邻右舍帮忙，准备一起将井中的驴子埋了，既填井又免除驴子的痛苦。

农夫的邻居们人手一把铲子，开始将泥土铲进枯井中。当这头驴子感觉到自己的处境时，又开始凄惨地叫起来，但不一会儿它就安静下来了。

农夫好奇地探头往井底一看，出现在眼前的情形令他大吃一惊：当铲进井里的泥土落在驴子的背上时，驴子的反应令人称奇——它将泥土抖落在一旁，然后站到铲入的泥土堆上面。

就这样，驴子一步步上升，最后，终于上到了井口，在众人惊讶的表情中，它快步地跑开了。

人们骂人常用“蠢驴”来形容，而“蠢驴”也懂得自然而然地抖落生命中的泥沙。

郝冀川（插图）

饥时餐饭倦来眠

一个学僧到法堂请示禅师道：“我常常打坐，时时念经，早起早睡，心无杂念，自忖在您座下没有一个人比我更用功了，可为什么就是无法开悟？我应该怎么做呢？”

禅师答：“饿了就吃饭，困了就睡觉。”

学僧不解，便问道："天下所有人不都是一样的吗？饿了都会吃饭，困了都会睡觉。"

禅师答："不同。"

学僧问："有何不同？"

禅师语重心长地说："太多的人吃饭时，不肯好好吃饭，东张西望；睡觉时，不肯好好睡觉，胡思乱想。"

清静心、平常心就是智慧心。人生哪有什么死结，想通了，不过就是——饥时餐饭倦来眠。

过不了河就回头

竞秀禅师身边聚拢着一帮虔诚的弟子，这天，他嘱咐弟子每人去南山打一担柴回来。

弟子们匆匆行至离山不远的河边，只见洪水从山上奔泻而下，渡河打柴绝无可能，于是无功而返。

弟子们低着头来到禅师面前，说明原因。这时，一个小弟子从怀中掏出一个浆果，坦然地对禅师说："过不得河，但我看见河畔树上结满浆果，于是就摘来充饥，还带了一个给师傅您。"

禅师微笑颔首，对弟子们说："世间总有过不了的河，过不了就回头嘛；回头之时，看看自己能做些什么，这也是一种智慧啊！"

第五十二章　归根守本没身不殆

原文：

天下有始，以为天下母。既得其母，以知其子；既知其子，复守其母，没身不殆。塞其兑，闭其门，终身不勤。开其兑，济其事，终身不棘。见小曰明，守柔曰强。用其光，复归其明，无遗身殃，是谓袭常。

白话：

天下万物都有本始，可以视为天下万物之母。既然知道天下万物之母，就能认识万物；既然认识了万物，又坚持守护着万物之母，那么终其一生都不会危殆。堵住贪婪窍门，关闭嗜欲之径，终其一身都不会烦恼苦辛。打开贪婪窍门，放纵身体嗜欲，终身不得救治。察见细小者眼明，坚守雌柔者刚强。用智慧之光，可复归内在之明，那就不会遭遇什么灾殃，这是颠扑不破的常道和真理。

感悟：

世间没有无本之木，无源之水，一切事物皆有因果。

生命的本根，就是母亲。找到了母亲，又从母亲的角度再来认识她的孩子，也即我们自身，就会更加深刻而真切。

忘记了母亲，忘记了本根，我们必将失去生命的智慧之光，人生变得迷迷茫茫。

懂得归宗认祖，懂得"习常"，我们就能闭兑免殃，就不会因为忘了自己是谁而放纵造次。

有子就说："一个孝顺父母敬爱兄长却喜好触犯上司权威的人，那是很少见的。不喜好触犯上司权威而喜好造反的人，那是没有的。君子致力于根本，根本建立了，治国做人的原则也就有了。孝顺父母敬爱兄长，这恐怕是仁之根本啊！"

对于没有心灵生活的人而言，外部世界就是一切。然而外部世界再是精彩，也无法填补内在的苍白与虚空。

"诸恶莫作，众善奉行，自净其意，是诸佛教。"如果物欲强盛贪心不改，无论何方神圣，都无法保佑这样的生灵！

放纵欲望，最终定会被欲望之火把生命的幸福焚烧殆尽。

幸福就是现在

一个富人和一个“穷人”谈论什么是幸福。

“穷人”说：“幸福就是现在。”

富人望着“穷人”简陋的茅舍、破旧的衣着，轻蔑地说：“这怎么能叫幸福呢？我的幸福可是百间豪宅、千名奴仆啊！”

但是，有一天，一场大火把富人的百间豪宅烧得片瓦不留，奴仆们各奔东西。一夜之间，富人沦为乞丐。

七月流火，汗流浃背的这位乞丐路过“穷人”的茅舍，想讨口水喝。“穷人”端来一大碗清凉的水，问他：“你现在认为什么是幸福？”

乞丐眼巴巴地说：“幸福就是此时你手中的这碗水！”

其实，幸福本来就存在于当下的生活，只有将一个一个开心的当下串联起来，才会有一生一世的幸福。珍惜现在吧，你手中的一杯水、一顿粗茶淡饭、一份薪水或许并不丰厚的工作……只要懂得知足，这些，都是幸福！

杨修的悲剧

三国时期，才华出众的杨修在曹操手下任主簿。起初曹操很是重用他，而杨修处处显示聪明，每次都能猜出主公的心意，久而久之，曹操对他渐生反感。

建安24年，曹操亲自率军到汉中与刘备决战，然而战事不利，前进则困难重重，撤退又怕被人耻笑。

一天晚上，护军来请示夜间的口令，曹操正在喝鸡汤，就顺便说了声：“鸡肋”。

杨修听得明白，不等上级命令，便指示随从军士收拾行装，准备撤退。

曹操知道以后，十分生气。杨修辩解说：“魏王传下的口令是‘鸡肋’，可鸡肋这东西，弃之可惜，食之无味，正和我们现在的处境一样，不如早归，所以我才先准备起来，以免到时慌乱。”曹操一听大怒：“你小子怎敢乱我军心！”于是喝令刀斧手，立即推出斩首，并把他的首级悬挂在辕门之外，警戒三军。

为什么古人说“察见渊鱼者不祥”？因为用眼过度了，用心过度了，聪明过度了！

看他人明了,察自己不易。当今社会“开其兑,济其事”的“杨修”们,其实更多。

姑娘,来看看画吧

一个对生活极度厌倦的绝望少女打算以投湖的方式离开这个世界。

来到湖边,她看到了一位正在写生的画家。少女走过时,鄙薄地睨了画家一眼,心想:真是幼稚,那鬼一样狰狞的山有什么好画的!那坟场一样荒废的湖有什么好画的!

因为画家神情怡然,少女于是停下了脚步,想看看画家还要画些什么“鬼东西”。

画家似乎注意到了少女的存在和情绪。一会儿,他开口说话了:“姑娘,来看看画吧。”

她走过去,傲慢地睨视着画家和画家手里的画。

但是她很快就被画面吸引住了,因为她从来没有发现过世界上还有如此动人的风景——这位画家竟然将“坟场一样”的湖面画成了天上的仙境,将“鬼一样狰狞”的山画成了长着翅膀的美丽女人,而且,他还将这幅画命名为“生活”!

少女的身体在变轻,在飘浮,她感到自己就是那袅袅婀娜的云……

接下来,画家突然挥笔在这幅美丽的画上点上了一些黑斑,似污泥,又像蚊蝇。

少女惊喜地说:“星辰和花瓣!”

画家满意地笑了:“是啊,美好的生活需要我们自己用心去发现!”

就这样,少女把投湖自杀的事情忘得一干二净。

为什么有人总会郁郁寡欢,以至于对生活对生命感到厌倦?因为产生欲望的速度太快,实现欲望的速度太慢,而且,有些欲望根本就不可能实现!

人心向善,人心清净,就会拥有免疫的能力,就能将心中的丑陋和阴暗面彻底摒弃,从而发现生命之美,自然之美。

第五十三章　盗夸非道捷径更险

原文：

使我介然有知，行于大道，唯施是畏。大道甚夷，而民好径。朝甚除，田甚芜，仓甚虚；服文彩，带利剑，厌饮食，财货有余。是谓盗夸，非道也哉！

白话：

圣人使我昭然明白，所以我行进在那康庄大道，唯恐走上邪路。康庄大道非常平坦，而世人却偏好看似快捷的邪径。朝政极为腐败，农田非常荒芜，仓库十分空虚；有人却身穿锦绣衣服，腰佩锋利宝剑，吃厌精美饮食，钱财货物搜刮有余。这真是强盗的夸耀，决非正道呵！

感悟：

因为物欲，我们的人生总是在痛苦中不断挣扎。

自以为聪明的人，往往喜欢走小路，因为小路可能是捷径。然而，太多的人正是死在捷径上。

知巧必用、宠辱大惊者，早已注定了失败的人生命运。

关于物质追求，当遵循三个原则：第一，不超越自己生理的实际需求；第二，不超越自己的创造能力；第三，不超越自己所处的环境。物质享受一旦超越这三个原则，内外和谐都会遭到破坏，而和谐一旦不再，那就没有什么健康、快乐和幸福可言了。

孟子力主仁政，反对暴政，对那些“独夫民贼”，他痛恨至极地怒骂道：“争地以战，杀人盈野；争城以战，杀人盈城。此所谓帅土地而食人肉，罪不容于死！”

为富不仁者与强盗无异，强盗的自我夸耀虽能逞一时之快，终究是个不祥的结局。

积财丧道。所以佛家提醒纵情享乐的人们：上天有眼，时刻都在加减乘除！

事典

不断索取的人是乞丐

有两个人死后来到阴曹地府，阎王查看过功德簿后说：“你俩前世未作大恶，准许投胎为人。但是现在只有两种人可供选择：付出的人和索取的人。也就是说，或者必须过不断付出、给予的人生，或者必须过不断索取、接受的人生。”

甲暗想：索取、接受就是坐享其成，太舒服了！于是他抢先要求：“我要过索取、接受的人生。”

乙则表示甘愿过不断付出、给予的人生。

结果，要求过索取、接受人生的甲，投胎转世后成了一个乞丐，每天都在索取和接受；而乙呢，因为选择过付出、给予的人生，转世后变成了一个富人，每天都在给予和付出，愉快地从事着慈善的事业。

祸起象牙筷

商朝末期，有人送了纣王一双用象牙做的筷子。纣王十分高兴，马上使用这双象牙筷就餐。

纣王的叔父箕子见了，劝他收藏起来，而纣王却满不在乎，满朝文武大臣也不以为然，认为这本来是一件很平常的小事。

箕子为此忧心忡忡，有大臣问他原因，箕子回答说：“纣王用象牙做筷子，必定再不会用那些土制的瓦罐杯碗，肯定要改用犀牛角做成的杯子和美玉制成的饭碗；有了象牙筷、犀牛角杯和美玉碗，难道还会用它来吃粗茶淡饭和豆子煮的汤吗？大王的餐桌从此顿顿都要摆上美酒佳肴了！吃的是美酒佳肴，穿的自然要绫罗绸缎，住的就要求富丽堂皇，接下来一定会大兴土木筑造楼台亭阁尽情取乐。一想到这样的后果，我就感到不寒而栗啊！”

仅仅5年时间，箕子的预言果然应验了。商纣王恣意骄奢，飞扬跋扈，结果断送了商汤绵延500年的江山。

小公务员之死

某机关一个小公务员一直过着安分守己的日子。有一天。他忽然得到通知，一位远房亲戚在国外死去，由于无后等各种原因，临终时指定他为遗产继承人。

那是一个价值万金的珠宝商店。小公务员欣喜若狂，开始忙忙碌碌地为出国做种种准备。

待到一切就绪即将动身时，他突然又得到通知：一场大火烧毁了那个商店，珠宝也丧失殆尽，而他那个亲戚，恰恰没有购买相应的财产保险！

小公务员空欢喜一场，不得不重返机关上班。从此，他似乎变了一个人，整日愁眉不展，逢人便诉说自己的不幸：“那可是一笔很大的财产啊，我一辈子的薪水还不及它的零头呢！”

“你不是和从前一样，什么也没有丢失吗？”他的一个同事问道。

“这么一大笔财产，你竟然说我什么也没有失去！”小公务员心疼得叫起来。

“在一个你从未到过的地方，有一个你从未见过的商店遭了火灾，这与你有什么关系呢？”同事努力劝他看开一点，但小公务员哪里听得进去。

不久以后，小公务员死于忧郁症，为了那从来没有见到的珠宝商店。

第五十四章　善建不拔善抱不脱

原文：

善建者不拔，善抱者不脱，子孙以祭祀不辍。修之于身，其德乃真；修之于家，其德乃余；修之于乡，其德乃长；修之于国，其德乃丰；修之于天下，其德乃普。故以身观身，以家观家，以乡观乡，以国观国，以天下观天下。吾何以知天下之然哉？以此。

白话：

善于建树就不会被毁拔，善于抱持就不会脱落，于是子子孙孙祭祀不绝。以无为而无不为的此道贯彻于己身，德性将会纯真；以此道贯彻于一家，德性将会盈余；以此道贯彻于一乡，德性将会久长；以此道贯彻于一邦，德性将会厚丰；以此道贯彻于天下，德性将会遍普。所以观照自身就能观照他人，观照一个家庭就能观照多个家庭，观照一处乡里就能观照多处乡里，观照一个国邦就能观照多个国邦，观照一片天下就能观照整个天下。我是怎么知晓天下情况的呢？就是根据这一规律。

感悟：

人皆希望有建树，而建树的概念一旦强化过度，人生就会患得患失。

人皆希望能抱持，而抱持的概念一旦强化过度，人生就会顽固偏执。

人皆希望去创新，而创新的概念一旦强化过度，人生就会忘却根基。

持久的建树、抱持、创新，都必须守住一个基本的前提——行于大道！

将无为而无不为的思想方法贯彻于自身、家庭、乡里、国家甚至全天下，以德配天，我们才能拥有一个和谐的人类世界。

无志者，常立志；有志者，立长志。遵道而为的志向，才会是真正的长志；顺应自然的信念，才会是永恒的信念。

有人问孔子什么不为政？孔子回答说："以孝悌的品德影响政事，也就是为政了，为何认为只有亲理政事才算是为政呢？"孔子在这里阐释的，就是修身的价值和意义。

修多大的德，成多大的事。佛陀的智慧观，即是般若与菩提。成佛，即是觉行圆满，证得无上菩提。菩提是果位的智慧，成佛的智慧；般若则是因位的智慧，得度的智慧。佛法救度众生的方法是般若，它让人业消智朗，福至心灵。

开不败的爱情之花

这是歌曲《爱的代价》中的一段旁白。

一个男孩对一个女孩说:如果我只有一碗粥,我会把一半给母亲,另一半给你。于是女孩喜欢上了这个男孩。

有一次村里发大水,男孩忙着去救别人,而没有去救女孩,别人问他为什么,男孩说,如果她死了我也不会独自活在这个世上。这一年女孩20岁,男孩22岁,女孩嫁给了男孩。

闹饥荒的年月,两人只有一碗粥,他们互相谦让,都想让对方吃下去,结果1碗粥3天后发了霉。那时他们分别是40岁和42岁。

他52岁那年,因家庭成分不好被挂上牌子批斗,50岁的她心甘情愿地陪伴着他。她告诉他:“无论有多大的苦多大的难,你是我生命中爱河的唯一的源头!”

许多年过去了,他们成了70多岁的老人。在一次坐公共汽车时,有一位年轻人给他们让座,他们都不肯自己坐下而让对方站着,于是两个人紧紧靠在一起抓着扶手。

这时车上所有的人都被这美丽而朴素的场景感染了,齐刷刷站了起来,充满无限敬意的眼睛,看到了他们心中的玫瑰花依然盛开,醉人的温馨里,浸润着浓浓的爱意。

什么是爱情? 各种理解和说法太多。今天的人们已经习惯了口头上的海誓山盟、绚丽的婚纱照以及豪华的婚车婚礼,但是有几簇爱情之花长开不败呢?

都怪自己不小心

在一个深山老林里,有两座相距不远的寺庙。甲庙的和尚经常吵架,人人脸色冷峻;乙庙的和尚和气长在,个个笑容满面。

甲庙的住持看着乙庙的和尚们天天开心和睦,心里非常羡慕,但又不知其中的奥妙。于是,有一天他特地来到乙庙,向一位小和尚讨教秘方。

住持问:“你们有什么好方法使庙里一直保持和谐愉快的气氛呢?”

小和尚不假思索地回答道:“因为我们都知道自己可能经常会做错事情。”

正当甲庙住持感到疑惑不解之时,忽见一和尚匆匆从外面回来,走进大厅时不慎摔了一跤。这时，正在拖地的和尚立刻跑过来，一边扶他一边道歉："真对不起！都是我的错，把地拖得太湿，让你摔了。"

站在大门口的和尚见状也跟着跑过来说："不，都是我的错，没有提醒你大厅里正在拖地，应该小心一点。"

摔跤的和尚没有半句怨言，只是自责地说："不，不，是我的错，都怪我自己太不小心了。"

甲庙住持看了这精彩的一幕，恍然大悟。终于明白了乙庙和尚和睦相处的奥妙所在。

逃避责任和心怀抱怨，只会引发人与人之间更多的争吵与隔阂；勇于承担责任，既能让自己成长，又使他人的心灵洒满阳光。

先自度，再度他

一位安葬于西敏寺的英国主教的墓志铭上写着——

我年少时，意气风发，踌躇满志，当时曾梦想要改变世界。当我年事渐长，阅历增多，我发觉自己无力改变世界，于是我缩小了范围，决定先改变我的国家，但是这个目标还是太大了。接着我步入了中年，无奈之余，我将试图改变的对象锁定在最亲密的家人身上，但天不从人愿，他们个个还是维持原样。当我垂垂老矣，终于顿悟了一些事情：我应该首先改变自己，用以身作则的方式影响家人。若我能够先成为家人的榜样，也许下一步就能改善我的国家，再后来甚至可能改造整个世界，谁知道呢！

自己还不会站立，就想去辅助别人站起来，是许多人的通病。

"先存诸己而后存诸人"，也就是自立立人，自度度他。

第五十五章 厚德之人赤子之心

原文：

含德之厚，比于赤子。毒虫不螫，猛兽不据，攫鸟不搏。骨弱筋柔而握固，未知牝牡之合而浚作，精之至也。终日号而不嗄，和之至也。精和曰常，知常曰明，益生曰祥，心使气曰强。物壮则老，谓之不道，不道早已。

白话：

道德涵养深厚，就好比那初生赤子。蛇蝎之虫不咬噬他，凶猛野兽不伤害他，鸷厉猛禽不搏击他，他骨头软弱筋内温柔但拳头紧握。他还不懂男女阴阳交合，但小小的生殖器却自然勃起，这是因为精气充沛的缘故啊。他整日哭号但喉咙不嘶哑不嗄，因为元气淳和。懂得元气淳和的道理就是知“常”，知“常”就会明智；贪生纵欲就会留下灾殃，以不轨之“心”去使“身之气”，也就是逞强。事物追求鼎盛则会更快地衰老，这就叫做不合大道，不合大道就会早亡。

感悟：

赤子初生，天真无邪，整天被保护在父母的羽翼之下。所以成年的人们，对儿童总是心生羡慕。

孟轲有言：“大人者，不失其赤子之心者也。”

道德修养深厚的人好比赤子；保有赤子之心道便与我们同行。

赤子之心是开放的心。道德修养深厚的人好比赤子，保有赤子之心道便与我们同行。

赤子之心是真我的回归，赤子之心是无法污染的神圣；赤子之心是晶莹的白玉，虽不华美耀眼，却有一种清澈的魅力。

一切的美好，首先都来自于真挚，倘有一点矫揉造作，价值就会大大降低。所以说“惟大英雄能本色，是真名士自风流”！

宋国司马桓魋砍倒大树，而且要杀孔子。孔子说：“上天把德赋予了我，那桓魋能把我怎么样？”事实上，孔子总是化险为夷，因为他“含德之厚，比于赤子”。

中国人以“和”治天下。因为“和”是“大本”，“和“是“达道”！

明白常理，我们就知道和气的重要，一旦好胜逞强，用贪欲之心去使唤自己的精力气血，那就会迅速走向衰竭。

抢占物欲世界的最高位，我们将处处失和，并且迷失生命中真正的目标。

身和同住、口和无诤、意和同悦、戒和同修、利和同均、见和同解——佛法的“六和”，同样堪称和谐人生的指南。

事典

假如校长一声吼骂

天热了，学校离海不远，老师把学生带到海边游玩。

校长自己站在水深处，规定学生以他为界，只能在水浅处嬉戏。

孩子们都乐疯了，连最胆小的也下了水。终于，大家都玩得尽兴了，开始上岸。这时，发生了一件事，把校长吓得目瞪口呆。

原来，那些一、二年级的小女孩上得岸来，觉得衣服湿了不舒服，光天化日之下，便当众把衣裤脱了，并在那里拧起水来。

校长当时心里的第一个冲动，便是想冲上前去喝止……但是，凭着一个教育家的直觉，他等了几秒钟。

这一等，太好了——他发现四下里其实并没有任何人在大惊小怪。高年级的同学也没有人投来异样的眼光，傻傻的小男生更不知道他们的女同学不够淑女，海滩上仍是一片天真欢乐。小女孩的行为不曾骚扰任何人，她们很快拧干了衣服，重新穿上，就像船过水无痕，什么麻烦都没有留下。

难以想象，如果校长当时一声吼骂，会给那次快乐的海滩之旅带来多么愁惨尴尬的阴影，孩子们的赤子之心必将蒙上尘埃。

束缚想象力的绳索

一家机构搞了一次别开生面的智力测验：用粉笔在黑板上画上一个圆圈，让被试者回答这是什么。

问到大学生，他们哄堂大笑，拒绝回答这个只有傻瓜才回答的问题。

问到初中生，一个尖子生举手回答“是零”，一个调皮学生大喊“英文字母的O”，却遭到班主任的白眼。

最后问及小学一年级的孩子们，他们异常活跃地举起小手回答：“是白兔”，“是乒乓球”，“是烧饼”，“是李谷一唱歌时的嘴巴”，“是老师发脾气时的眼睛”……

测验结论：随着人们年龄的增长，所受教育越多，想象力越是苍白。

年龄和阅历往往成为束缚想象力的绳索，而浪漫的童心才总是充溢创造的活力。

什么是气

有一个妇人，特别容易为一些琐碎的小事生气。她也知道自己这样不好，便去求一个高僧为自己谈禅说道，开阔心胸。

高僧听了她的讲述，一言不发地把她领到一座禅房中，落锁而去。妇人气得跺脚大骂。

骂了许久，高僧也不予理会。妇人于是开始哀求，高僧仍是无动于衷。

妇人终于沉默了。

高僧来到门外，问她："还生气吗？"

妇人说："我只为我自己生气，我怎么会到这个地方来受这份罪。"

"连自己都不肯原谅的人，怎么可能心如止水？"高僧拂袖而去。

过了一会儿，高僧又来问她："还生气吗？"

"不生气了。"妇人说，见高僧还是不放她出来，便问为什么还不给自己开门？

"你的气并未消，还压在心里，爆发后将会更加剧烈。"高僧又离开了。

高僧第3次来到门前时，妇人告诉他："我不生气了，因为不值得气。"

"还知道值得不值得，可见心中还有衡量，还有气根。"高僧笑道。

当高僧的身影迎着夕阳立在门外时，妇人问高僧："大师，什么是气？"

高僧将满杯茶水倾洒于地。妇人视之良久，顿悟。遂叩拜而去。

怨愤之气是由别人吐出而你却接到自己口里的那种东西，你吞下便会反目，你不看它时，它就自会消散。

第五十六章　消解纠纷和光同尘

原文：

知者不言，言者不知。塞其兑，闭其门，挫其锐，解其纷，和其光，同其尘，是谓玄同。故不可得而亲，不可得而疏；不可得而利，不可得而害；不可得而贵，不可得而贱。故为天下贵。

白话：

悟道的人总是言语不多，喜欢多言的人其实一知半解。堵塞嗜欲的孔窍，关闭贪婪的门径，挫钝锋芒，消解纠纷，收敛光耀，混同尘世，这就叫做“玄妙齐同”。因此人们不可能对他亲近，不可能对他疏远，不可能对他利用，不可能对他戕害，不可能让他接受荣耀，不可能使他卑微低贱。所以他最为天下人所尊贵。

感悟：

世俗中人之所以立功、立德、立言，大多是希望别人乃至天下人重视自己；得道之人为天下人所尊贵，恰恰因为他毫无传世之心。

真正的美与妙，是不可以言说的，所以说智者不言。

长了一张嘴，不可能不说，但我们应该学会怎样去说。言多易失，说话多者，总是给人留下是非把柄。

收敛锋芒和锐气，既不伤害他人，也不伤害自己。

越是成为耀眼的焦点，越容易暴露弱点；保持适当的距离，便会感觉美好长在。

曲高和寡，所以欲成大器，须得与世俗的尘埃和同起来，但当同流而不合污。

和光同尘并非“乡愿”。老子有“我独异于人，而贵食母”的坚守，儒家更有“善相劝，德皆建；过不规，道两亏”的告诫。

得道之人是自在的，又是自足的，他的精神和灵魂已经融入自然之中，所以人们只好像对待大自然那样地敬重他、尊贵他。

“心心相印”来自佛家。因为真正的“法”不是口传手传，而是心传，即以心相印。佛法所关心的不是玄学的空谈，不是钻牛角尖的争辩，而是人生的现实，目的在于断除烦恼，悟入解脱，实现人生的超越，所以佛法为天下所贵。

老禅师的宽容

老禅师晚上在禅院里散步，发现墙角有一张椅子。他知道，一定是有人不顾寺规，越墙出去游玩了。

于是他搬开椅子，蹲在原处观察。没多久，果然有一位小和尚翻墙而入，在黑暗中踩着老禅师的后背跳进了院子。

当小和尚双脚落地的时候，才发觉刚才踏的不是椅子，而是自己的师傅，他顿时惊慌失措。

出乎意料的是，老和尚并没有责备他，只是以平静的语调说：“夜深天凉，快去加件衣服。”

小和尚感激涕零，回去后将此事告诉了其他师兄师弟。此后，再没有人夜里越墙出去闲逛了。

宽容并非纵容，言传不如身教。

王者的风范

亚历山大大帝骑马旅行到俄国西部。一天，他来到一家乡镇小客栈住下，为进一步了解民情，他决定徒步旅行，穿着一身没有任何官衔标志的平纹布衣。

当他走到一个三岔路口时，记不清回客栈的路了。这时，他看见有个军人站在一家旅馆门口，便走上前去问道：“朋友，你能告诉我去客栈的路吗？”

那军人叼着一只大烟斗，头一扬，高傲地把眼前这位身着平纹布衣的旅行者上下打量一番，傲慢地答道：“朝右走！”

“谢谢！”大帝又问道，“请问到客栈还有多远？”

“1 英里。”军人生硬地说，并瞥了陌生人一眼。

大帝抽身道别，不过刚走出几步又停住了，回来微笑着说：“请原谅，我可以再问你一个问题吗？”

那军人满脸傲气，似乎让别人不敢再问他。片刻之后，才答道：“什么事？”

大帝彬彬有礼地说：“如果你允许我问的话，请问你的军衔是什么？”

军人猛吸了一口烟说：“猜嘛。”

大帝风趣地说：“中尉？”

军人的嘴唇动了一下，意思是说不止中尉。

“上尉？”

他摆出一副很了不起的样子说：“还要高些。”

“那么，你是少校？”

“是的！”他高傲地回答。

于是，大帝敬佩地向他敬了礼。

少校转过身来摆出对下级说话的高傲神态，问道：“假如你不介意，请问你是什么官？”

大帝乐呵呵地回答：“你猜！”

“中尉？”

大帝摇头说：“不是。”

“上尉？”

“也不是！”

少校走近仔细看了看说：“那么你也是少校？”

大帝微笑着说：“继续猜！”

少校取下烟斗，那副高傲神态一下消失了。他用十分尊敬的语气低声说：“那么，你是部长或将军？”

“快猜着了。”大帝说。

“殿……殿下是陆军元帅吗？”少校结结巴巴地说。

大帝说：“我的少校，再猜一次吧！”

“皇帝陛下！”少校的烟斗从手中一下掉到了地上，猛地跪在大帝面前，忙不迭地喊道：“陛下，饶恕我！陛下，饶恕我！”

“饶你什么，朋友？”大帝笑着说，“你没伤害我，我向你问路，你告诉了我，我还应该谢谢你呢！”

蔺相如的挫锐解纷

战国时期，齐、楚、燕、韩、赵、魏、秦“七雄”中，数秦国最为强大，常常欺侮赵国。赵王的一个大臣蔺相如在几次与秦国的交涉中，凭着机智和勇敢，给赵国争得了不少面子。秦王因为赵国有这样的人才，不敢再小看赵国了。

于是赵王就封蔺相如为“大夫”，后来又封为上卿（相当于后来的宰相）。赵王如此看重蔺相如，气坏了赵国的大将军廉颇。他想：我为赵国苦战拼命，功劳难道不如蔺相如吗？蔺相如就凭一张嘴，地位倒比我还高！他越想越不服气，扬言说：“我要是碰着蔺相如，要当面给他点儿难堪，看他能把我怎么样！”

蔺相如知道了廉颇的怨气后，立刻吩咐自己手下的人须对廉颇手下的人更加谦让。蔺相如自己坐车出门，只要听说廉颇打前面来了，就叫车夫把车子赶到小巷子里，等廉颇过去了再走。

廉颇手下的人看见上卿如此让着自己的主人，更加得意了，见了蔺相如手下的人就嘲笑他们。蔺相如的手下受了气，就跟蔺相如抱怨说：“您的地位比廉将军高，他骂您，您反而躲着他、让着他，他越发不把您放在眼里啦！这么下去，我们可受不了！”

蔺相如心平气和地问他们：“廉将军跟秦王相比，哪一个厉害呢？”大伙儿说：“那当然是秦王厉害。”蔺相如说：“对呀！我见了秦王都不怕，难道还怕廉将军吗？要知道，秦国现在不敢来打赵国，就是因为国内文官武将一条心。我们两人好比是两只老虎，两只老虎要是打起架来，免不了有一只要受伤，甚至死掉，这就给秦国造成了进攻赵国的好机会。你们想想，国家的事情要紧，还是个人的面子要紧？”听了这一番话，大家非常感动，以后看见廉颇手下的人，更是小心谨慎。

蔺相如的这番话后来传到了廉颇的耳中，他顿时惭愧不已，脱掉一只袖子，露着肩膀，背了一根荆条，直奔蔺相如家。蔺相如听闻，连忙出来迎接。廉颇对着蔺相如跪了下来，双手捧着荆条，请蔺相如鞭打自己。蔺相如则把荆条扔在地上，双手扶起廉颇，给他穿好衣服，拉着他的手请他进屋入座。从此，蔺相如和廉颇成了很要好的朋友。这就是成语“负荆请罪”的由来。

第五十七章　以正治国百姓自朴

原文：

以正治国，以奇用兵，以无事取天下。吾何以知其然哉？以此：天下多忌讳，而民弥贫；民多利器，国家滋昏；人多伎巧，奇物滋起；法令滋彰，盗贼多有。故圣人云：我无为而民自化，我好静而民自正，我无事而民自富，我无欲而民自朴。

白话：

以正道治理国家，以诡策用兵打仗，以清静无为治理天下。我怎么知道这个道理呢？根据的是这些事端：天下禁戒忌讳越多，百姓越是困贫；人间利器越多，国家越是陷于昏乱；人主机巧伪智越多，怪异事物连连发生；刑法命令森严，强盗窃贼反而层出不穷。所以圣人说：我自己不妄为，百姓自然顺化；我自己喜好清静，百姓自然正直；我自己不去生事，百姓自然富足；我自己无所贪欲，百姓自然朴实。

感悟：

执政者虽然大权在握，但并不会让人当然地尊敬。

行兵打仗要行诡道，治理国家当用正气。政治清明，则外敌不敢欺侮，百姓安居乐业。

季康子请教孔子如何治理政事："如果杀掉无道的人来成全有道的人，怎么样？"孔子回答："您治理政事，哪里用得着这样杀人呢？您只要想行善，老百姓也会跟着行善。"

我们许许多多正确的认识，都是从反面的教材中获得。

很多人之所以失败，并不是因为不够聪明，而是因为自作聪明。危险，总是伴随着巧智而水涨船高。

执政者如果显示聪明，什么事情都要花样翻新，追求那些自欺欺人、劳民伤财的所谓政绩，结束就是天下不清静，百姓无安宁。

这正是老子所言："天地之间，其犹橐龠乎？虚而不屈，动而愈出。多言数穷，不如守中。"

我无为、我好静、我无事、我无欲，则百姓自化、自正、自富、自朴。

佛家告诫：命自我作，福自我求。所以觉者畏因，所以智者莫敢忘本，莫敢不走正道。

刘伯承的非常规思维

刘伯承是我国赫赫有名的军事家，素有“常胜将军”的美名。

在一次行动中，刘伯承一行几十个人被敌人发现了，于是他们不得不连夜赶路，躲避敌人的追击。敌军有近千人，双方力量悬殊，一旦交战，只会带来无谓的牺牲。

战士们的神经绷得很紧，大家急匆匆地赶路，谁都不说一句话。可是“屋漏偏遭连夜雨”，好不容易走了一夜盼到天明，容易辨认道路了，又下起了绵绵细雨。雨虽然不大，但是下个不停，路上满是泥泞，走起来更困难了。

刘伯承一脸沉重，战士们也都一脸的疲惫。在这样的天气下再走下去，一定会被敌人追上的，怎么办呢？

他蹲在地上，忽然心中一惊。原来由于下雨，战士们赶路时留下的脚印十分清晰。只要顺着脚印，敌人就可以不费力气地找到他们了。

刘伯承环顾四周，看见路边有一片小树林，他立刻命令部队进入树林休息片刻，然后下了一个奇怪的命令：把草鞋倒穿在脚上。

战士们本来就很累了，这样穿鞋很不舒服，走起来会更加费力。可是刘伯承没有时间解释了，他督促大家换好鞋，立即出发。

出了树林，刘伯承又命令部队往回走。这下战士们更糊涂了，往回走不就和敌人碰上了吗？可是军令谁都不能违抗，大家只好心怀疑问上路。走了一小段路后，刘伯承带着队伍拐了个弯，朝路旁的一座小山爬去。到了半山腰，可以看到刚才休息的树林了，刘伯承吩咐部队隐蔽好。

过了不久，就见追兵一路寻着脚印，追到了他们曾经休息过的小树林。

敌人先是钻进树林，一会儿又出来了。他们弯下腰，仔细地察看着脚印。只见一个人指了指地面，又指了指前方，于是敌人的部队就沿着大路，继续向前追去。

等敌人走远了，刘伯承才带着战士们走了出来，他笑着说：“敌人看到我们的鞋印是朝前的，就往前去追了，却没想到我们的鞋是倒着穿的。”

好妙的一着棋啊！战士们都用敬佩的眼光看着带领大家化险为夷的刘伯承。

选择离门最近的那一件

巴黎一家现代杂志曾刊登了这样一个竞答题目："如果有一天卢浮宫突然起了大火，而当时的条件只允许从宫内众多艺术珍品中抢救出一件，请问你会选择哪一件？"

在数以万计的读者来信中，一位年轻画家的答案被认为是最好的——选择离门最近的那一件！

这是一个令人拍案叫绝的答案。因为卢浮宫内的收藏品每一件都是瑰宝，所以与其绞尽脑汁浪费时间选择，不如抓紧时间抢救一件算一件。

顺其自然的"有为"，其实也是一种"无为"。

你像不像一条章鱼

有一位年轻人对大学毕业之后何去何从感到彷徨，于是向心理学教授倾诉了诸多的烦恼：没有考上研究生；不知道自己未来的目标；女朋友将去一个人才云集的大公司，很可能会移情别恋……

教授让他把烦恼一个个写在纸上，判断其是否真实，一并将结果也记在旁边。

经过实际分析，年轻人发现其实自己真正的困扰很少。他看看自己那张困扰记录，禁不住说："无病呻吟！"

教授注视着这一切，微微对他点头，问他："你曾见过章鱼吧？"年轻人茫然地点点头。

"有一只章鱼，本来可以在大海中自由自在地游动，寻找食物，欣赏美景，享受生命的情趣，但它却找了个满是枝桠的珊瑚礁，然后动弹不得，大喊'救命'，你觉得应该怎样评价这只章鱼呢？"教授用讲故事的方式引导他思考。

年轻人沉默了一会儿，回答道："您是说我像那只章鱼？"然后又自言自语地说："真的很像！"

于是教授提醒他："当你陷入烦恼的习惯性反应时，就好比那只章鱼，所以要懂得松开自己的手，让它们获得自由。记住：系住章鱼的是自己的手臂，而不是珊瑚礁的枝桠！"

第五十八章　福中藏祸祸中隐福

原文：

其政闷闷，其民醇醇。其政察察，其民缺缺。祸兮福之所倚，福兮祸之所伏。孰知其极？其无正也。正复为奇，善复为妖。人之迷，其日固久。是以圣人方而不割，廉而不刿，直而不肆，光而不耀。

白话：

政治宽宏，百姓厚朴；政治严酷，百姓狡黠。灾祸呵，幸运靠倚在其中；幸运呵，灾祸潜伏于其内。它的准则究竟是什么，实在没有一个定准呀。正常忽而变为怪异，善良忽而变为妖孽。人君困惑愚迷，已经很长时间了。因此，圣人行道虽方正而不割人，虽锐利而不伤人，虽正直而不放肆，虽光亮而不耀眼。

感悟：

人生之路，从来都是曲曲折折。

得到的同时必然失去，失去的同时也必然得到。

患得患失，结果总是失去；进入舍得的境界，好事不求自来。

福与祸这一对矛盾，时刻处在变化之中，似乎永远没有一个定准，谁也不知道它的中界是什么。

福中藏祸，祸里隐福，悟透福与祸相互转化的辩证关系，我们将释然而豁达。

顺道而为，良性循环；背道而驰，每况愈下。

《大学》有言："好人之所恶，恶人之所好，是谓拂人之性，灾必逮夫身。"绞尽脑汁对待众人的结果，就是众人生出对抗之心，让你更难应付。

顺应大道和人心的政策，才会方正而不割人，锐利而不伤人，正直而不放肆，光亮而不耀眼。

佛法精深博大，却有四条根本大原则：不谤国主、不犯国制、不做国贼、不漏国税。这正是"方而不割，廉而不刿，直而不肆，光而不耀"。

孔子说："倘若每个人都懂得克制自己，一切都按照礼的要求去做，天下的一切就尽归于仁了。"孔子为之努力的，正是"其民醇醇"的理想社会。

让绊脚石变成垫脚石

在一次夜间训练中，一位受训者碰在一块石头上，重重地跌倒了。

他爬起来，揉着疼痛的膝盖继续向前走，但是更加不妙，他很快走进了一个死胡同：前面是墙，左面是墙，右面也是墙。他知道越过这道墙就是目的地，可是前面的墙比他高出一截，他费了很大力气也攀不上去，于是心里抱怨：今天真是倒霉透了！

他感到膝盖更疼了，揉了几下，忽然想起了刚才绊倒自己的那块石头。他灵机一动：为什么不把它搬过来垫在脚下呢？

想到就做，他折了回去，费劲地把那块石头搬了过来，放在墙下。

踩着那块石头，他轻松地爬了上去，轻轻一跳，就越过了那堵墙。

人人都会遭遇逆境。遗憾的是很多人被绊脚石绊倒以后就再也爬不起来了，更不会化不利为有利，把绊脚石变成垫脚石。

哭婆与笑婆

从前，有个老婆婆总是不停地在一座庙前哭泣，晴天哭，雨天也哭。于是人们都叫她“哭婆”。

一天，有个老和尚问她：“老人家，你为什么哭得这么伤心？”

老婆婆说：“我有两个女儿，大女儿卖伞，小女儿卖布鞋。天晴的时候，大女儿的雨伞卖不出去；下雨天的时候，又没有人去买小女儿的布鞋。她们挣不到钱，可怎么生活呀！一想到这些我就难过。人呀，怎么这么难？”

说完，老婆婆又悲悲切切地哭了起来。

老和尚笑着对她说道：“老人家，你为什么不反过来想呢？晴天，你小女儿的鞋店前门庭若市；雨天，上街的行人又都往你大女儿的伞铺里跑。这样来看，你不是应该每天都开心吗？”

老婆婆愣了一下，马上就高兴了起来。从此，天天笑得合不拢嘴，哭婆变成了笑婆。

角度转换，心态转换，祸福转换，人生转换！

一则高明的通告

印度有一家电影院，常有妇女戴帽子看电影，后面的观众抗议说那些帽子挡住了他们的视线。

很多人建议电影院发一个禁止戴帽看电影的通告，经理却摇摇头说："这不太妥当，只有允许她们戴帽子才行。"大家听了，不知何意，只好拭目以待。

影片放映之前，经理在银幕上映出一则通告："本院为了照顾衰老有病的女客，可允许她们照常戴帽子，在放映电影时不必摘下。"

通告一出，所有戴帽子的女客都摘下了帽子。

奥妙何在？因为戴帽子的年轻女士害怕别人说她"衰老"，年龄大的女客则不愿被人认为自己"有病"，所以都把帽子摘了下来。如此一招，既达到了目的，又未伤及任何一个人。

第五十九章　固蒂深根长生久视

原文：

治人事天，莫若啬。夫唯啬，是以早服。早服是谓重积德，重积德则无不克，无不克则莫知其极，莫知其极可以有国，有国之母可以长久。是谓深根固蒂长生久视之道。

白话：

治理人民顺应天道，没有比爱惜精力再好的方法。爱惜精力，就是要早有准备。早有准备防患于未然，就是不断在积累遵道而为的大德；不断积累大德就能无所不克；无所不克就无人知晓他的终极力量；无人知晓他的终极力量，就可以安邦定国；掌握了治国之本，就可以保持长久。这就是深扎根牢固蒂才能长久生存的道理。

感悟：

保养好大自然赋予自己的精气，我们才能益寿延年，达成生命的圆融。

一只气球如果内在氢气不足，弹性就会减弱；一个人如果内在精气不足，就会病态落魄；一个民族如果内在底气不足，就会萎靡不振！

与道合一，摄养母本，我们才不会失去生命的根柢，也才拥有生存发展的持续的能量。

根深才能叶茂，所以修身之后，才能齐家治国平天下。

孔子说："审理诉讼案件，我同别人也差不多。但与一般人不同的是，我立足于使诉讼的案件不发生！"这就是"早服"，这就是"重积德"。

无论是朱元璋"高筑墙、广积粮、缓称王"的九字真经，还是毛泽东"深挖洞、广积粮、不称霸"的战略方针，都是"早服"，都是"重积德"。

临时抱佛脚与早作准备防患于未然相比，前者背道而驰，后者遵道而行，前者无德，后者有德，结果当然完全不同。

事典

富翁与服务生的差别

美国石油大王洛克菲勒常在一家餐厅里吃便餐。每次用餐后，他都留下1元钱给服务生当小费。

有一天，洛克菲勒又到这家餐厅用餐，餐后他还是给了服务生1元小费。服务生忍不住说："假如我是你，我不会吝啬，给这么少的小费！"

洛克菲勒答道："就因为这样，你才会是一个服务生。"

依靠收取小费，永远也难以致富；富而胡乱施舍，于人于己有害无益。

一只鞋与一双鞋

在高速行驶的火车上，一位老人不小心把刚买的新鞋从窗口上弄出去了一只，周围的人倍感惋惜，不料那老人立即把第二只鞋也从窗口扔了下去。

老人的想法是：这一只鞋无论多么昂贵，对自己而言都没有用了，如果有谁能捡到一双鞋，说不定他还能穿呢！

这是一种真正的珍惜和"积德"。保有如此的操守与品格，岂能不"长生久视"？

当老和尚遭遇"恶缘"

时近傍晚，一位和尚在返寺途中，突然雷声隆隆，天下起了大雨。雨势滂沱，看样子短时间内不会停止。"怎么办呢？"和尚眼望四周，看见不远处有一座庄园，于是快步向前去求宿。

庄园很大，守门的仆人见是个和尚敲门，问明来意，冷冷地说："我家老爷向来与僧道无缘，你最好另作打算吧！"

"雨这么大，附近又没有其他的小店人家，还是请您给个方便吧。"和尚恳切地要求。

"我不能擅自做主，等我进去问问老爷的意思。"仆人入内请示后传话说："老爷不肯答应。"和尚于是请求在屋檐下暂歇一晚，结果仆人依旧摇头拒绝。

和尚无奈，只好冒着大雨奔回了寺庙。

3 年后，庄园老爷纳了个小妾，宠爱有加。小妾想到庙里上香祈福，老爷便陪着她同去。到了庙里，老爷忽然瞥见自己的名字被写在一块显眼的长生禄位牌上，心中纳闷，便问一个正在打扫的小和尚这是怎么回事。

小和尚说："这是我们住持 3 年前写的。有一天他淋着大雨回来，说需要为一位施主写一块长生禄位。住持天天诵经，回向功德给他，希望能和那位施主解冤结、添善缘，至于详情，我们也都不是很清楚。"

庄园老爷听了这番话，心中既惭愧又不安。后来，他成了这座寺庙虔诚供养的功德主，香火终年不绝。

第六十章　人不乖张鬼神不伤

原文：

治大国若烹小鲜。以道莅天下，其鬼不神；非其鬼不神，其神不伤人；非其神不伤人，圣人亦不伤人。夫两不相伤，故德交归焉。

白话：

圣人治理大的国家，如同烹煎一条小鱼。遵循大道治理天下，鬼神都不会兴风作浪；不是鬼神没有能力兴风作浪，而是鬼神再不会伤害人；非但鬼神不伤害人，圣人也不会伤害人。鬼神和圣人都不来伤害不相伤害，便德化天下世界安宁了。

感悟：

烹煎小鱼，应当囫囵地做，而不能随意翻弄，否则就会弄乱弄烂。治理国家，也不能政令频繁，否则百姓时常受到干扰，无法正常生活，社会也难安定。

俗话说：不做亏心事，不怕鬼敲门；苍蝇不叮无缝的蛋。即便有神有鬼，也只有在人们背道而驰的时候，才会兴风作浪。

不管什么物类，其灵妙都来源于自然大道，都得臣服于自然大道。

佛家不是告诉我们一切众生皆有佛性吗？众生都在修行，众生都可成佛，那么我们害怕什么？

人若行于大道，便会得到神明的庇佑而遇福乐；人若行为乖张，便会遭到鬼神的惩罚而受祸殃。

其实祸害众生的，总是那些大大小小的妄为之人！

《中庸》告诫人们要保有真诚，因为"至诚之道，可以前知。国家将兴，必有祯祥；国家将亡，必有妖孽。见乎蓍龟，动乎四体。祸福将至，善，必先知之；不善，必先知之。故至诚如神。"就是说，最高境界的真诚可以预知未来。国家即将兴盛时，一定会有吉祥的预兆；国家将要灭亡时，一定会有妖孽出来作怪。这些可以从蓍草、龟甲的占卜中发现，也可以从人的仪表、动作中察觉。祸福即将来临之前，是吉兆，一定能预先知道；是凶兆，也一定能预先知道。所以说，最高境界的真诚与神灵同在。

孔子说：执政者能够致力于实行"五德"——庄重、宽厚、诚实、勤敏、慈惠，天下就和谐了。因为庄重就不会遭受侮辱，宽厚就会得到拥护，诚信就能得到任用，勤敏就会取得成功，慈惠就能够使归服归顺。这就是“以道莅天下”。

我不生事，你不生事，大家不生事，天下无事。

事典

藏于心中的“罗刹”

从前，卫国有一群演戏的艺人，因为遇上饥荒，便到他乡卖艺求生。

他们在路上经过一座山，据说这座山里有许多恶鬼，还有吃人的罗刹。夜里山中风大寒冷，大家燃起火，在火堆旁边睡下了。

半夜里，有一个人实在感觉寒冷，就爬起来穿上演戏用的罗刹服，靠近火堆取暖。同伴中一个人从睡梦中醒来，突然看见火堆旁边坐着一个罗刹，大叫一声，爬起来就跑。这一下惊动了所有的伙伴，大家一起开始亡命奔逃。

那位穿着罗刹服的人一惊，也跟着大家狂奔，前面逃跑的人以为罗刹要来害人，更加恐惧惊慌，不顾一切拼命逃生，不少人跳进了河里沟里，其中好几个还摔伤了胳膊跌伤了腿。

到了天亮，大伙才看清楚在后面追赶的“罗刹”，原来是自己的同伴。

很多时候，扰乱我们灵魂的，并不是真正的鬼神，而是藏于自己心中的“罗刹”。

从47到53

一个人突然醉心于学习算命，从生辰八字、紫薇斗数、姓名学到占星术，没一样不认真研究。

不过，他学算命不是觉得算命灵验，而是想证明算命无非是骗人的把戏。原来，有一位著名的大师在为他算命时，说他活不过47岁，他非常生气，于是发誓：“我非打烂你这大师的招牌不可！”

然而他愈学愈怕。因为他发现自己算自己也确实活不长。思虑良久，他决定去做慈善。他对朋友说：“反正活不久了，我要好好利用剩下的岁月，做点有意义的事情。”

他非常积极地投入，人人都说他变了，由一个焦躁势利的小人，变成了敦厚仁爱的君子。不知不觉，他过了47，过了48，而今已经53岁了，依然红光满面，生气勃勃，比谁都活得健康。

“你可以去砸那大师的招牌了！”朋友有一天和他开玩笑。

他眼睛一亮："为什么？要不是那位师傅警告我，照我以前的德性，47 岁非犯心脏病不可，他没有算不准啊！"

我相信你不是那样的人

马克是一个德性不好的人，好吃懒做，喜欢赌博，借钱不还，还有偷偷摸摸的习惯。所有的人都很讨厌他，没人愿意再借钱给他。

实在没办法了，他又跑到远方一亲戚家借钱，那是他第一次向她开口，他以为人家还不知道自己的底细。

马克很顺利地就拿到了钱，在转身要走的时候，这个亲戚叫住了他："曾经有人打电话告诉我说你不会还钱，提醒我不要借钱给你，但我相信你不是那样的人，也许他们对你有误解。"

在听到这句话之前，马克是准备拿这 1000 块钱去赌博的，赢了就吃喝玩乐，输了再想办法。然而现在，他突然间感受到了一种震撼。他没有说什么，转身就走了，并且很快离开了家乡，到外地打工去了。

半年后，他的亲戚收到了他从外地寄来的 1000 块钱。

3 年后，马克衣锦还乡，把自己从前欠人的钱全部还清了。

正是从那次借钱开始，马克懂得了自己应该有另一种人生。那个亲戚真诚的为人之道，让他从此翻开了人生新的一页。

第六十一章　谦下包容百川海纳

原文：

大国者下流，天下之交，天下之牝。牝常以静胜牡，以静为下。故大国以下小国，则取小国；小国以下大国，则取大国。故或下以取，或下而取。大国不过欲兼畜人，小国不过欲入事人。夫两者各得所欲，大者宜为下。

白话：

大国之所以成为大国，根本原因在于它总是居于下游，使天下百川交流汇聚，也就是处在天下雌柔的位置。母牝常常以安静战胜雄牡，因为安静低处反能受益。因此，大的国家谦下地对待小国，就可以取信于小国；小的国家谦下地对待大国，就可以见容于大国。所以，以谦下可以取信于小国，以谦下可以见容于大国。大国不过是想要小国臣服，小国不过是想要依附讨好大国。如此相处，两个方面都能各得其所，而大国因为已经强大，得到已经够多，为使天下无事自身长久，应该更加注意谦下。

感悟：

因为处于百川众流之下，所以大海才成为百谷之王。

地球世界那些高达数千米的雄峰，与深达万米的海沟相比，前者似乎不及后者神秘。因为即便是最高的珠穆朗玛峰，人类也早已把它踩在脚下或者超越而过，但是我们却至今无法在广阔的深海自由徜徉。

真正强大的国家如果能够像雌牝那样处下而安静，自然能够让小国臣服自己；小国如果能够像雌牝那样处下而安静，自然能够得到大国的信任和包容。

谦下，使弱者变强，强者更强。

孔子赞美周朝的治理，因为周朝以仁为本，礼治天下，建立了严谨的度量标准，制定了周密的法律制度，同时复兴被废弃的诸侯，接续已经衰败的家族，提拔被遗漏的人才，讲信修睦，政令通行四方。“兴灭国，继绝世”目的何在？就是要让天下人各得其所，各安其心，归服归顺！

随缘、威仪有则、柔和质直（真诚）、代众受苦，是佛家最原始的“四德”。无论大国还是小国，倘若威仪有则、柔和质直，岂有不和谐共处之理？

宴会上的洗手水

温莎公爵除了不爱江山爱美人的大传奇外，还有许多不为人知的小故事。

有一次，英国王室为了招待印度当地居民的首领，在伦敦举行晚宴，其时还是“皇太子”的温莎公爵主持了这次宴会。

宴会中，达官贵人们觥筹交错，气氛融洽。可就在宴会结束时，出了这么一件事：侍者为每一位客人端来了洗手盆，印度客人们看到那精巧的银制器皿里盛着亮晶晶的水，以为是饮料，于是端起来一饮而尽。

作陪的英国贵族目瞪口呆，不知如何是好，大家都把目光投向了主持人。

温莎公爵神色自若，一边与客人谈笑风生，一边也端起自己面前的洗手水，像客人那样“自然而得体”地一饮而尽。接着，大家纷纷效仿，本来很有可能造成的难堪与尴尬顷刻释然。

由于温莎公爵的巧妙化解，宴会取得了预期的成功。

艺术巨匠的“竞争”

20世纪40年代，程砚秋曾拜梅兰芳为师。那时候，程砚秋尚未成名。为了让他得到更多的学习机会，梅兰芳每晚演出都要留出一张好票请程砚秋观看。

1947年，梅兰芳与程砚秋同时在沪演出，梅兰芳在中国戏院，程砚秋在天蟾舞台。为了提高程砚秋的声价，梅兰芳采取了如下办法：

一是每天都主动询问清楚程砚秋当晚演什么节目，若发现对方安排的节目与自己的相同，就主动更改，绝不与他的重复，以免影响其观众人数；二是在演出票价上也订得尽量不超过程砚秋，以此表明程砚秋的价值和地位。

一段时间，上海的这两个戏院内外每天晚上都是人山人海灯火通明，观众们既为两位艺术巨匠友好的“竞争”鼓掌，也为梅兰芳高尚的师德和戏德喝彩。

师徒之争，往往都是徒弟受压，而梅兰芳却将自身的利益置之度外，巧妙地借“打擂台”来提高和烘托程砚秋的名声。梅兰芳让人们懂得：做人愈是谦下，形象愈是高大。

鸵鸟与麻雀

有一天，一只鸵鸟与一只麻雀相遇，它们于是聊起天来。

“我们鸵鸟算是鸟类中的巨人了，我是世上最强大的鸟！”鸵鸟自豪地说。

麻雀打量了鸵鸟一眼，不紧不慢地说：“你只管为你身体的高大强壮自豪好了，可是与你相比，小小的我更算得上是一只鸟。”

“难道我长得高大不好么？难道我不是鸟吗？”鸵鸟斥问道。

“你会飞吗？你虽然高大无比，虽然也叫做‘鸟’，但是你以鸟自居却不能高飞，这难道不是一个悲剧吗？”麻雀反问鸵鸟，然后飞走了。

众生平等，何须执著于高下。无论是大的小的、走的爬的、飞的游的，都是共生共荣的大自然的生灵。

第六十二章　万物之奥天下所保

原文：

道者，万物之奥。善人之宝，不善人之所保。美言可以市尊，美行可以加人。人之不善，何弃之有？故立天子，置三公，虽有拱璧以先驷马，不如坐进此道。古之所以贵此道者何？不曰求以得，有罪以免邪？故为天下贵。

白话：

大道，荫庇天地万物。善良的人视为珍宝，不善良的人也想拥有它。美好的言辞可以换来尊重，优美的行为可以瞩目于人。人再怎么不善，又怎能够舍弃他呢？所以天子即位，设置三公之职，虽然有拱璧在先驷马在后的进奉礼仪，还不如进奉大道为礼。自古以来，不是说领悟大道就自然得其应得，领悟大道有罪也能重新做人得到宽恕吗？因此大道才为天下人所珍视。

感悟：

礼尚往来，人之常情。但身外之物的任何礼品，哪一件比得上“道”这个大礼呢！

孔子坚持“名不正则言不顺，言不顺则事不成”。他推崇的以仁为本的礼制，就是向执政者进献的治国之道。

“凡是人，皆须爱。天同覆，地同载。”无论善恶好坏，每个人无不具有道性和佛性。

善良的人做事要合乎大道，所以视它为珍宝；不善的人虽然不愿合乎大道，但却企图利用大道。因为一旦离开了大道，谁都不复存在。

再凶恶的不善之人，对于他人的真诚帮助，也会显出感激之情。而且，不善之人领悟了自然大道，便能心生敬畏痛改前非。

佛门有“自家宝藏”之说。其意是东奔西跑到任何一个地方去找，都没有自身本体中的那个宝藏来得珍贵。有道是：“参禅何须山水地，灭却心头火自凉。”

大道就在我们身边，就在我们心中，只要返身而观，内视以求，大道立刻显现。

永不凋零的树叶

一名危重的病人躺在病床上,绝望地看着窗外一棵被秋风吹刮的萧瑟的树。

他突然发现,在那树上,居然还有一片葱绿的树叶没有掉落。病人想:“等这片树叶掉落了,我的生命也就结束了。”于是,他终日望着那片绿叶,等待它掉落,也悄然地等待着自己生命的终结。

但是,那片绿叶竟然一直未落,直到病人身体完全恢复健康,依然碧如翡翠。

走出病房,站在树下,他才看清——那树上最后的一片绿叶,是假的!

原来,这是唯一了解他内心秘密的画家朋友的良苦用心。画家顺着病人的心思设计出这么一片以假乱真的绿叶,给他不断地注入了活下去的勇气。

真正有生命力的不是那片绿叶,而是人的信念。希望生命的绿叶永不凋零,首先要让我们心中的绿叶永不凋零。

这位画家朋友送给他的这份礼物,虽然只是一片绿叶,却是贵重无比。

“我要报复这个破公司!”

A对B说:“我要离开这个公司。我恨这个公司!”

B建议道:“我举双手赞成你报复!这个破公司一定要给它点颜色看看。不过你现在离开还不是最好的时机。”

A问:“那什么时机离开比较好?”

B说:“如果你现在走,公司的损失并不大。你应该趁着在公司工作的机会,拼命去为自己拉一些客户,成为公司独当一面的人物,然后带着这些客户资源突然离开,公司才会非常被动,受到重大损失。”

A觉得B说得非常在理,于是非常努力地工作。事遂所愿,半年多后,他有了许多忠实的客户。

再见面时,B问A:“现在是时机了,要跳槽赶快行动哦!”A淡然笑道:“老总跟我长谈过,准备升我做总经理助理,我暂时没有离开的打算了。”其实,这也正是B的初衷。

抱怨和愤恨都没有用,只有凭借自己的“美行”,才能赢得更多的机会和发展空间。

用好最大的资本

有位青年时常对自己的贫穷境地大发牢骚。

“你具有如此丰厚的财富，为什么还要发牢骚？”一位老人问。

“它到底在哪里？”青年人急切地问。

“你的一双眼睛！只要你能给我一只眼睛，我就可以把你想得到的东西都给你。”

“不，我不能失去眼睛！”青年人回答。

“那么，让我要你的一双手吧！我用一袋黄金作补偿。”

“不不，双手也不能失去！”

“既然有一双眼睛，你就可以学习；既然有一双手，你就可以劳动。现在你自己看到了吧，你有多么丰厚的财富啊！”老人微笑着说。

造物主其实给予了每个人足够的生存发展资本。领悟了生命的成功之道，我们何怨之有呢？

第六十三章　图难于易为大于细

原文：

为无为，事无事，味无味。大小多少，报怨以德。图难于其易，为大于其细。天下难事，必作于易；天下大事，必作于细。是以圣人终不为大，故能成其大。夫轻诺必寡信，多易必多难。是以圣人犹难之，故终无难矣。

白话：

孔子感叹："人莫不饮食也，鲜能知味也。"

以无为为为，以无事为事，以无味为味。无论大与小或多与少，对待冤仇报以大德。处理困难先从易处入手，成就大事要从微细开始。因为凡是天下难事，必然应开始于容易；凡是天下大事，必然应开始于微细。由于圣人始终不会自以为了不起，反而成就了他的伟大。轻易允诺必会丧失诚信，越是看得容易必定越感困难。所以圣人总是充分估计困难，于是最终就没有了困难。

感悟：

孔子感叹："人莫不饮食也，鲜能知味也。"

以无为为为，以无事为事，以无味为味，这当是悟道之后的境界。

以怨报怨，冤冤相报何时了；以怨报德，无异于小人和禽兽；以德报怨，才是仁者风范。

孔子说："以直报怨，以德报德"，似乎有别于老子的"报怨以德"。其实，合于大道的"直"，正在"德"中。

"以无为为居，以不言为教，以恬淡为味，治之极也。"王弼之语，同样道出了执政者应当追求的治理境界。

凡是自大的人，一定会有自卑的事情发生；凡事轻易许诺，迟早会失去信用；想得容易简单，一定会遭遇不测的艰难。

圣人的面前没有真正的困难，根本的原因在于他从不自大，"天下难事，必作于易；天下大事，必作于细。"

倘若人都没有做好，岂能妄想成佛？当今首屈一指的高僧净空法师，教化百姓的第一课，就是践行儒家的童蒙读物《弟子规》，这正是"图难于其易，为大于其细"。

作品是这样完美起来的

米查尔·安格鲁是一位著名的雕塑家。有一天，安格鲁在他的工作室向一位参访者解释——为什么自他上次参访以来，自己一直忙于一件雕塑的创作。

安格鲁说，我在这个地方润润色，又使那个地方变得光彩些，比如使面部表情更柔和，使肌肉更强健，使嘴唇更生动，使全身更有美感……

那位参访者听了不禁说道："但这都是些琐碎之处，不太引人注目啊！"

雕塑家回答道："的确是琐碎！但你要知道，正是这些细小之处使整个作品趋于完美啊！"

成就非凡的大家们，总是于细微之处用心着力。他们懂得，如此日积月累，才能渐入佳境，出神入化。

假如每天进步1%

1986年美国职业篮球联赛开始的时候，洛杉矶湖人队面临重大的挑战。

在前一年，湖人队有很好的机会赢得冠军，当时所有的球员都处于巅峰状态，可是决赛时却输给了波士顿的凯尔特队，这使得教练派特·雷利和所有的球员都极为沮丧。

派特为了使球员相信自己有能力登上冠军宝座，便告诉大家：只要能在球技上进步1%，这个赛季便会有出人意料的好成绩。

1%的成绩似乎是微不足道的，可是，如果12个球员都进步1%，整个球队就能比以前进步12%，湖人队便足以赢得冠军宝座。

球员们听进去了，人人为此努力不懈。

结果，在后来的比赛中，大部分球员进步不止5%，有的甚至高达50%以上，这一年居然是湖人队夺冠最容易的一年。

如果一个人每天都能进步一点点，他的成就将会惊人；如果一个民族的所有成员每天都能进步一点点，那么这个民族将会有怎样的辉煌呢？

龙门不能降低标准

鲤鱼们都想跳过龙门。因为,只要跳过龙门,它们就会从普普通通的鱼变成超凡脱俗的龙了。

可是,龙门太高,鲤鱼们一个个累得精疲力竭,摔打得鼻青脸肿,却没有一个能够跳过去。

于是它们一起向龙王请求,希望把龙门降低一些。龙王不答应,鲤鱼们就跪在龙王面前不起来。

鲤鱼们跪了九九八十一天,龙王无奈,只好答应了它们的要求。于是,鲤鱼们一个个轻轻松松跳过了龙门,兴高采烈地都变成了龙。

不久,变成了龙的鲤鱼们发现,大家都成了龙,与大家都不是龙的时候相比,好像并没有什么两样。于是,它们又一起找到龙王,诉说心中的疑惑。

龙王笑道:“真正的龙门是不能降低的。你们要想找到真龙的感觉,还是去跳那座没有降低高度的龙门吧!”

第六十四章　慎终如始则无败事

原文：

其安易持，其未兆易谋，其脆易泮，其微易散。为之于未有，治之于未乱。合抱之木，生于毫末；九层之台，起于累土；千里之行，始于足下。（为者败之，执者失之。是以圣人无为故无败；无执故无失。）民之从事，常于几成而败之。慎终如始，则无败事。是以圣人欲不欲，不贵难得之货；学不学，复众人之所过。以辅万物之自然，而不敢为。

白话：

局势安定时容易维持，事变没有征兆时容易谋划，事情脆弱时容易除破，事物微小时容易消散。作为在事端还未出现之先，治理在祸乱尚未发生之前。合抱的大树，自小芽长成；九层高的大台，由一筐筐泥土堆砌；千里之远的行程，开始于脚下之路。（妄为必定失败，执持必然丧失。因此，圣人不妄为所以不会败亡，不执持所以不会丧失。）人们行事，常会在即将成功时遭受失败。谨慎终结犹如谨慎开始，那就不会招致失败了。因此，圣人追求的是人所不欲，决不稀罕难得的财货；学习的是人所不学，以总结众人所犯的过错。圣人就是这样，顺应天地万物自然的规律和本性而不敢妄加作为。

感悟：

“不积跬步，无以成千里；不积小流，无以成江海。”

宏大的事业往往败于细节的忽视。越到最后，越容易放松警惕。“麻雀欢喜打烂蛋”，讲的就是功败垂成。

凡夫俗子满脑子功名利禄，所以心烦意乱；得道的圣人，视财货如敝屣尘土，所以心如止水。

圣人“欲不欲”，“学不学”，复众人之所过，所以成为了宇宙自然的代言人。

孔子说：“三人行，必有我师焉。择其善者而从之，其不善者而改之。”孔子的言行，体现的不仅仅是好学的精神，也为我们树立了“复众人之所过”的榜样。

《中庸》有言：“自诚明，谓之性；自明诚，谓之教。诚则明矣，明则诚矣。”都知道人人皆可成佛，但多半的人又成不了佛。因为少有人真能诚心修习，终其一身也难以拔掉无明与烦恼的病根。

谁是最高明的医生

魏文王问名医扁鹊说:“你们家兄弟3人,都精于医术,到底哪一位最好呢?”

扁鹊回答:“长兄最好,中兄次之,我最差。”

文王再问:“那么为什么你最出名呢?”

扁鹊回答:“我长兄治病,是治于病情发生之前。由于一般人不知道他事先能铲除病因,所以他的名气无法传出去,只有我们家的人才知道。我中兄治病,是治于病情初起之时。一般人以为他只能治轻微的小病,所以他的名气只及于本乡本土。我扁鹊治病,是治于病情严重之时。一般人都能看到我在经脉上进针、在皮肤上敷药,所以人们以为我的医术高超,名气因此响遍全国。”

文王感叹:“你说得好极了!”

事后控制不如事中控制,事中控制不如事前控制,可惜大多数的人都未能体认到这一点,于是“不见棺材不掉泪”。

忍不住的乌龟

有一小池塘,里面住了一只乌龟,它和住在芦苇丛中的两只雁鸟是好朋友。

后来发生旱灾,池水渐渐干涸。乌龟再也无法支撑下去了,焦急万分。两只雁鸟知道后,非常同情,想帮乌龟迁移到另一个有水的地方。

最后它们想出了一个方法:找来一根树枝,让乌龟衔在口中,两只雁鸟各执一端。

临行前,雁鸟交代乌龟:“在未到达目的地前,千万不能开口说话。”

乌龟为了生存,当然听从指示,嘴巴紧咬树枝,一直忍住没有说话。快到达目的地时,它们飞过一个村庄的上空,被一群孩子发现了,他们很惊讶地望着天空大声喊道:“乌龟被雁鸟衔去了,乌龟被雁鸟衔去了,大家快来看呀!”

听到下面孩子的喊声,乌龟觉得很受侮辱,心里非常生气,忍不住愤怒地回答:“你们知道什么!”

乌龟嘴巴一松,立即从高空跌下来,在坚硬的石头上摔了个粉碎。

一块有了梦想的石头

一位名叫希瓦勒的乡村邮递员,每天都徒步奔走在各个村庄之间。

有一天，他在崎岖的山路上被一块石头绊倒了。

他突然发现，绊倒他的那块石头样子十分奇特。他拾起那块石头，左看看，右看看，后来就爱不释手了。

于是，他满怀爱心地把那块石头放进了自己的邮包里。村子里的人们看到他的邮包里除了信件之外，还有一块沉重的石头，都感到很疑惑，便好意规劝他："把它扔了吧，你还要走很长的一段路，带着它可是一个不小的负担。"

他取出那块石头，捧在手里炫耀地对人们说："你们看，有谁见过这样美丽而奇特的石头？"

人们纷纷笑了："这样的石头山上到处都是，一辈子你也捡不完。"

回到家里，一个念头突然闪过他的脑际：如果用这些美丽的石头建造一座城堡，那将是多么美丽啊！

于是，他每天在送信的途中都会找到几块好看的石头，不久，他便收集了一大堆，但离建造城堡的数量还是相差甚远。

于是，他开始推着独轮车送信，只要发现中意的石头，就把它装上独轮车。

此后，他再也没有过上一天安闲的日子。白天他是一个邮差和一个运输石头的苦力，晚上他又是一个建筑师，因为他按照自己天马行空的想象构建着自己的城堡。所有的人都对他的行为感到不可思议，认为他的大脑出了问题。

20 多年以后，在他偏僻的住处，出现了许多式样各异、错落有致的城堡，有伊斯兰教风格的，有印度教风格的，有基督教风格的……当地人都知道有这样一个性格偏执、沉默不语的邮差，在干一些如同小孩建筑沙堡的游戏。

1905 年，法国一家报社的记者无意中发现了这群别具一格的城堡，独特的风景令他慨叹不已，为此他写了一篇介绍希瓦勒的文章。文章刊出后，希瓦勒迅速成为新闻人物，许多人慕名前来参观，连当时最有声望的大师级人物毕加索也专程前来。

现在，这个城堡已成为法国一处著名的风景旅游点，它的名字就叫做"邮递员希瓦勒之理想宫"。

在城堡的石块上，希瓦勒当年刻下的一些话还清晰可见，有一句就刻在入口处的一块石头上："我想知道一块有了梦想的石头能走多远。"

据说，这就是当年绊倒过希瓦勒的那块石头。

第六十五章　智巧伪诈动乱根源

原文：

古之善为道者，非以明民，将以愚之。民之难治，以其智多。故以智治国，国之贼；不以智治国，国之福。知此两者亦楷式。常知楷式，是谓玄德。玄德深矣，远矣，与物反矣，乃至于大顺。

白话：

自古以来善于遵循大道的人，不是教人如何聪明，而是使人淳厚素朴。百姓如果难以治理，那是他们的巧智心机因为某种鼓励表现太多。用巧智心机治理国家是国家的灾祸，不用巧智心机治理国家是国家的洪福。身为人君，应该知晓两种治法的利弊。领悟了治国的法式，就会具有玄远之德。“玄德”深沉广远呵，似乎与常人的认识相反，但返归了真朴，天下将由此而大顺。

感悟：

大道与万物混同，万物无一不是源自于大道，大道则无往而非万物。

玄德之所以深远广大，就是因为与大道合一，与万物一体。

所以，圣人不是教导人民崇尚智巧，而是引导人民归于淳厚。

好弄心机者必为心机所伤，善用阴谋者必为阴谋所害。

不断引发人们的聪明和欲望，实际上是对生命的荼毒。

上有好者，下必甚焉。如果每个人都自以为聪明，那就谁也别想安宁了！

孔子说：“民可使由之，不可使知之。”似乎与老子同样赞同“愚民”。殊不知，这个“愚”，是大朴之愚；这个“智”，是机巧之智。

世人总是将聪明误为智慧。实际上，聪明是反应，智慧是思考；聪明是形式，智慧是思想；聪明是知识的积累，智慧是洞悉事物的本相。

在觉真法师看来，智慧与聪明的区别主要体现在：聪明可以利人利己，也可以害人害己，而智慧有利无害；聪明是一种个人意识，而智慧超个人意识；聪明是世间法，智慧是出世间法。

所以，这个世界上，最愚蠢的人往往认为自己最为聪明；只有真正的智者，才敢于自嘲为“愚人”。

活生生的喜剧

有一次，喜剧大师卓别林来到英国首都伦敦。消息传出后，不到3天时间，他收到的来信竟然超过7万封。

卓别林找来6个打字员，经过几天的忙碌，终于将这些信件进行了分类。其中，有2.8万封来信是向卓别林请求借款和援助的，所借的款项从20先令到1万英镑不等。有671人是跟卓别林攀亲的，其中有9个女人宣称是他的母亲，她们还颇为细致地描写了卓别林小时候被人拐骗的经过，有700人说是卓别林的叔伯、姑婶和堂兄弟，这些攀亲的写信者都请求喜剧大师能够慷慨解囊资助他们。还有几千个女子倾诉了她们对卓别林的爱慕之情，许多人约他相会，并且还附上了自己的照片。有一个人寄来一张当票，要求卓别林出钱帮他把祖母的假牙从当铺里赎出来。另外，有许多发明家、商人要求卓别林入股，有一些学校请求卓别林担任董事长，甚至还有人要把自己的双胞胎孩子送给卓别林，说他们一定会成为喜剧大师事业的继承人。

卓别林看着这7万多封信，感慨道："这真是一出活生生的喜剧，比我演的滑稽电影还要滑稽！"

嚼舌的狼与狡猾的狐狸

动物世界的国王——一头狮子生病躺在洞穴里，除了狐狸以外，所有的动物都来探望国王的病。

狼抢先到来，利用这个机会对狮子说狐狸的坏话。

狼正在攻击狐狸一点也不尊敬国王所以不来探病时，狐狸来了，并且听到了狼对自己的攻击。

狮子看到狐狸，一阵大吼，狐狸请求给他解释的机会，然后对狮子说："在所有动物中，还有谁比我更关心您的病情呢？我到各处去找医生，问他们应该如何医治您的病痛，现在终于找到治病的方法了。"

狮子命令他马上说出来。狐狸回答说："活剥狼的皮，然后趁热披在身上。"狮子认为有道理，立即转怒为喜。

狼在此时已无还手之力，顷刻之间，就被撕裂开来。

人间社会的尔虞我诈，胜过动物世界百倍千倍。然而，争来斗去的结果，就是人人自危。

有笼子就有鸟

有两个人曾经打赌。甲说:“如果我送给你一个鸟笼,并且挂在你客厅中显眼的地方而不取下,那么你就会买只鸟回来。”

乙不信,说:“养只鸟多麻烦啊,我肯定不会买。”

于是,甲就去给乙买了一个漂亮的鸟笼,让乙挂在客厅中引人注意的地方。结果,只要人们走进乙的客厅,就会问他:“你的鸟呢?跑掉了还是病死了?怎么回事?”

“我从来没养过鸟。”乙回答。

“那么,你要只鸟笼干什么呢?”朋友奇怪地看着乙,看得乙自己都觉得好像真的有了什么问题,比如缺少爱心、叶公好龙、装模作样等等。

最后,乙不得不去买了一只鸟,放入那个漂亮的笼子中。因为他发现,这比无休止地向大家解释要简单得多。

人类本来就习惯在头脑中挂笼子,然后因为外界的影响,又不断地往笼子里装东西,直到填满。至于需不需要装那么多,最后自己也弄不清楚了。

第六十六章　因其不争莫能相争

原文：

江海所以能为百谷王者，以其善下之，故能为百谷王。是以欲上民，必以言下之；欲先民，必以身后之。是以圣人处上而民不重，处前而民不害。是以天下乐推而不厌。以其不争，故天下莫能与之争。

白话：

大江大海之所以能够成为万千条川流之王，因为它善于处在下游，所以才能成为川流之王。因此，要想居于人上，就必须对人言语谦下；要想处于人前，必须置自身于人后。所以圣人虽居上位而百姓不感沉重，虽处前面而百姓不觉有害。因此，天下百姓乐于拥戴而不厌弃他。因为他不与人争，所以天下没有人能够与他相争。

感悟：

想要成为人上之人，就必须待人更加谦下，越是谦下人们越是抬你起来；想要占据人前位置，就必须将自身的利益放在身后，越是无私人们越是想回报于你。

不因重量而压人，不因权大而伤人，这样的领袖，谁不拥戴？

圣人根本就没有想过占有什么利益，更不会自高自大与人争锋，相互争来争去的天下人，就只有去相信他们推崇他们了。

孟氏任命曾子的学生阳肤做典狱官，阳肤向曾子请教。曾子说：“在上位的人离开了正道，百姓早就离心离德了。你如果能弄清他们犯罪的真相，就应当怜悯他们，而不要为自己的明察沾沾自喜。”孔门的为政之道，正是“处上而民不重，处前而民不害”。

芸芸众生，总是执著地为那个所谓的“我”辛辛苦苦服务一辈子。他们以为这个“身”就是“我”，“我”就是这个“身”。

佛家尽管有“众生无边誓愿度，烦恼无尽誓愿断，法门无量誓愿学，佛道无上誓愿成”的四弘誓愿，但从不强迫世人，所以不为世人所恼。

《易经》的64卦中，唯有一卦是6爻皆吉。这一卦，就是第15卦——“谦卦”！

水往低处流，万水所归往的地方，即成辽阔的大海；人往高处走，人们所心仪的顶端，其实高处不胜寒。

“只有你能发现我的错误”

日本学者多湖辉先生上大学时，他的德文教师对学生相当严格。

有一天上课时，老师犯了一个方法上的错误，班上发现这一错误的只有多湖辉。多湖辉为了发泄平时的积怨，执拗地想要老师当众出丑，所以洋洋得意地马上指出来。

没想到，老师很诚恳地这样表态：“你说得对，能发现这么重要的错误的只有你，其他人呢？都在睡觉吗？”奉承了多湖辉一番，老师接着说，“这部分，任何人都容易出错，大家要特别小心。”

多湖辉本来要攻击老师，让他出丑，但老师却表现出谦逊低处的态度，并且同时又高明地夸奖他，身为学生自然高高兴兴，闭口不言了。

人在世上，犯错误在所难免，如果犯了错误拼命掩饰，形象将会更加糟糕。

让王子快乐起来

从前有个国王，非常疼爱自己的儿子。因为父王的钟爱与权力，年轻王子可以得到一切他所希望的东西，然而他仍是常常眉头紧锁，面容戚戚。

有一天，一个大魔术家走进王宫，对国王说他有方法使王子快乐起来，变戚容为笑容。国王很高兴地说：“假如你能办到，你要求任何赏赐，我都可以答应。”

魔术家将王子领入一间私室中，用一种白色的东西，在一张白纸上涂了些笔画。他把那张纸交给王子，又领他进入一间暗室，然后告诉他燃起蜡烛，注视着纸上呈现些什么。魔术家交代完毕就走了。

在烛光的映照下，年轻的王子看见那些白色的笔画化作了美丽的绿色，继而变成这样几个字：“每天为别人做一件善事！”

王子遵照魔术家的劝告，很快就成了这个国家最快乐的一个少年，也成了百姓心目中最值得爱戴的人。

如果你不懂得尊敬安徒生

一位作者访问丹麦归来后，深有感触地说：“当着丹麦人的面，如果你破口大骂他们的国王，他很有可能会对你不理不睬；如果你批评他们的乳酪味道不好，他们可能会骂你无知；如果你提到安徒生而没有显现出尊敬的表情，那么，你就有可能挨揍了！”

权势能够赢得一时的荣耀，却换不来天下的景仰。“天下乐推而不厌”的安徒生，才是丹麦人真正的精神偶像，谁又能与他相争呢？

第六十七章　天将救之以慈卫之

原文：

天下皆谓我道大，似不肖。夫唯大，故似不肖；若肖，久矣其细也夫！我有三宝，持而保之：一曰慈，二曰俭，三曰不敢为天下先。慈，故能勇；俭，故能广；不敢为天下先，故能成器长。今舍慈且勇，舍俭且广，舍后且先，死矣！夫慈，以战则胜，以守则固。天将救之，以慈卫之。

白话：

天下之人都对我说那个“道”太大了，什么东西也不像。我说正是因为“道”太大，所以才什么也不像。若是像什么，“道”早就显得渺小了啊！我有三件法宝，一直持守保全：第一个是慈爱，第二个是节俭，第三个是不敢居于天下人之前。因为慈爱，所以能够英勇；因为节俭，所以能够宽裕；不敢居于天下人之前，所以能够成为世间的领袖。现在的人，舍弃慈爱而追求英勇，舍弃节俭而追求宽裕，舍弃退让而追求居先，死路一条啊！这个慈爱，用以战争就能取胜，用以守护就能坚固。上天若要救助谁，总是用慈爱来护卫他。

感悟：

大爱、俭朴、不逞强，是老子送给我们的立身处世的三大法宝。

对天下众生抱有慈悲为怀的爱心，对物质享受抱有勤俭节制的态度，对名利权势决不争先恐后，我们就能“以战则胜，以守则固”。

因为有爱，所以英勇；因为节俭，所以有余；因为不敢占先，所以就有了谦逊与礼让的风范；包容一切，所以就能成为天下人的保护伞。

没有真爱而逞勇猛，施以名利就可瓦解；舍弃节俭而求宽广，再多财产也将挥霍一空；不讲礼让偏要占先，众人便会群起争夺。舍本逐末的结果，只能是死路一条。

季孙氏打算翻修长府的国库。闵子骞说：“照老样子不是很好吗？何必要费钱费力翻修改建呢？”孔子称赞：“他这个人平日不大开口，一开口就能说到要害。”由此可见孔子对执政者“舍俭且广”行为的批判。

慈、俭、不敢为天下先，当然也是佛家的主张，其中慈悲为怀是第一要义，因为有了它，便可普度最为广大的众生。

妻子的牙齿

丈夫和妻子终于攀到了山顶，站在山的最高处向远方眺望。两个人高兴得像个孩子，手舞足蹈。对于终日忙碌的他俩来说，这是一次难忘的旅行。

突然，丈夫一脚踩空，高大的身躯猛然跌倒在地，随即向万丈深渊翻滚而去。

短短的一瞬，蹲在地上拍摄的妻子就明白发生了什么，她扑过去，手没有抓住丈夫，但一口咬住了他的上衣。同时，她也被惯性带向崖边，仓促中，她抱住了一棵树。

同时，她也被惯性带向崖边，仓促中，她抱住了一棵树。

丈夫悬在空中，妻子紧咬牙关，她的牙齿上承担了一个魁梧身躯的全部重量！

妻子不能张口呼救，但她竭尽全力坚持着。1 个小时后，过往的游客救了他们。此时，妻子的牙齿和嘴唇，已经是血肉模糊。

有人问这位女性为何能挺这么长的时间，她回答说："我不能失去我最爱的人！"

唯有爱，才能激发出生命巨大的潜能和无比的勇气！

把金币一点一点用好

阿巴格小时候生活在内蒙古草原上。有一次，年少的他和父亲在草原上迷了路，阿巴格又累又怕，最后快走不动了。

这时，父亲从兜里掏出 5 枚硬币，把 1 枚硬币埋在草地里，其余 4 枚放在阿巴格的手上，语重心长地说道："人生有 5 枚金币，童年、少年、青年、中年、老年各有 1 枚。你现在才用了 1 枚，就是埋在草地里的那 1 枚。你不能把 5 枚都扔在草原里，你要一点点地用，每一次都用出不同凡响的价值来，这样才不枉人生一世。今天，无论多么困难，我们一定要走出草原，你将来无论遇到什么挫折，也一定要抱持同样的信念。世界很大，人活着，就不能害怕困苦，只能选择勇敢和坚强。记住：不要把你的金币还没有用就白白扔掉了！"

在父亲的鼓励下，阿巴格决心用好每一枚人生的"金币"。最后，他走出了草原；再后来，他成长为一名优秀的船长。

我是“第一名”

毕业典礼上，校长宣布全年级第1名的同学上台领奖，连续叫了好几声之后，那位学生才慢吞吞地走上台去。

后来，老师问那位学生说：“怎么了？今天是不是生病了？还是没听清楚？”

学生答：“不是的，我是怕其他同学没听清楚。”

名与利是多少人的捆绑，多少人的心结！我们被教育要“争先”、要“出头”，但像如此争先出头的人，将来能够成为真正的“器长”吗？

第六十八章　善战不怒善胜不争

原文：

善为士者不武；善战者不怒；善胜敌者不与；善用人者为之下。是谓不争之德，是谓用人之力，是谓配天，古之极也。

白话：

善做将帅的人不会逞其勇武；善于作战的人不会被人激怒；善于战胜敌人的人不喜欢硬打硬拼；善于用人的人态度谦下。这就叫做“不争之德”，这就叫做借人之力，这就叫做合乎自然，这是自古以来最高的竞争法则。

感悟：

诗曰：“既明且哲，以保其身。”

冲锋陷阵、浴血奋战的人是英雄；折冲于樽俎之间、决胜于千里之外的人是英雄；以仁德而非勇猛平定天下的人更是英雄！

明白了战争的目的，往往就会找到战胜对手的妙计。

自以为无所不能者，总是免不了丢人现眼。喜欢与人交锋者，迟早是个败字。

《中庸》有言：“凡事豫则立，不豫则废。言前定则不跲，事前定则不困，行前定则不疚，道前定则不穷！”

为了必需的尊严以死相争或许在所难免，然而以退为进等待反击的有利时机，更是一种智慧的策略。

命里有时终须有，命里无时莫强求——佛家的告诫，看似消极实为积极。

孔子之道即恕道，懂得了恕道，我们才能既放得过别人，又放得过自己。。

“君子居易以俟命，小人行险以徼幸。”不与人争是一种大德，而胜利非大德者莫属。

事典

面对孩子扔来的鸡蛋

有一天，英国首相威尔逊在一个广场举行公开演说。

当时广场上聚集了数千人，突然从听众中扔来一个鸡蛋，正好打中他的脸，安全人员马上下去搜寻肇事者，结果发现扔鸡蛋的是一个小孩。

威尔逊得知之后，先是指示属下放走小孩，并当众叫助手记录下小孩的名字、家里的电话与地址。

台下的听众猜想威尔逊可能要处罚小孩，于是开始骚动起来。

这时威尔逊对大家说："我的人生哲学是要在对方的错误中，去发现我的责任。刚才那位小朋友用鸡蛋打我，这种行为是很不礼貌的。虽然他的行为不对，但是身为一国首相，我有责任为国家储备人才。那位小朋友从下面那么远的地方，能够将鸡蛋扔得这么准，证明他是一个很好的人才，所以我要将他的名字记下来，以便让体育大臣注意栽培他，将来也许能够成为棒球选手，为国效力。"

威尔逊的一席话，把听众都说乐了，接下来的演说更有亲和力。

路边的厕所

有一户人家，住在市镇与市镇之间的道路边，以种菜为生，颇为肥料不足而苦恼。

有一天，家长灵机一动："在这条路上，往来贸易的人很多，如果能在路边盖一个厕所，一方面给路人以方便，另一方面也解决了自家的肥料问题。"

他用竹子与茅草盖了一间厕所，果然来往的人无不称便，种菜的肥料从此不缺，青菜萝卜也长得肥美。

路对面有一户人家，也以种菜为生，眼见以后非常羡慕，决定也在路边盖个厕所。为了吸引更多人来，这家人用上好的砖瓦搭盖，内外都仔细刷上石灰，不仅造型独特，还比对面的茅厕大了一倍。

完工之后，这家人自我感觉非常满意，但奇怪的是对面的茅厕人来人往，自己盖的"豪华"厕所却无人问津。

于是他向路过的人询问原因，才知道由于他的厕所盖得太美，一般人以为是神庙，内急的人当然是跑茅厕不进神庙了。

即便是盖厕所，也得与环境、与人们的心态匹配，否则，哪会有人光顾。

冯玉祥"请君入瓮"

冯玉祥从入伍当小兵开始，以德才服人，最后成为国民军总司令。这位平民将军一生疾恶如仇，爱憎分明，而且最恼恨那些溜须拍马的势利之徒。

有一次，冯玉祥参加国民党中央委员会常委会。有个蒋介石的亲信为了拍领袖的马屁，在会上提议：今后不管谁说到“蒋委员长”时，在场的人都要起身立正。这个马屁意见虽然在会上遭到不少人反对，但在表决时，却居然过了半数而获得通过。

这下子，可把冯玉祥给气坏了。下午开会，冯玉祥的脸绷得紧紧的，毫无笑意。

会议一开始，冯玉祥便抢先发言。他走到讲台前，先咳嗽了一声便大声说道：“诸位！蒋委员长告诉我们！”

说到这里，冯玉祥“啪”地一个立正，停止了讲话。台上台下坐在椅子上的委员们，这才想起上午刚刚通过的那个决议，只得一个个站了起来。

“请坐下！”冯玉祥用手做了个向下按的手势。

等委员们刚刚坐定，冯玉祥又大声说：“蒋委员长告诉我们！”又是一个立正。委员们只得又一齐站了起来。

就这样，冯玉祥在一个并不太长的发言中左一个“蒋委员长”，右一个“蒋委员长”，弄得那些马屁精们站起来又坐下，坐下去又站起来，反反复复有10多次，弄得一个个上气不接下气，腰酸背痛。

这就是古人曾采用过的“请君入瓮”法，意即你提出的办法，请你自己去体验一下。

第六十九章　炫耀得意进寸退尺

原文：

用兵有言："吾不敢为主而为客，不敢进寸而退尺。"是谓行无行，攘无臂，执无兵，扔无敌。祸莫大于轻敌，轻敌几丧吾宝。故抗兵相若，哀者胜矣。

白话：

关于用兵打仗有这样一句话："我不敢主动进犯而要采取守势，不敢贸然前进一寸而宁可后退一尺。"这种智谋就是：行阵却如无行阵一样，奋臂却如无臂可举一样，执持兵器却如未执兵器一样，面临敌人却如未准备迎敌一样。祸患大不过轻视敌人，轻视敌人几乎丧失我的"三宝"。所以两军对峙势力相当，慈悲的一方必将获得胜利。

感悟：

老子以后的著名军事家，没有一个不熟读《老子》。悟《老子》，保脑袋；丢《老子》，掉脑袋。

如果我们经常失败，那很可能不是败于对手的高明，而是败在我们的自大张狂。

杜牧有一句话："灭秦者，秦也，非天下也。"

民间有一句话："天作孽，犹可恕；自作孽，不可活。"

圣埃格楚佩里有一句名言："判断自己要比判断别人困难得多！"所以，想要了解别人，首先了解自己；想要战胜别人，首先战胜自己！

最大的力量总在无形之中，花拳绣腿枉送性命。炫耀得意者，就如一个活靶。

孔子告诫说："小不忍，则乱大谋。"就是提醒人们不要因为"进寸"而"退尺"。

发动不义之战，违背的是人道，也是天道，所以早晚必败。

经历了血与火的洗礼，吸取了骄与傲的教训，抗兵相若，心怀慈悲，所以必胜。

哀者，即慈悲之人。慈悲是正义，是力量，而正义的力量强大无比。

化妆的最高境界

一位化妆师分享了他对化妆境界的认知。

从“术”的层面来说，化妆的最高境界可用两个字来形容，那就是——“自然”，也就是看上去跟没有化过妆一样，并且化出来的妆与人的身份相配，能够恰到好处地表现出人的个性与气质。

次一点的化妆，是把人的优势特点突显出来，引起众人的注意。

拙劣的化妆，让别人一眼就发现原来化了很浓的妆，而这层妆是为了掩盖实际的年龄或缺点。

最糟的一种化妆，是化过妆以后扭曲了人的个性，又失去了五官的协调，例如小眼睛的人竟化了浓眉，大脸蛋的人竟化了白脸，阔嘴的人竟化了红唇等等。

然而，从“道”的层面看，最根本的化妆是由内到外，增强修养，改变气质，脸上的化妆只是最末的一个环节。

少女与债主

有位商人欠了高利贷债主一大笔钱。那个又老又丑的债主，看上了商人青春美丽的女儿，便要求商人用女儿来抵债。商人和女儿听到这个提议都十分恐慌。

狡猾伪善的高利贷债主故作仁慈，建议这件事情听从上天安排。他说，他将在空钱袋里放入一颗黑石子，一颗白石子，然后让商人的女儿伸手摸出其一。如果她摸中的是黑石子，自己就要成为债主所有；如果她摸中的是白石子，自己不但可以回到父亲身边，债务也一笔勾销；如果她拒绝探手一试，她的父亲就要入狱。

虽然极不情愿，商人的女儿还是不得不答应试一试。当时，他们正在花园中铺满石子的小径上。协议之后，高利贷的债主随即弯腰拾起两颗小石子，放入袋中。敏锐的少女突然察觉：两颗小石子竟然都是黑的！

女孩不发一语，冷静地伸手探入袋中，漫不经心似的，眼睛看着别处，摸出一颗石子。突然，手一松，石子顺势滚落到路上的石子堆里，分辨不出是哪一颗。

“噢！看我笨手笨脚的。”女孩说道，“不过，没关系，现在只需要看看袋子里剩下的这颗石子是什么颜色，就可以知道我刚才选的那一颗是黑是白了。”

当然，袋子里剩下的石子一定是黑的。恶债主既然不能承认自己的诡诈，也就只好承认她选中的是白石子。

可恶的债主自以为胜券在握，而智慧的姑娘沉着冷静，随机应变，结果“哀者胜矣”。

米开朗琪罗与大卫雕像

公元1500年，意大利佛罗伦萨有人采掘到一块质地精美的巨型大理石，它的自然外观很适于雕刻一个人像，但宝石在那里放了很久，也没有人敢动手。

一位雕刻家只在后面打了一凿，就感到自己无力驾驭这块宝贵的材料，于是住手了。

后来，大雕刻家米开朗琪罗用这块大理石雕出了旷古无双的杰作——大卫像。只是因为先前那位雕刻家的一凿打重了，伤及了人像肌体，在大卫的背上留下了一点伤痕。

有人问米开朗琪罗：“那位雕刻家是否太冒失？”

“不，”米开朗琪罗说，“那位先生相当慎重！如果他冒失轻率的话，这块材料早已不存在了，我的大卫像也就无从产生。这点伤痕对我来说未尝没有好处，因为它无时无刻不在提醒我，每下一刀一凿都不能有丝毫的疏忽，在我雕刻大卫的过程中，那位老师自始至终都在我的身边，让我时时提高警惕。”

第七十章　道理易知效法难行

原文：

吾言甚易知，甚易行。天下莫能知，莫能行。言有宗，事有君。夫唯无知，是以不我知。知我者希，则我者贵。是以圣人被褐怀玉。

白话：

我的话语非常容易理解，非常容易实行。但是，天下竟然无人能够理解，无人能够实行。言论都有宗旨，行事都有根据。正是因为“上士”太少，人们才难以理解我的话语。理解我的言论的人是那样的稀少，能够效法的人那就更加可贵了。所以说，圣人总是身被褐衣而内怀美玉。

感悟：

最简单的道理，天下人最容易轻视。

孔子的主张其实同样易知易行，但他也发出失望的感叹：“天下国家可均也，爵禄可辞也，白刃可蹈也，中庸不可能也”；“君子依乎中庸，遁世不见知而不悔。唯圣者能之”。意思是说，天下国家之事可以治理，官爵俸禄也可以辞去，雪亮的刀刃也可向前身试，然而对于中庸这些至道至德，看起来虽然平常，却是很难做到。真正有德行的人，才会始终遵循中庸之道为人做事，纵是因此一辈子默默无闻不被世人所知自己也不后悔。

禅宗有三个层次之说：看山是山，看水是水；看山不是山，看水不是水；看山又是山，看水又是水。大彻大悟的老子所认识的真理，便是第三个层次上的简单。

凡夫俗子仅仅处于禅宗三个层次之说的前两个层次，所以常常是非颠倒，难易不辨，以至于视难为易，视易为难，即便是最基本最简单的真理，也会因一叶而障目。

老子的思想都是从自然大道中来，体会践行，我们就能够无为而无不为；世人的认识和思想，多是从一知半解而来，所以总是有为而难以为。

“同是人，类不齐。流俗众，仁者希。”觉悟了的圣人贤者，往往不入俗人眼目，于是总是隐身于尘俗之中，身被破衣烂衫，胸怀珠玉锦绣。

医生医不了命终之人，佛陀渡不了无缘的众生。

生命中的鹅卵石

晚上，一群游牧部落的牧民正准备安营扎寨，忽然被一束耀眼的光芒所笼罩，他们知道神就要出现了。于是，满怀期盼的他们，恭候着来自神灵的旨意。

神终于说话了："你们要多捡一些鹅卵石，把它们放在你们的马褡子里。明天晚上，你们会非常快乐，但也会非常懊悔。"说完，神就消失了。

牧民们感到非常失望，因为他们原本期盼神能够给他们带来无尽的财富，但没想到神却吩咐他们去做这件毫无意义的事情。

但是不管怎样，那毕竟是神的旨意，大家虽然有些不满，但还是各自捡拾了一些鹅卵石，放在自己的马褡子里。

就这样，他们又走了一天。当夜幕降临开始安营扎寨时，他们忽然发现昨天放进马褡子里的每一颗鹅卵石竟然都变成了钻石。大家高兴极了，同时也懊悔极了，后悔昨晚没有捡拾更多的鹅卵石。

人生中，有许多眼前看似鹅卵石一样的东西，总被我们毫不经意地丢弃。然而一定有一天，当我们急需的时候，它就比钻石还要珍贵！

猴子小姐与眼镜

随着年华老去，猴子小姐目力逐渐衰退，常常老眼昏花。

它的人类朋友告诉它："这是立刻就可以解决的问题，只要有一副老花眼镜就成了。"于是它到城里去买了好几副眼镜。

猴子小姐一忽儿把眼镜顶在头上，一忽儿把眼镜套在尾巴上，一忽儿把眼镜舔舔，一忽儿又把眼镜闻闻。可是无论怎样摆弄，眼睛还是看不大清楚。

它又急又气，大声嚷道："我上当了！关于眼镜的事，全都是撒谎，眼镜根本就没有用处！"

最后，猴子小姐抓起眼镜，一副接一副向墙上摔去，玻璃碎片儿四处飞溅。

即便是真的宝贝，如果给的是那些无知的人，他们也会如猴子小姐一样，无法实现其本有的价值。

父子与驴

父子俩牵着驴进城。半路上有人笑他们:“真笨,有驴子不骑!”

父亲便叫儿子骑上驴。走了不久,又有人说:“真是不孝的儿子,竟然让自己的父亲走路!”

父亲赶快叫儿子下来,自己骑到驴背上。一会儿又听有人叹息:“这个父亲真是狠心啊,不怕把孩子累死!”

父亲连忙叫儿子也骑上驴背。谁知又有人讥讽:“两个人骑在驴背上,把那瘦驴压死岂不可惜?”

父子俩赶快溜下驴背,把驴子四只脚绑起来,用棍子抬着走。经过一座桥时,驴子因为不舒服,挣扎了起来,结果掉到河里淹死了。

人人都知道“顺其自然”,但就是如此简单的事情,许多人也不能“顺其自然”。

第七十一章　不知有病即为大病

原文：

知不知上，不知知病。夫唯病病，是以不病。圣人不病，以其病病，是以不病。

白话：

知道自己不知道才是明白人，不知道却以为知道是有病之人。只有把毛病真当毛病，才会没有毛病。圣人没有毛病，正因为他知道毛病是病，所以他才没有毛病。

感悟：

“人贵有自知之明”这句话，我理解为“人有自知之明乃贵”。

无论什么人，都向往着真理，因为真理具有号召力。

世界上真正认识真理行于大道的人很少，更多的人只是自以为认识了大道掌握了真理。所以，他们的一生正如明代一位学者的总结，所干之事无非三件——自欺、欺人、被人欺。

自以为得道觉悟，就会妨碍自己真正去得道和觉悟。

人有两种能力，一种是我们知道的能力，一种是我们不知道的能力，最管用的或许是我们不知道的能力。所以人的能力又可分为四个层次——最低层次是不知道不知道；第二个层次是知道不知道；第三个层次是知道知道；最高层次是不知道知道。

圣人之所以没有毛病，是因为他们深知毛病之所在；他们自己的很多非凡的能力，又不知道自己知道。

孔子说：“过而不改，是谓过矣。”没有人生而知之，任何人都难免犯错，但若坚持错误，那就真的为“过”了。

神秀有偈：“身是菩提树，心如明镜台。时时勤拂拭，莫使惹尘埃。”这一境界虽不及慧能，但对世间凡夫来说，真真是有益的告诫。

事典

三份不同的薪水

在美国东海岸一座城市的某一商业街，有家著名的毛皮公司。这家公司的工作人员中有三兄弟。有一天，他们的父亲要求面见总经理，原因是他不明白为何三兄弟的薪水不同：大儿子A的周薪是350美元，小儿子B的周薪是250美元，二儿子C的周薪是200美元。

总经理默默地听三兄弟的父亲把话说完，然后对他说：“我现在叫他们3人做相同的事，你只要看看他们的表现，就可以得到答案了。”总经理先把C叫来，吩咐说：“现在请你去调查停泊在港边的H船。船上毛皮的数量、价格和品质，你都要详细地记录下来，并尽快给我答复。”

C将工作内容抄下来就离开了，5分钟后他便出现在总经理办公室。因为总经理要他尽快，所以他就利用电话询问，很快完成了任务。

总经理再把B叫来，吩咐他做同一件事情。

B在1个小时后回到了总经理办公室。他一边擦汗一边解释说，自己是坐公车往返的，接着将H船上的货物数量、品质等详细报告了出来。

总经理再把A找来，先把B报告的内容告诉了他，然后吩咐他再去复查。A说可能要花点时间，因为需要再了解几个相关的信息以便总经理最后决策，总经理认同后他就走了。

3个小时后，A回到了公司。

他首先重复报告了B的报告内容，然后说，他已将船上最有价值的货品详细记录下来。为了便于总经理最后定夺，他已请货主代表明天上午10点到公司来一趟。回程中，他又到其他两三家毛皮商公司询问了各类货物的品质、价格，并且详细做了记录。

大儿子A显然是现在所有公司正在寻找的千里马，因为他的系统思考能力非常强，总是把自己放在当事人的位置去想去做。

在暗地里观察了3个儿子的工作表现后，父亲很高兴地表示：“再没有什么比他们的行动更能给我满意的答案了！”

让自己成为一颗珍珠

有一个自以为是的年轻人，毕业以后一直找不到理想的工作。他觉得自己怀才不遇，对社会感到非常失望。痛苦绝望之下，他来到大海边，打算就此结束自己年轻的生命。

这时，有一个慈祥的老人从这里走过，于是他们聊了起来。

老人问他为什么要走绝路，他说自己不能得到别人和社会的承认，没有人欣赏并且重用他。

老人从脚下的沙滩上捡起一粒沙子，让年轻人看了看，然后就随便地扔在地上，对年轻人说：“请你把我刚才扔在地上的那粒沙子捡起来。”

“这根本不可能!”年轻人说。

老人没有说话,接着又从自己的口袋里掏出一颗晶莹剔透的珍珠,也是随便地扔在了地上,然后对年轻人说:“你能不能把这颗珍珠捡起来呢?”

年轻人回答:“当然可以!”

就这样,老人挽救了年轻人的生命,并让他懂得了怎样认识自己和成就自己。

卫国国君的“道理”

两千多年前,卫国法律规定:无论是谁,如果没有得到允许而乘坐国君的马车,就要处以斩去双脚的刑罚。

卫国国君最宠爱的妃子长得非常漂亮。一次,王妃的母亲患了重病,有人在半夜里赶来把消息告诉了她。她心急如焚,来不及禀告就乘坐国君的马车赶去看望母亲。事后,国君不仅没有惩罚她,而且还夸奖了她的孝心:“为了看望母亲,爱妃你甚至冒了砍掉双脚的危险!”

后来又有一次,她和国君在花园里嬉戏玩耍。她拿了一只桃子吃到一半,觉得这只桃子特别甜,便把它让给了国君吃。国君又给了她表扬:“爱妃你是多么爱我啊,愿意把最好的东西让出来!”

但是,随着这位王妃的美貌渐渐消失,国君开始冷淡她了。

有一次,这位王妃无意中冒犯了国君,国君非常生气,并质问王妃:“是不是有一次你未经允许就乘坐了寡人的马车?是不是你还曾把吃剩了的桃子给寡人吃?”

身为一国之君,当一言九鼎,如此颠倒是非出尔反尔却不以为病,哪里能保社稷江山长久呢?

第七十二章　自爱爱人不自为贵

原文：

民不畏威，则大威至矣。无狭其所居，无厌其所生。夫唯不厌，是以不厌。是以圣人自知不自见，自爱不自贵。故去彼取此。

白话：

百姓不畏惧威势的时候，大的祸乱就要来了！不要逼迫百姓无所安居，不要压榨百姓无法谋生。只有你不欺压百姓，百姓才不会对你感到厌恶。因此，圣人但求自明而不自我表现，但求自爱而不自炫高贵。所以，明智的人会舍后者而取前者。

感悟：

如果统治者的威势不能够让百姓敬畏的话，至少说明他们的诚信已经丧失了。诚信丧失，祸乱也就不远了。

“民可载舟，亦可覆舟”；压迫愈深，反抗愈烈。

自知才能知人，自爱才能爱人。人须尊重自己，却不可高贵自己。

施人以爱，其实是我们获得自爱的保证；但是施爱不是施舍，只有当他人感到平等的时候，我们的自知与自爱才会达到充分和完满。

自我炫耀，满足的是当时的虚荣心；自我珍惜，享受的是生命的真善美。

孔子同样深知“无狭其所居，无厌其所生”的治国之理，所以教导弟子：“对于一个国家而言，不怕贫穷，而怕财富不均；不怕人口少，而怕不安定；不怕财物短缺贫乏，而怕政令、政策的不公平。财富机会公平了，也就没有了所谓的贫穷；上下和睦了，就不会感到人口稀少；国家安定了，就没有倾覆的危险。”

吾心即悟，本心即道，明心见性，见心见性，这才是真悟，否则便是“错悟”。“错悟”之人，自见而不自知，自贵而不自爱，更不会爱他人爱众生爱天下了。

事典

富人的行善与穷人的心态

有一个富人很善良，总是帮助贫穷的人，但人们从来没有认为他在显

示和炫耀自己，而是感到一种朋友式的关心，非常亲切自然，所以得到众人的赞许和尊敬。有人向他请教时，这位富人讲述了自身体会很深的一件事。

富人原来的房子破旧了，就重建了一所房子，同时特意为新房子做了一个很大的屋檐，为的是让那些无家可归的人有一个躲避风雪的地方。

房子建好后，果然有很多穷人来这里躲避风雪。但人多嘈杂，富人一家无法正常生活，为此他家里人没少与那些穷人争吵，结果常常闹得很不愉快。

第二年冬天的一个晚上，有一个老人冻死在屋檐下。那些与他家人争吵过的人，纷纷骂他为富不仁。过了些日子，一次台风来袭，把富人的屋檐掀翻了，那些不满富人的人幸灾乐祸，并说这是上天的惩罚。

富人吸取了教训，在重新造屋的时候，将屋檐建得很小，但同时又在不远处建了一所小房子。虽然房子小了些，并且比较简陋，但是给了那些穷困无家的人一个真正的避风港，所有在这里得到暂时庇护的人，都对这个房子的主人表示感谢。这样，富人不仅满足了自己行善的心愿，也得到了很好的口碑。

谁长得难看

一个万籁俱寂的月夜，天使进入动物园，问动物们是否满意自己的面貌，如果不满意可以给它们整容，使大家都能变得漂亮一些。

天使先问猴子，猴子说：“我不觉得自己难看，不过大象的鼻子真丑。”

大象叫起来：“我头大耳阔多体面，只是马的脸未免太长了些！”

马听了恨不得踢象一脚，但又不敢，只好说：“我脸虽长，却很清秀，熊的脸和眼睛才难看呢！”

熊低了头，似乎很镇静，心里却气极了，忽然一只兔子跑了过来，它指着兔子说：“兔子尖嘴尖脸真是滑稽。”

兔子生气了：“谁不说我小巧伶俐，你们都看不见吗？这只野猪才是世上最丑的呢！”

野猪对天使说：“我们中间算猴子的脸最怪，它才应该整容呢！”

“你们既然都满意自己，都说别人丑，我就不替你们整容了。”天使说完便走了。

无论觉得别人都比不上自己，还是觉着自己比不上别人，无非是自恋与自卑，并且都是病态。

被月饼拆散的情侣

20世纪50年代末，在上海一所大学校园，一对男女学生相爱了。

那时校园里禁止谈恋爱，校方对他们一再劝阻、警告，两个年轻人始终如胶似漆。校方只有使出最后一招：毕业时将男生分配到大西北，女生留在上海，实际上是将两人拆散。

女方不肯独自留在上海，死活要跟男方一道奔赴那天苍苍野茫茫的地方。

两人在蒙古包里落下户，卿卿我我，苦日子倒也过得很甜。

然而三年自然灾害——一个饥饿的时代到来了。这天是中秋节，社里每户分一块月饼，男方那天收工早一点，就把月饼领了回来。

薄暮降临，妻子还没有回来。他实在忍不住，把月饼对半切了，先吃了自己那一部分。不吃则已，一吃更馋。他想，妻子要是在，肯定会再省下一部分给自己吃，那么，实际上这半块月饼的二分之一也将属于自己。于是他把半个月饼切开，把他认为妻子肯定会省给自己的那一半也吃了。妻子还没回来，剩下的四分之一个月饼，他看着看着，怎么也忍不住，甚至想不起自己是怎样伸出魔爪的，一下子就把它吞噬掉了。

这时，妻子回来了，兴高采烈地问："听说分了一块月饼呀！"他愣愣地无言以对，片刻过后，他支吾道："我……太饿……我吃掉了……"

妻子半天没有吭声，沉默之后，忽然怒吼起来："想不到你会这样！我牺牲一切跟你来到大西北，你呢，连半块月饼都不给我留着。今天我才看透你呀！"

妻子收拾衣物，毫无留恋地回到了上海，最后永远离开了这个男人。

警告和流放都不能拆散一对情侣，一块月饼却轻易做到了。女人"看透"的，其实是这个男人的自私"自贵"。

第七十三章　不言善应不召自来

原文：

勇于敢则杀，勇于不敢则活。此两者，或利或害。天之所恶，孰知其故？是以圣人犹难之。天之道，不争而善胜，不言而善应，不召而自来，绰繟然而善谋。天网恢恢，疏而不漏。

白话：

勇到无所不敢就会枉送性命，勇到有所不敢就能存活。这两种勇敢，或者有利或者有害。上天之所厌恶，谁能知道是何缘故？哪怕是圣人，有时也难以说清。自然的规律是：不与人争而善于取胜，不多言辞而善于应答，不用召唤而自动到来，从容宽缓而善于计谋。上天之网宽广无边，看似稀疏却不会有一点漏失。

感悟：

勇敢有两种：一种是世界上的事情无所不敢去做，一种是认清形势勇于守雌不乱造次。

很多时候的结果，都是敢者死而不敢者生，敢者害而不敢者利。

所以，勇于不敢、勇于守雌是一种大智慧。

无论胆大还是胆小，都当知彼知己，循于大道。

《红楼梦》中的薛宝钗在一阙柳絮词中写道："好风凭借力，送我上青云。"换个角度理解，要想上"青云"，也须等待"好风"，不可轻举妄动。

圣人为何以认识天道自然为人生之目的？因为认识了天道，就懂得了人道；感悟了大道，便会从必然王国走向自由王国。

孔子的弟子南宫适发出感叹："羿善于射箭，奡擅长水战，最后都不得好死。夏朝的开国之君禹和稷都率领百姓种植庄稼，却得到了天下。"

上天之网虽然广大无边，看不到有什么纲目，但却什么东西也不会漏掉，这就叫做老天有眼。

种瓜得瓜，种豆得豆。善有善报，恶有恶报。

为了道义，该出手时当出手；无道逞强，多行不义必自毙。

在佛家看来，人确实有命。从前所造作的因，累积起来一个一个的果，串联起来就是命。谁在串联呢？正是恢恢天网！

放下“坚果”才能逃命

非洲土人用一种奇特的狩猎方法捕捉狒狒，屡试不爽。

捕捉的方法是：在一个固定的小木盒里面，装上狒狒爱吃的坚果，盒子上开一个小口，刚好够狒狒的前爪伸进去，而狒狒一旦抓住坚果不放，爪子就抽不出来了。

人们为何屡屡采用这种方法？因为狒狒有一种习性，不肯放下已经到手的东西。

狒狒的愚蠢自然常被人们嘲笑：为什么不松开爪子放下坚果逃命呢？

然而审视一下人类自己，也许就会发现并不是只有狒拂才会犯下这样的错误。

乔治的勇敢

乔治和亨利还有詹姆斯，一同路过一所学校。当时学校正在上课，朗朗的读书声从教室里传了出来。教室外面是白茫茫的大地，一切都是银装素裹，分外安静。

亨利突然心血来潮地说：“要是用一个雪球砸一下教室的门，老师和里面的学生一定会被吓一跳的，这肯定很有意思。”

詹姆斯也随声附和说：“我想这肯定很好玩，但就是害怕被抓住，如果那样可就惨了。他们或许会告诉我们的家人，父亲的皮鞭滋味可不是好受的！”

亨利满脸不在乎的神情，说道：“我们怎么可能让他们抓住呢？谁不知道乔治的百米速度无人能比，我看就让他来干这件事，一定不会有什么问题的。”

詹姆斯一脸诡异的笑：“你是说乔治吗？他怎么敢做这样的事？他是有名的胆小鬼，难道你不知道吗？”

亨利知道詹姆斯在激将乔治，就说：“来，乔治，拿着这个雪球，让詹姆斯瞧瞧你不是胆小鬼。”

乔治说：“并不是我不敢做，而是我觉得这一点也不好玩。”

詹姆斯鄙夷地说：“我看你根本就不敢吧？别找什么借口了。”

没办法，乔治只好拿起雪球，重重地砸在教室的门上，当老师和孩子们出来的时候，乔治像风一样地跑掉了。

亨利和詹姆斯在他身后大声地笑着，一边笑还一边说："这个傻瓜，我们把他给耍啦！"

回家后乔治把这件事告诉了妈妈，妈妈对他说："如果你是一个真正勇敢的人，就懂得什么事应该做，什么事不应该做。不要在乎别人怎么说你，你要用自己正直的行动让他们感到惭愧，而不是去听从他们的怂恿。"

于是乔治勇敢地来到那所学校，向老师和同学们承认了错误。

歌唱家花园里的木牌

法国著名女高音歌唱家玛·迪梅普莱有一个美丽的私人林园。每到周末，总会有人到她的林园摘花，拾蘑菇，有的甚至搭起帐篷，在草地上野营野餐，弄得林间一片狼藉，肮脏不堪。

管家曾让人在林园四周围上篱笆，并竖起"私人林园禁止入内"的木牌，但都无济于事，林园依然不断遭到践踏和破坏。于是，管家只得向主人请示。

迪梅普莱听了管家的汇报后，吩咐管家做了一些大牌子立在各个路口，上面醒目地写明："如果在林中被毒蛇咬伤，附近的医院距此15公里，驾车约半小时即可到达。"

从此，再也没有人闯入她的林园。

迪梅普莱的所为，就叫做"不争而善胜"，"繟然而善谋"。

第七十四章　生手玩斧伤人伤己

原文：

民不畏死，奈何以死惧之？若使民常畏死，而为奇者，吾得执而杀之，孰敢？常有司杀者，夫代司杀者杀，是谓代大匠斫。夫代大匠斫者，希有不伤手矣。

白话：

百姓如果已经不怕死，为什么还用死来恐吓？如果使得百姓畏惧死亡，那么为非作歹的人，我们就可以将他抓来杀掉，谁还再敢为非作歹呢？杀伐有人专管，身为人主，却要代人去行杀伐，就如同替木匠砍斫。不是木匠而替木匠砍斫，少有人不自伤其手啊！

感悟：

蝼蚁尚且偷生，何况人乎？当人们不惧死亡的时候，统治者便无计可施了。

人人作奸犯科，置生死于度外，社会一定大乱，改朝换代也就在所难免了。

如果能够使人民珍惜生命，“杀一”就可“儆百”；如果人民已经生不如死，“杀百”也难“儆一”。

当然，最大的“司杀”者，是苍天，是大地，是大道的无穷的力量！

剔除杂草就是顺应大道。人间社会如果必须“司杀”，也须由司法部门秉公办理；人主若是赤膊上阵，无异于替代木匠伐木。

大匠运斤成风，挥洒自如，这是其专业和本分；一个生手玩弄大斧，难免伤人伤己。

所以道家和儒家的治国方略，都是以道治国，德化天下，让“民归心焉”。

如果世俗中人懂得佛家的因果之说，相信人在做天在看，那可真比严刑峻法更为有效。

事典

比聪明更为宝贵的东西

全球最大的网上书店亚马逊公司的总裁杰夫·贝索斯小时候经常在暑假随祖父母一起开车外出旅游。

10 岁那年，贝索斯又随祖父母外出旅游。旅游途中，他看到一条反对吸烟的广告上说，吸烟者每吸一口烟，寿命便要缩短两分钟。正好贝索斯的祖母也吸烟，而且有着 30 年的烟龄。于是，贝索斯便自作聪明地开始计算祖母吸烟的次数。计算的结果是：祖母的寿命将因吸烟而缩短 16 年。

当他得意地把这个结果告诉祖母时，老人家伤心地放声大哭起来。

祖父见状，便把贝索斯叫下车，然后拍着他的肩膀说："孩子，总有一天你会明白，仁爱比聪明更难做到。"

祖父的这句话虽然只有短短的 10 多个字，却令贝索斯终生难忘。从那以后，他一直都按照祖父的教诲做人。

真心规劝祖母戒烟，当把握时机讲究方法。贝索斯懂得了，祖母最惧怕的不是不能长寿，而是不被顺其意愿地关爱，更难承受的是来自自己骨肉的伤害。

"大匠"才能运斤成风

庄子为人送葬，恰好经过他的老朋友惠施的坟墓。他默默地站立了一会儿，然后告诉身旁的人说："过去有一位郢都人，在自己的鼻尖上抹了一层薄薄的白粉，薄得像苍蝇的翅膀。他对面站着一个名叫匠石的人，挥动一柄锋利斧头，大吼一声，对准郢人的鼻子一阵风似地劈将过去。白光闪过，薄薄的白粉全被劈尽，而鼻子一毫未伤。那郢人站着纹丝不动，面不改色。"

宋元君听说有这般绝技，就把匠石召去，要他表演一番。不想匠石回答："我倒是会使用斧头，可是我那位鼻子上抹石灰的搭档死去很久了啊！自从惠施先生死去之后，我就再也无法表演了。"

领导者当做领导者的事，"大匠"当做"大匠"的事。领导者要想取得成功，必须拥有"大匠"般的人才，而这样的人才，有赖于智慧的领导和必要的条件才能发挥。岗位不清，职责不明，配合不当，"大匠"便无施展的舞台；倘若领导者亲自去充当"大匠"，失手在所难免。

孙武斩妃

春秋战国时代，吴国国王阖闾为富国强兵，广招贤才。齐国人孙武为避战祸，辗转奔波来到吴国。在隐居期间，他刻苦钻研兵法，经过多年的努力，终于编成了《孙子兵法》，并等待时机实现自己的抱负。

吴王阖闾读了《孙子兵法》，很是钦佩，盛赞孙武才华出众，是个难得的人才。

吴王想亲自考察一下他的实际才能，便召见孙武，对他说："你的练兵方法可以让我看看吗?"孙武说："可以。"吴王又问："你的练兵方法可以适用于妇女吗?"孙武答："可以。"

于是吴王挑出180个宫女交给孙武。孙武把她们编成两队，挑选吴王最宠爱的两个美妃担任队长，让她俩持着战戟站在队前。孙武部署既定，又命令士卒扛来执行军法的大斧，并指着大斧反复说明军队的纪律，违者处斩。

战鼓雷鸣，孙武下达了向右转的命令。美妃和宫女不但不听命令，反而嘻嘻哈哈地笑了起来。孙武沉下脸来说："约束不明，命令不熟，这次应由将帅负责。"于是重新作了说明。然后又开始击鼓，发出向左转的命令。没想到，美妃和宫女们又一次哄笑起来。孙武的脸彻底沉了下来："纪律和动作要领，已讲得十分清楚，但你们仍旧不听从命令，这就是故意违反军纪。队长带头违犯，应按军法处斩。"于是下令将左右队长斩首。

吴王在望云台上看见孙武要杀自己宠爱的妃子，大为惊骇，急忙传令说："我已经领教了将军练兵的高明了。没有这两个爱妃，我饭都吃不下，请将军不要杀她们吧!"孙武说："我既已受命为将，将在军中，君命有所不受。"当即把两个队长推出斩首。又指定另外两位妃子担任队长，继续操练。这时再发出鼓令，不论向左、向右、前进、后退、跪下、起立，全都服从命令，而且严肃认真，合乎要求。

于是，孙武派人报告吴王说："兵已练好，请大王检阅。这两队士兵，可任意指挥，即使叫她们赴汤蹈火，也不会抗命了。"

吴王失去了两个爱妃，心里很不高兴，苦笑着说："行了，将军回舍休息吧！我就不检阅了。"

事情过后，孙武先向吴王谢罪，接着申述斩妃的理由："令行禁止，赏罚分明，这是兵家常法和为将治军的通则；用众以威，责吏从严，只有三军遵纪守法，听从号令，才能克敌制胜。"吴王听了孙武的解释，怒气消散，便弃斩妃之恨，拜孙武为将军。

后来，吴国军队在孙武的严格训练下，纪律严明，战斗力大增。公元前506年，吴、楚大战中，吴军5战5捷，打败了楚国。以后，吴军又威震齐、晋两大中原强国，使吴国在列国诸侯中威名远扬。

尽管爱妃当杀，但吴王不忍，如若放任，就没有后来的卓越成果；最恰当的"恶人"，非孙武莫属，而这"恶人"，正是"大匠"。

第七十五章　人主极欲其民无情

原文：

民之饥，以其上食税之多，是以饥。民之难治，以其上之有为，是以难治。民之轻死，以其上求生之厚，是以轻死。夫唯无以生为者，是贤于贵生。

白话：

百姓生活饥馑，是由于人主吞食赋税太多，所以才会饥馑；百姓难以治理，是由于人主不道妄为，所以才难以治理；百姓轻视生命，是由于人主穷奢极欲，所以才会轻视生命。淡泊清静的人，远贤于那些尽享奢华贪生怕死的人。

感悟：

俗话说：蛇无头不行，鸟无头不飞。无论人群还是人类，如果无首，同样难以生存和发展。

百姓与执政者是矛盾的对立统一体。对立过头，世界大乱；和谐一致，天下太平。

官者管也，管者遵道而行也；遵道而行者，无为而无不为也。

百姓富裕则国家康强，社会安宁则百姓安心。真正理想的社会形态便是如此。

佛家讲慈悲不讲爱，因为爱还有私心，而慈悲则是公平地对待一切众生。执政者倘有慈悲之心，百姓怎会难治呢！

然而几千年的社会现实却如孟子所言："厩有肥马，野有饿殍。"所以，被压迫者、生不如死者总是揭竿而起。

人类社会再有创造力，物质财富也不可能挥霍不竭。人主若是穷奢极欲，百姓必然难以维持生计。死都不怕，还有什么可怕的呢？

享受过度，最后就享受不了。总是置对方于死地，自己的死期也就快到了。

事典

晏婴进言齐景公

春秋时代的晏婴当了 30 年齐国大臣，是著名的政治家。《左传》中颇多关于晏婴的记载，比如说，晏婴经常劝谏齐景公爱民，但齐景公却总是扰民。

有一次，齐景公强令民工造大台，闹得齐国民不聊生，百姓苦不堪言。晏婴出使回来，正巧目睹了这一情景。他马上进言齐景公不要造台，好说歹说，齐景公总算同意了。

晏婴却不急于回家，而是立即赶到工地，催促民工抓紧干活，稍有懈怠，就以鞭子抽打。晏婴骂累了打累了，这才回家。他刚离开工地，齐景公的传令官就到了，下令停止施工，大家可以回去和家人团聚了。民工一听此令，齐声欢呼，好像遇到大赦一般。

为了劝说齐景公爱民，并且挽回齐景公的名声，身为臣子的晏婴代王受过，不遗余力。

“贫贱不能移，富贵不能淫，威武不能屈”，这是中国传统士大夫孜孜追求的最高道德境界，晏婴做到了。

孔子曾经称赞晏婴说：“他关心民间疾苦，救民于苦难而不自夸，德行高尚足以弥补齐国三代君主的过失而无人可比，晏子真可称得上君子啊！”司马迁在其皇皇史学巨著《史记》中为晏婴作传时，也如此赞叹：“如果晏婴还活着，哪怕让我司马迁为他执鞭驾车，我也心甘情愿啊！”仰慕之情，溢于言表。

“我也吐了一口！”

网上有一则流传很广的小笑话：某吝啬鬼一个人去酒吧喝酒，掏出事先准备好的钱叫了一杯便宜的啤酒。

喝到一半，吝啬鬼内急，想上洗手间。刚起身，他又坐下了，因为担心酒被别人喝掉。于是，他向服务生借了纸和笔，在纸上写上“我在杯里吐了一口痰”，然后就放心地走了。

一会儿回来，吝啬鬼发现啤酒还在那里，很是高兴，但是却又发现纸条上多了几个字，定睛一看，却是——“我也吐了一口！”

千万不要热衷于比赛聪明，因为聪明者终会被聪明所误。

孟子眼里的梁惠王

因为梁惠王表示愿意向孟子请教，孟子就与他进行了一番对话。

孟子问：“用木棒打死人和用刀子杀死人有什么不同吗？”

梁惠王回答：“没有什么不同。”

孟子又问:“用刀子杀死人和用政治害死人有什么不同吗?”

梁惠王回答:“没有什么不同。”

孟子于是说:“厨房里有肥嫩的肉,马房里有健壮的马,可是老百姓面带饥色,野外躺着饿死的人。这等于是在上位的人率领着野兽吃人啊!”

梁惠王说:“我对于国家大事,是很尽心力的了。河内遭遇灾荒,我就把百姓迁移到河东,而且将河东的粮食调拨一部分到河内。如果河东遭遇灾荒,也是同样处理。据我观察邻国的政务,没有谁像我这样用心的。但邻国的人民不见减少,我的人民也不见增多,这是为什么呢?”

孟子回答说:“大王您喜欢打仗,我就用打仗来比喻吧。咚咚的战鼓敲响了,双方兵刃相接。战败的一方丢盔弃甲而逃,有的跑了100步,有的跑了50多步。后来,跑了50步的人讥笑那些跑了100步的人,您觉得如何?”

梁惠王说:“这不可以,他只不过没有能力跑100步罢了,但同样是逃跑。”

孟子说:“大王您既然懂得这个道理,就不要指望您的百姓比邻国的百姓多了。只要不违背农业耕作的时间,粮食就吃不完;细密的渔网不进入池塘,鱼鳖就吃不完;砍伐树林有节有序,木材就可以使用不尽。粮食和鱼鳖吃不完,木材使用不尽,这就让百姓生养死葬都没有什么遗憾了。百姓生养死葬都没有什么遗憾,这就是王道的开始。”

梁惠王认为自己是为民分忧的君主,可是孟子却不这样认为。事实上,所有的统治者都不愿意自己的百姓死得光光的,当有天灾人祸发生时,统治者们总是会顾及一下百姓,以期得到他们的拥护。但是这种顾及,并没有从根本上解决百姓们安居乐业的问题。

第七十六章　兵强则灭木强则折

原文：

人之生也柔弱，其死也坚强；万物草木之生也柔弱，其死也枯槁。故坚强者死之徒，柔弱者生之徒。是以兵强则灭，木强则折。强大处下，柔弱处上。

白话：

人活着的时候身体是温软的，死了以后就变得僵硬了；万物草木活着的时候是柔脆的，死了以后就变得干枯了。这说明坚硬的东西属于死亡一类，柔软的东西属于生机一类。所以，用兵逞强就会导致灭亡，树木强壮就会遭受砍伐一样。强大的东西总是在下，而柔软的东西总是处上。

感悟：

人活着的时候，和气在身，精神灵动，所以温软柔和，充满生机；人死亡之后，精枯气竭，只剩下一具神离的皮囊，所以僵硬挺直。

在人类的两性之中，看似柔弱的女人总是长寿于男人。

树木一旦成材，伐木之人便会蜂拥而来。对于人类来说，喜得栋梁；从树木本身来看，则是不得永年。

高山厚重，所以居于草木之下；草木细小，但却处于高山之上。

硬邦邦的东西总与死亡同类。所以那些肝火旺盛的人，其实是把自己生命的时钟，提前拨过了中午12点。

孔子赞扬卫国大夫宁武子说："这个人，当国家政治清明时，他就表现出智慧聪明；当国家政治黑暗时，他就装得愚傻迟钝。他的那种聪明人们可以做得到，而他那种大智若愚，一般人就做不到了。"坚强与柔弱的辩证法，同样为孔子所称道。

谈判的过程，往往就是妥协的过程。谈判有道，妥协亦有道。

百炼钢化为绕指柔，人和顺赢得众人心。

"古者民有三疾，今也或是之亡也。古之狂也肆，今之狂也荡；古之矜也廉，今之矜也忿戾；古之愚也直，今之愚也诈而已矣！"孔子此言，更是当今时代的写真！

傲慢、嫉妒、贪欲，被佛家称为人之"三重障"。倘若"三重障"日盛一日，灾难也就势必来得更加的频仍和猛烈。

“五块钱可以买两张名片”

秘书把门外那位业务员的名片交给董事长,董事长不耐烦地把名片丢了出去。

业务员在门外礼貌地说:“没关系,我下次再来,还是请董事长留下我的名片。”

秘书被缠不过,又硬着头皮把名片递进去,董事长气极了,把名片撕成两半丢到垃圾桶里,并且拿出5块钱,恶狠狠地说:“5块钱买他1张名片,叫他走!”

秘书把5块钱交给业务员,业务员毫不在意,又拿出1张名片说:“我的名片两块5毛钱1张,5块钱可以买两张,所以我还欠董事长1张名片。麻烦您交给他。”

没多久,办公室传出一阵笑声。接着,董事长满面笑容地走了出来,热情地把他迎了进去。

拔掉所有的钉子

有个小男孩脾气很坏。一天,他父亲给了他一大包钉子,要求他每发1次脾气都必须在栅栏上钉上1颗钉子。第一天,小男孩共在栅栏上钉了37棵钉子。

过了几个星期,由于学会了控制自己的情绪,小男孩每天在栅栏上钉钉子的数目逐渐减少了。因为他发现,管理自己的情绪比往栅栏上钉钉子要容易多了。最后,小男孩变得不爱发脾气了。

他把自己的转变告诉了父亲。他父亲又建议说:“如果你能坚持一整天不发脾气,就从栅栏上拔下1棵钉子。”经过一段时间,小男孩终于把栅栏上所有的钉子都拔掉了。

父亲拉着他的手来到栅栏边,对小男孩说:“儿子,你做得很好。但是,你看一看那些钉子在栅栏上留下的那么多小孔,栅栏再也不会恢复原来的样子了。当你向别人发过脾气之后,你的言语就像这些钉孔一样,会在人们的心灵中留下疤痕。你这样做就好比用刀子刺向了某人的身体,然后再拔出来。”

小男孩明白了:愤怒的情绪会伤人,而且难以挽回。

无价的三个字

一个远在国外的丈夫到邮局去给他的妻子拍电报，全文是："亲爱的，我在国外很想你，祝你圣诞快乐！"

当他掏钱付款时，发现身上带的钱不够，于是就对邮局的小姐说："为了省钱，我可不可以去掉几个不必要的字呢？"

小姐说可以，当她接过那位男子删改过的电文时，发现去掉了"亲爱的"3个字。

于是，邮局那位小姐说："先生，你还是把'亲爱的'3个字添上吧，钱由我来付。你不知道，这3个字对于一个女人来说有多重要！"

女人战胜男人的法宝是柔情，男人要想融化女人，其实同样。

第七十七章　高者抑之下者举之

原文：

天之道，其犹张弓乎？高者抑之，下者举之；有余者损之，不足者与之。天之道，损有余而补不足；人之道则不然，损不足以奉有余。孰能有余以奉天下？唯有道者。是以圣人为而不恃，功成而不处，其不欲见贤。

白话：

自然的法则，不就像拉弓射箭吗？弦位高了就往下压低，弦位低了就往上抬举；拉得太满就减损一些，拉得不足就补充一点。自然的法则是减损多余而补充不足，人世的行为却不是这样，总是剥夺那些不足用以供奉有余。有谁能够把自己的有余拿来供给天下人呢？只有为道者才能够做到啊！圣人之所以伟大，就因为他有益于世界却不自恃，功业成就而不占居，他们不愿显示自己的贤明啊！

感悟：

大道神奇的伟力，像是一条巨大的溪流，总是由高处流向低下，从有余流向不足，于是，大自然永远处于一种动态的平衡。

如果没有如此的平衡，宇宙早已不复存在。所以，人道当顺天道，损不足而奉有余。

我们赤条条地来，赤条条地去。从来没有人能够不死，也从来没有人能够把金山银海带入死后的世界。

人间社会，常常是富者愈富，贫者愈贫。然而，再富也难富过三代！

拥有得再多，老天也要让你失去。所以，悟道之人成就之后不会炫耀，富裕之后主动地“损有余而补不足”。

奉献的同时也成全了自己。放下了名与利的包袱，我们才能获得如释重负的轻松与自由。从某种角度说，慈善的事业，就是遵循天道的事业。

孔子的“周急不济富”，顺应的就是天道。

佛家讲慈悲，因为只有慈悲才能真正体现人与人、人与众生、人与宇宙同为一体；佛家讲喜舍，因为只有喜舍才能真正体现人对自私自利的鄙视和扬弃。慈悲喜舍，最终体现的是人类全体最根本的利益，所以佛家宣扬的正是“天之道”。

苑囿的大与小

齐宣王问孟子说:“我听说周文王的猎苑足足围了70里,有没有这样的事?”

孟子说:“书上是这样记载的。”

“难道真有这么大吗?”

“当时老百姓还嫌它太小呢。”

齐宣王叹口气说:“我的猎苑只围了40里,老百姓就嫌它太大了,为什么呢?”

孟子说:“文王的猎苑虽然方圆70里,可是老百姓可以进去砍柴,与文王一同享用,因此百姓嫌它太小。而您呢?我初来齐国,问明了禁令才敢入境,听说大王的猎苑不准百姓砍柴拾草,不准随意进出,杀死一头麋鹿,就要判成死罪。这不是设下了一个方圆40里的陷阱吗?百姓嫌它太大,难道不在情理之中吗?”

长孙皇后的公平公正

唐太宗大治天下,盛极一时,除了依靠他手下的一大批文臣武将,妻子长孙皇后也是功不可没。

长孙皇后知书达理、贤淑温柔、正直善良。对于年老赋闲的太上皇李渊,她十分恭敬而细致地侍奉,每日早晚必去请安,并时时教导太上皇身旁的宫女怎样调节他的生活起居,像一个普通的儿媳那样力尽孝道。

对后宫的妃嫔,长孙皇后也非常宽容和顺,她并不希望争得专宠,反而常常规劝李世民要公平地对待每一位妃嫔,正因如此,唐太宗的后宫很少出现争风吃醋的事情,这在历朝历代都是少有的。

虽然长孙皇后出身显贵之家,又贵为皇后,但她却一直保持着节俭简朴的生活方式,衣服用品从不讲求豪奢华美,饮食宴庆也从不铺张。长孙皇后以自己的端庄品性,无言地影响和感化了整个后宫,使唐太宗不受后宫是非的干扰,能够专心致志料理国家大事。

长孙皇后不但气度宽宏,而且还有过人的机智。

一次,唐太宗回宫见到长孙皇后时,义愤填膺地说:“一定要杀掉魏征这个老顽固,以泄我心头之恨!”长孙皇后柔声问明了缘由,也不说什么,只悄悄地回到内室穿上礼服,然后面容庄重地来到唐太宗面前,叩首跪拜，口中直称：“恭祝陛下！”这一举动，弄得唐太宗一头雾水，不知她葫芦里卖的什么药，所以吃惊地问：“什么事值得你这样慎重？”长孙皇后一本正经地回答：“臣妾听说有明主才会有直臣，魏征是个典型的直臣，由此可见陛下是个明君，故而臣妾要来恭祝陛下。”唐太宗听了心中一怔，觉得皇后说的甚是在理，于是满天阴云随之而消。

常言道，一个成功的男人背后必定站着一个伟大的女性。这个女性之所以伟大，应当是她总是以慈柔、雌伏、包容的心态，时时提醒可能违背天道和人道的男人。

东汉的大树将军

冯异是刘秀建立东汉政权的元勋之一，善于用兵，累建奇功，封阳夏侯、征西大将军，死谥节侯。

冯异打仗冲锋时身先士卒，待人处事却谦逊退让，从不夸耀自己的功劳。每每在军队驻扎的时候，众将领都聚在一起谈论战功，而冯异往往独自躲在树下，不去参与谈论，所以军中称他为“大树将军”。

冯异之所以名垂青史，原因固然很多，但他“功成而不处，其不欲见贤”，一定是最为重要的因素。

第七十八章　弱之胜强柔之胜刚

原文：

天下柔弱莫过于水，而攻坚强者莫之能胜，以其无以易之。弱之胜强，柔之胜刚，天下莫不知，莫能行。是以圣人云：受国之垢，是谓社稷主；受国之不祥，是为天下王。正言若反。

白话：

天下温软柔和的东西，没有能够超过水的，但是冲击坚硬强大之物，没有什么东西更能用以战胜，我的确找不出任何东西来代替它。这道理就是：柔和能够战胜强壮，温软能够战胜刚硬。普天之下没有人不知道，却没有人愿意践行。所以圣人才说：承担得了国家的屈辱，才配成为社稷百姓之主；承担得了国家的灾难祸殃，才配成为天下人的领袖。忠言逆耳，正面的道理说起来如同反语。

感悟：

老子发现并向我们揭示了一个深刻的规律："正言若反。"

矛盾总是在互相转化。正面是成，反面就是缺；正面是进，反面就是退；正面是有，反面就是无；正面是刚，反面就是弱。所以要想达到满，就须守着缺；要想达到进，就须先后退；要想得到有，就得先知无。

要想享受荣光，就得准备承受屈辱；要想得到安逸，就得准备接纳祸殃。

承受了数不尽的颠沛流离和误解责难，孔子才成为中华民族的文化巨人，"没世"而"名称"。

天下柔弱之物莫过于水，但水却可以摧枯拉朽，荡污涤垢，无往不胜，而且什么东西也替它不了。

难怪佛家要以莫之能胜的"大悲水"，去灌溉、拯救充满无明众生的这个世界。

"正言若反"，这是老子辩证思维最精彩的概括。在《老子》一书中，那些正言若反的词句比比皆是。诸如大成若缺、大盈若冲、大直若屈、大巧若拙、大辩若讷、明道若昧、进道若退、夷道若类、上德若谷、大白若辱、广德若不足、建德若偷、质真若渝等等，看似彼此相异，互相排斥，其实相反相成，共生共存。

齿亡舌存的奥妙

春秋时，老子的恩师常枞病重。老子前去看望他，虔诚地问道："先生还有什么教诲可以告诉弟子吗？"

常枞对老子说："经过故乡要下车，你知其意吗？"老子回答："经过故乡下车，就是要我们不可忘旧。"常枞说："对呀。"又问："经过高大的乔木要小步而行，你懂吗？"老子说："经过高大的乔木小步而行，就是要让我们懂得敬老尊贤，是吗？"常枞说："是这样的。"

然后，他又张开嘴让老子看了看，问道："我的舌头还在吗？"老子回答："当然还在。"常枞又问："我的牙齿还在吗？"老子回答："早就没有了。"常枞继续又问："你知道原因是什么吗？"老子回答："那舌头所以存在，岂不是因为它柔软吗？牙齿所以不存在，岂不是因为它刚硬吗？"

常枞非常欣慰："好啊，就是这样的！世上的道理都已在此，我再也没有什么可以告诉你的了。"

郝冀川（插图）

在蘑菇之中添加些眼泪

拿破仑的妻子约瑟芬曾经水性杨花，生活放荡。

当拿破仑在意大利和埃及战场浴血奋战时，新婚不久的约瑟芬却与一个叫做夏尔的中尉偷情私通。她原以为拿破仑会战死在沙漠中，所以不再等他回来，就像没有拿破仑一样为自己安排后事。

1799 年 10 月，当拿破仑从埃及回到法国并受到人们热烈欢迎的消息传到巴黎，约瑟芬惊呆了——拿破仑成了欧洲最知名的人物，法国的救星，前程无量。

约瑟芬后悔了。于是她不辞辛苦，坐着马车，长途奔波，去法国南部的里昂迎接拿破仑。她计划在拿破仑与家人会面之前见到他，并趁着他的兴奋蒙骗住他，不使自己的丑事暴露。

约瑟芬好不容易到达里昂，可是拿破仑已从另一条道路离开了。

其实拿破仑对妻子的不贞早有耳闻，只是不怎么相信，当确信约瑟芬对自己不忠时，他暴跳如雷，下定决心与其离婚。

约瑟芬知道大势不好，又日夜兼程赶回巴黎。

拿破仑吩咐仆人不让她进入家门。但她还是壮着胆子，想方设法来到了拿破仑的卧室门前。

她轻轻敲门，没有回答；转动门把，门已反锁；她再次敲门，并温柔而哀婉地呼唤，拿破仑不予理睬。

她失声大哭，呻吟不已，拿破仑无动于衷。她号啕着，用双手捶打着门，请求他原谅，承认自己因一时的轻率、幼稚而犯下了错误，并提起他们以前的海誓山盟。她说如果得不到他的宽恕，她就只有一死，而拿破仑依然不为所动。

约瑟芬哭到深夜，不再哭了，这时她想起了孩子们，忽然眼睛一亮，燃起希望之光。她知道，拿破仑爱她的两个孩子奥当丝和欧仁，尤其喜欢欧仁。倘若孩子们求他，拿破仑可能会改变主意的。

孩子们来了，天真而笨拙地哀求着。人心都是肉长的，约瑟芬这一招终于成功。拿破仑虽然知道约瑟芬已经背叛了他，然而孩子们的哀求声和约瑟芬的哭声在他的脑海里泛起了曾经美好的回忆，冲破了他心中设下的防线，他百感交集，热泪盈眶。

于是，房门打开了，拿破仑与约瑟芬重归于好。后来拿破仑登基时，约瑟芬成了皇后。

在蘑菇之中添加些眼泪，可以让哀求更为动人。刚强无比的一代英雄，就这样被柔情和眼泪征服了。

像雪松那样弯下身来

加拿大魁北克有一条南北走向的山谷。山谷没有什么特别之处，唯一能引人注意的是它的西坡长满了松、柏、女贞等树，而东坡却只有雪松。这一奇异景色之谜，许多人不知所以，然而一对夫妇揭开了这个谜底。

那是1993年的冬天，这对夫妇的婚姻正濒于破裂的边缘，为了找回昔日的爱情，他们打算做一次浪漫之旅，如果能找回爱情就继续生活，否则就友好分手。

他们来到这个山谷的时候，下起了大雪，于是他们支起了帐篷，一同赏雪。

望着满天飞舞的大雪，他们发现由于特殊的风向，东坡的雪总比西坡的更大更密。

不一会儿，雪松上就落了厚厚的一层雪。不过当雪累积到一定程度，雪松那富有弹性的枝丫就会向下弯曲，直到雪从枝上滑落。这样反复地累积，反复地弯曲，反复地滑落，雪松依然完好无损。可其他的树呢，因为没有这种本领，树枝会被压断。

妻子发现了这一奥秘，对丈夫说："东坡肯定也长过杂树，只是不会弯曲才被大雪摧毁了。"少顷，两人突然明白了什么，紧紧拥抱在一起。

生活中，我们总是承受着来自各个方面的压力，很多时候都需要像雪松那样弯下身来，以避免压断的结局，然后，才有机会释下重负，重新挺立。

弯曲，并不是失败，而是一种弹性的生活艺术。

第七十九章　天道无亲常与善人

原文：

和大怨，必有余怨，安可以为善？是以圣人执左契，而不责于人。有德司契，无德司彻。天道无亲，常与善人。

白话：

和解了深重的仇怨，必然还会留下余怨，就算是以德报怨，又怎么能够称做上善呢？因此，古代圣贤哪怕拿着契约凭证，也不会用来索求苛责于人，以免引发恩怨。有德的人司执契约，债务人乐意归还就归还，不归还也不会讨要；无德之人则一定会来个彻底了断，绝不允许别人欠他一点点债务或者恩德。其实，天道没有什么偏亲，它自会帮助那些淳朴良善的人。

感悟：

杀人者偿命，伤人者受刑，古时称作“和大怨”。

然而，破碎的镜子重新拼凑起来，总会留下伤痕。与其消除仇怨，不如避免仇怨。

以报仇雪恨为生命意义的人，仇恨必将代代相传，越报越大。

以施恩的想法去对待仇怨，还是有恩德的想法，心理上终究不会平衡，仍然存在着对立和仇怨。

有了恩与怨的概念，便会有相应的行为表现，于是必定都将偏离老子所言之上善。

上善，当是无好无坏、无分无别、无德无怨的一种心理状态和生命境界。

俗话说“有理走遍天下”，此话其实未必千真万确。

“有象斯有对，对必反其为；有反斯有仇，仇必和而解。”张载之语，道破了万事万物生存发展与和谐相处之规律。

人生酬业，民胞物与。清净心不受污染，慈悲心能够解毒！

所以孔子说：“多责备自己而少责备别人，自然就可以避免别人的怨恨了。”

佛教诞生两千多年来，一直不遗余力地普度众生。虽然无数的众生一生执迷不悟，但佛道无亲，无悔无怨。

拒绝接受的礼物属于谁

佛陀在旅途中，碰到一个不喜欢他却又纠缠他的人。连续几天，好长的一段路，那人用尽各种方法诬蔑他。

最后，佛陀转身问那人："若有人送你一份礼物，但你拒绝接受，那么这份礼物属于谁呢？"

那人回答："属于原本送礼的那个人。"

佛陀笑着说："没错。如若我不接受你的谩骂，那么你就是在骂自己。"

那人摸摸鼻子，走了。

佛陀的意思是说，只要心无旁骛，别人怎么想怎么做都影响不了我们。生别人的气，那是用别人的错误来惩罚自己，何苦呢！

佛陀就是佛陀，哪怕面对恶人，也不会去争去辩去结怨。

小乌龟的证明

大乌龟和小乌龟在一起喝可乐。大乌龟喝完自己的一份后，就对小乌龟说："你去外面帮我拿一下豆奶。"

小乌龟刚走几步就停住了，回头说："你支我出去以后，肯定是想把我的可乐喝掉！"

"这怎么可能？你是在帮助我啊！"

经大乌龟一再保证，小乌龟同意了。

1 个小时过去了，大乌龟耐心等待着……

2 个小时过去了，小乌龟还没有回来……

3 个小时过去了，仍然不见小乌龟的踪影。

大乌龟想："小乌龟肯定不会回来了。它在外面喝豆奶，怎么会回来呢？我干脆把它这一份可乐喝了！"

大乌龟拿起可乐，刚刚要喝，那扇关闭的门砰然而开："住手！"

小乌龟就像从天而降，站在大乌龟面前，气冲冲地说："我早就知道你要喝我的可乐！"

"你怎么会知道呢？"大乌龟尴尬而不解地问。

"哼！"小乌龟气愤地说："我在门外已经站了 3 个小时了！"

用如此长的时间去证明自己的怀疑从而结下怨恨，真是何苦！

羊羔的说服力

一个牧场主养了许多羊。他的邻居是个猎户，院子里养了几只凶猛的猎狗。这些猎狗经常跳过栅栏，袭击牧场里的羊羔。牧场主几次请猎户把狗关好，但猎户不以为然，口头上答应，可没过几天，他家的猎狗又跳进牧场横冲直闯，好多只羊都被咬伤了。

忍无可忍的牧场主找到镇上的法官评理。听了他的控诉，明理的法官说："我可以处罚那个猎户，也可以发布法令让他把狗锁起来。但这样一来，你就失去了一个朋友，多了一个敌人。你是愿意和敌人做邻居呢？还是和朋友做邻居？"

"当然是和朋友做邻居。"牧场主说。

"那好，我给你出个主意。按我说的去做，不但可以保证你的羊群不再受到骚扰，还会为你赢得一个友好的邻居。"法官如此这般交代一番，牧场主连连称是。

一到家，牧场主就按法官所说，挑选了 3 只最可爱的小羊羔，送给猎户的 3 个儿子。

看到洁白温顺的小羊，孩子们如获至宝，每天放学都要在院子里和小羊羔玩耍嬉戏。因为担心猎狗伤害到儿子们的小羊，猎户做了个大铁笼，把几只猎狗赶进去结结实实地锁了起来。从此，牧场主的羊群再也没有受到骚扰了。

为了答谢牧场主的好意，猎户开始赠送各种野味给他，牧场主也不时用羊肉和奶酪回馈猎户。于是，两人成了好朋友。

第八十章　安居乐俗桃源之梦

原文：

小国寡民，使有什伯之器而不用，使民重死而不远徙。虽有舟舆，无所乘之；虽有甲兵，无所陈之；使民复结绳而用之。甘其食，美其服，安其居，乐其俗。邻国相望，鸡犬之声相闻，民至老死不相往来。

白话：

国家一定要那么大吗？百姓一定要那么多吗？即使有十倍百倍于人力的器具，一定就要用吗？试想想这种情景：如果百姓们热爱本乡本土以恬淡生活为重，不愿冒死远迁到所谓更理想的他乡，那么虽然备有船只车马，却没有人去乘驭；虽然备有战甲兵器，却没有机会用以对敌；就算是回复到结绳记事的时代中去，不也是一种生活境界吗？如果甘甜自己的饮食，美丽自己的服饰，安适自己的居所，乐于自己的习俗，哪怕相邻国家遥相顾望，鸡吠之音隐隐听闻，百姓就是直到老死，恐怕也没有好奇之心要同邻国相互往来。

感悟：

我们一定要在拥挤的人流中才能寻得快乐吗？一定要锦衣玉食才会达成生命的幸福吗？

当今世界，一方面，大量的人口涌入城市；另一方面，越来越多的现代人又渴望回归自然。两种潮流奇特地相向并存。

《击壤歌》中唱到："日出而作，日入而息，凿井而饮，耕田而食，帝力于我何有哉！"伊甸园、桃花源的美妙境界，千百年来人人心生向往。

孔子曾对弟子说："哪能说六七十里或者五六十里见方就不是国家呢？"所以，即便是小小的国家，我们也不能不给予足够的尊重。

《诗经》三百篇，孔子只用了三个字来概括："思无邪。"这"思无邪"的纯真本朴的生活状态，恐怕最容易存在于小国寡民之中。

无门慧开禅师描述的诗意生活，已成世人孜孜以求的梦想："春有百花秋有月，夏有凉风冬有雪。若无闲事挂心头，便是人间好时节。"

生命的意义何在？梁漱溟老先生有一个答案："着急贪求，表了人类的卑微；歆羡涎流，显露了人类的丑陋；忍耐不下，烦恼苦愁，见出了人类的无用"；"生命是心，是心表见在物上的，是心物之争。历史（宇宙史）一直是心对物之争，一次一次无数次，一步一步无数步，征服了物，凭藉物，利用物，表演出来的。”

科学技术只是实现的手段，幸福安康才是生活的目标。那么我们为什么总是因为外物而破坏自己的平静与祥和呢？

从某种角度说，所谓的文明竞争，恰恰破坏了人类的文明！

进有道，退亦有道。老子的思想，包容一切合于大道的人生观、世界观和价值观。

事典

都市里的“懒人部落”

“采菊东篱下，悠然见南山”，在生活节奏越来越快的现代社会，居然有一群都市人逃离了城市的喧嚣，到市郊另辟天地开创出“懒人部落”，过上了“世外桃源”般的生活。

广州市萝岗区的帽峰山下有百亩田园，这里居住着一群“懒人”。他们与管理部门签订了期限为20年的土地租用合约，租金由部落成员平均分摊。

“懒人部落”的成员们订下公约：不以营利为目的，共同劳动，平均分配，自给自足，建设自己心中的“梦想家园”。

也许有人会认为“懒人部落”里的成员一定都是好吃懒做、逃避现实生活的人。其实不然，部落的成员们都是来自各个行业中的精英人士——政府公务员、法律顾问、投资顾问、媒体从业人员、医生、商人、艺术从业者……

来到“懒人部落”生活，是经历过坎坷磨砺之后返朴归真的一种选择。这些成员大都有自己的爱好，有的喜欢乐器，有的喜欢钓鱼，有的喜欢绘画，有的喜欢摄影，有的喜欢刺绣，有的喜欢书法艺术……

目前入住“懒人部落”的成员有10多户，松散型“懒人”（非常住居民）则有100来人，他们可以自行到部落各区参加劳动休闲，也享受相应分配。

部落成员之一、从事法律顾问工作的柯先生说，要彻底安心做“懒人”，必须具备两个基本条件：第一是事业小有成就，有一定的经济积累；第二要淡化对金钱、地位的要求和追逐。

“不想再参与社会竞争，不想再赚更多的钱”，这是懒人部落里大多数人的共识。越来越多的人听说“懒人部落”后要求加入，但部落接受不了太多的人，它既不是组织，也不是社团，只是一群志趣相投的人慢慢聚在一起建立的一个合乎自己理想的农庄式家园。

开奔驰宝马是一种生活，坐牛车小船未尝就不是一种生活？享受现代物质文明是一种生活,喜好恬静古朴未尝就不是一种生活?至于哪一种生活更惬意、更幸福,犹如饮水,冷暖自知。

袖珍长寿国圣马力诺

世界卫生组织近年发布的《世界卫生统计报告》显示,欧洲小国圣马力诺的男性寿命最长,平均高达 86 岁,女性寿命也在全球排名中名列前茅。

圣马力诺位于欧洲亚平宁半岛东北部,四周与意大利接壤,年平均气温 16℃,属亚热带地中海气候,风景秀丽。首都圣马力诺市位于蒂塔诺山的斜坡上,这里的空气更是清新无比。

圣马力诺是世界上最小、最古老、最有生命力的共和国。她有 9 个政党,每年由大议会选举产生两名权力同等的执政官。他们既是国家元首,又是政府和议会首脑,任期半年,不能连任,3 年后可再次当选。也就是说,在圣马力诺每年能产生 4 位国家元首。圣马力诺的议员为 60 位,5 年一届,同样是政治权利,和世界各国相比,圣马力诺的"含金量"当属最高,真有点中国人梦寐以求的"皇帝轮流做,明年到我家"的意味。

西方人常说,"Small is beautiful"(小即是美)。这个面积只有 60 多平方千米的小国,人口不足 3 万,仅相当于中国稍大一点的小区的规模。但在经济上,她的人均 GDP 达到了 3 万多美元。她没有铁路、机场和港口,甚至也没有红绿灯,但全体公民享受公费医疗,实行小学和中学 16 年义务教育制。她没有官方报纸,只有外交部及不同政党主办的几种不定期发行的刊物。你可以批评这个国家没有抱负,但这里的人们安居乐业,每个人的生命都重如蒂塔诺山。

据称在公元 301 年,一位叫马力诺的基督徒石匠为逃避罗马皇帝的迫害,带着一群石匠逃出了罗马皇帝的控制区,从此藏身于距亚德里亚海仅 20 余公里的蒂塔诺山顶,建立了由自由人组成的"石匠公社",并在后来的岁月里成长为一个国家。拿破仑当年横扫欧陆,虽然翻过了阿尔卑斯山,却没有登上蒂塔诺山,而是在 1797 年承认了这个国家,据说拿破仑是被这个世界上最古老的共和国的自由精神所折服。

圣马力诺在饮食上流传着这样一句话:"面包 + 葡萄酒 + 橄榄油,活到九十九。"全麦面包、葡萄酒、橄榄油,是圣马力诺人每天不可或缺的食物。圣马力诺人最常吃的蔬菜有西红柿、白菜、胡萝卜、龙须菜、莴苣、土豆、蘑菇等,当然也有按照传统方式烹饪的肉类。合理的饮食结构,十分有助于生命长寿。

圣马力诺民风淳朴,号称"君子国"。这里也是世界上绝无仅有的

“不设防城邦”,异域游客和本土居民均可自由出入,无哨所、关卡、边检,也无需签证。如果你旅行到了圣马力诺,把行李随便放在一个地方,不管离开多长时间,回来时,行李还会在那儿,或是已由专人免费看管。在这样的环境中生活,人们心态平和,少有压力,人与人之间彼此互相尊重,其乐融融。

尊重小国

吉迪恩·拉赫曼教授是一个受人尊敬的智者。这是他的一篇关于小国的文章节选——

现在是一个小国时代。看看几乎任何一个国民财富排行榜,小国都占优势。国际货币基金组织编制的人均国内生产总值国家排名显示:在全球最为富有的5个国家中,有4个国家人口不足500万;在全球最和平的10个国家中,有8个国家人口不足1000万。

在欧洲,很多小国通过加入北约组织,提高了自己的安全保障。但对小国而言,加入一个集体安全组织并非必须之选。爱尔兰和瑞士都不是北约成员,而它们似乎也没有面临即将被侵略的危险。事实上,大国已与从前的帝国不同,在本质上没有那么强的扩张主义倾向。如今,正像美国在伊拉克和阿富汗的遭遇一样,侵占小国也会令人头痛。

随着小国的劣势逐渐消失,剩下的就只有优势了。更重要的是,小国一般都具有更强的同质性,这让它们更少地受到内乱和独裁的危害,并且还意味着更高的社会信任度。北欧小国之所以在医疗和教育上投入更大,从而在人类发展指数上排名相当高,便是其优势使然。

同时,小国政府还能更容易制定和实施政策。在小而同质的国家,浪费在一些笼络民心的项目上的钱财应该更少。

在1945年,联合国只有45个成员国;到了1968年,在非殖民化之后,联合国有了126个成员国;现在,联合国拥有的成员单位已经达到193个。

第八十一章　利而不害施比受乐

原文：

信言不美，美言不信。善者不辩，辩者不善。知者不博，博者不知。圣人不积，既以为人己愈有，既以与人己愈多。天之道，利而不害；圣人之道，为而不争。

白话：

信实的言辞不会华美，华美的言辞不会信实。善良的人不去巧辩，巧辩的人不会善良。真知的人不广博，广博的人难以真知。圣人不藏不积，既然帮助了他人，自己必然更加充足；既然给予了他人，自己必然更加丰富。自然的规律是：利物而不伤害；圣人的法则是：施为而不争夺。

感悟：

宇宙人生的本来面目，就是一个自然，一个顺其自然，我们若能知若能行，那就合乎自然大道而无所不是圣人的言行了。

善良的人不贪求非分之物，所以不会去巧辩。人实在，就会实话实说；一旦要用华美的辞藻，虚伪便在其中了。

孔子同样信奉"信言不美，美言不信"，所以强调"先行，其言而后从之"。

《易经》有言："积善之家，必有余庆；积不善之家，必有余殃。"也就是说，积累善行善德的家族，后代也会受享福报；常做不善之事的家族，定会发生灾祸，甚至连累后代。

古人说："有力量济人谓之福。"其实，一个人即便一贫如洗，也可以奉献济人。奉献是一种精神，是一种行动，也是一种能力。人的一生可以索取的很多，可以奉献的同样很多。"奉献"和"索取"的人生追求截然对立，其结果也是截然不同。

佛家教导："诸行无常，是生灭法。"诸行，就是一切事物一切现象，就是宇宙万有。行，指出了一切事物一切现象迁移变化的动态。生灭，是"生、住、异、灭"的简化。一个事物的生、住、异、灭，一个人的生、老、病、死，一个世界的成、住、坏、空，实际上都是无数个刹那刹那生灭相续的存在。世界上永恒不变的就是变。

因为深知"无常"，所以"圣人不积"。

照亮别人更照亮自己

一个僧人在漆黑的晚上赶路，跌跌撞撞。

突然，在前方出现了一个提灯的人，正好为僧人照亮了脚下的道路。僧人非常感谢，而提灯的人却对僧人说：“我其实是一个盲人！”

僧人大惑不解，问道：“你既看不到，那提灯又有什么作用呢？”

“我虽然不能用灯为自己照明，但可以为别人照明啊！让别人看清楚人和路，他们就不会因为黑暗而撞到我了。”

僧人听了，顿时大悟。

每个人都有一盏灯，只要点亮，不仅能够照亮别人，也会成全我们自己！

希尔顿饭店首任经理的传奇

一天夜里，一对年老的夫妇走进一家旅馆，需要一个房间住宿。不想前台侍者回答说：“对不起，我们旅馆已经客满了，一间空房也没有剩下。”这对夫妇很是失望，并且不知所措。

看着老人一脸的疲惫，侍者想了想又说：“但是，让我来想想办法……”

好心的侍者心想，在这样一个小城，恐怕其他的旅店也早已客满了，这对疲惫不堪的老人如果找不到住所，岂不是要在深夜露宿街头？于是他将两位老人引领到一个房间，说：“也许它不是最好的，但现在我只能做到这样了。”其实这是一间既整洁又干净的屋子，于是老人愉快地住了下来。

第二天，当他们来到前台结账时，侍者却对他们说：“不用了，因为我只不过是把自己的屋子借给你们住了一晚——祝你们旅途愉快！”

为了安顿两位老人，侍者自己一晚没睡，就在前台值了一个通宵的夜班。

两位老人十分感动。老头儿说：“孩子，你是我见到过的最好的旅店经营人。你会得到报答的。”侍者笑了笑，说这算不了什么。他送老人出门以后，就把这件事情忘了个一干二净。

几个月后的一天，侍者接到了一封信函，打开一看，里面有一张去纽约的单程机票并有简短附言，大意是聘请他去做另一份更有价值的工作。

于是他乘飞机来到纽约，按信中所标明的路线来到一个地方，只见一座金碧辉煌的大酒店高高耸立在自己的眼前。

原来，几个月前的那个深夜，他接待的是一个有着亿万资产的富翁和他的妻子。富翁买下了这座大酒店，全权交由这位侍者经营管理。

这就是全球赫赫有名的希尔顿饭店首任经理的传奇故事，这就叫做“既以为人己愈有，既以与人己愈多”。

七个男人和一个女人

一个经济发达的小镇开了家电影院。放映首场电影的那一天，影院贴出了醒目的大海报：七个男人和一个女人的故事！海报上还特别说明：“一美女莫名晕倒，七男子强行拖入森林，等待美女的……”众人都觉太给力了，纷纷掏钱买票。等到电影放映时，银幕上出现的竟是《白雪公主》，观众们气急败坏，顿时走了一大半。

隔了几天，电影院又打出一幅新的广告，虽然主题还是“七个男人和一个女人的故事”，但是这次的说明不一样了：“一如花美女与七男人数天惊涛骇浪般的销魂经历(绝非《白雪公主》)……”人们的好奇心再次被唤起，以为这一次应该是“信言”，影片肯定精彩“有戏”，遂又买票入场。结果，电影放映时银幕上现出的片名是《八仙过海》！观众气得咬牙切齿，却又打不出喷嚏，还不好意思马上离场——谁让自己那么好奇无聊低俗阴暗呢！

商业欺诈在当今时代被公认为是与洗钱、贩毒并列的三大毒瘤之一。这一毒瘤在我国一直高发，花样繁多，层出不穷，流毒甚广，为害甚烈。如果认真思想一下，时下充斥我们生活空间林林总总的广告，有几个货真价实呢？

尽管骗你没商量，因喜听“美言”而上当受骗的人们，还是前赴后继。

一个人的知识水平和思维能力是有限的，即便再聪明的“博者”，有时也可能对事物做出错误的判断和理解，“智者千虑，必有一失”嘛！

不过，落入“美言”陷阱的，更多的还是那些让世俗活在心中的聪明人。